采购与供应商管理案例

王为人 著

www.waterpub.com.cn

·北京·

内 容 提 要

本书避开了采购供应链活动中的系统性概念、理论、流程，聚焦于工作中所遇到的具体问题，每一节都是一个完整的故事，每个故事分为三个部分：第一部分是案例介绍，描述某一事件的来龙去脉，发生的问题和所做出的应急措施及最终结果；第二部分为读者引出一些思考问题；第三部分是对案例的点评，在点评中，引入了企业的实践、解决这些问题的经典管理工具及案例所涉及的理论据典，作为"事后诸葛亮"，分析案例问题的根本原因，帮助读者找到更好的解决方案。

本书可供从事采购与供应商管理相关工作的人士阅读与参考。

图书在版编目（CIP）数据

采购与供应商管理案例 / 王为人著. -- 北京：中国水利水电出版社，2020.9
ISBN 978-7-5170-8820-2

Ⅰ. ①采… Ⅱ. ①王… Ⅲ. ①企业管理－采购管理－案例②企业管理－供销管理－案例 Ⅳ. ①F274

中国版本图书馆CIP数据核字（2020）第166136号

策划编辑：杨庆川　　责任编辑：杨元泓　　封面设计：梁　燕

书　　名	采购与供应商管理案例 CAIGOU YU GONGYINGSHANG GUANLI ANLI
作　　者	王为人　著
出版发行	中国水利水电出版社 （北京市海淀区玉渊潭南路1号D座　100038） 网址：www.waterpub.com.cn E-mail: mchannel@263.net（万水） 　　　　sales@waterpub.com.cn 电话：（010）68367658（营销中心）、82562819（万水）
经　　售	全国各地新华书店和相关出版物销售网点
排　　版	北京万水电子信息有限公司
印　　刷	三河市祥宏印务有限公司
规　　格	170mm×240mm　16开本　15.5印张　260千字
版　　次	2020年9月第1版　2020年9月第1次印刷
定　　价	48.00元

凡购买我社图书，如有缺页、倒页、脱页的，本社营销中心负责调换
版权所有·侵权必究

前　　言

无论过去还是现在，采购都被视为组织的核心竞争力。在供需关系发生变化时，采购的角色也发生了改变。质量、成本、效率成为组织生存和发展的关键要素，而这三大要素离不开供应商的贡献。例如，汽车行业的统计表明，近90%的质量问题是由于材料导致的。采购成本占总成本的比例也有统计数据的支持：产品成本构成的40%~70%是原辅材料和动力；生产费用中，设备、厂房、研发外包占比也大致达到40%~70%的比例；管理费用中，办公用品、服务、差旅、物业、广告宣传等采购量占企业的总采购量的20%~40%，这些数据足以体现采购对于企业成本与利润的贡献。这也使得许多企业将成本作为采购管理的重中之重，当然也造成了在极端情况下低价成为采购的唯一指标的情况。不言而喻，效率包括了客户的响应能力和库存周转速度。供应商的交付越快，反应越及时，生产周期就越短，库存也就越低。采购过程中的质量、成本和交期对应着整个企业的质量、成本、效率，进而成为考核供应商的三大核心指标。

为了提升这些核心指标，招标采购成为许多企业的做法。只求价格最低、质量最好、按期交付的供应商，并对"市场竞争，优胜劣汰"的法则深信不疑。但市场的竞争好像走向了反面："劣品驱逐良品"，价格没有最低只有更低；质量没有最差只有更差；交期不够，连人命都能搭上。

2016年诺贝尔经济学奖授予了奥利弗·哈特（Oliver Hart）和本特·霍姆斯特罗姆（Bengt Holmstrom），其主题是"契约理论"。用契约理论来解释采购与供应商的关系再贴切不过了：委托人或代理人、逆向选择、道德陷阱、交易成本，还有博弈论等。达到企业的质量、成本、效率目标的最有效方法是与供应商建立长期的信任关系，而不是"货比三家"。小范围的过度竞争并非良药，合作共赢才是正道，这与几十年前日本的丰田供应商管理理念、质量管理大师戴明先生的"管理十四条"都聚焦到一点：关系管理。

如今，建立并维持供应商关系的能力又被列为企业的核心能力之一，越来越多的企业重视这种能力的建立。一项统计显示：有18%的企业已经和一半以上的供应商建立了战略关系。随着企业对供应商管理的深入以及"互联网+"和物流技术的发展，企业对供应商的管理要求正从"买东西"向"外部资源获取"转变。对外部资源整合于管理是将供应链内的供应商等外部资源也作为管理对象，并实现客户服务、订单实现、采购、库存、计划、生产制造、质量控制、运输、分销、服务与维护及财务、人力资源、工程技术等协同有效的管理。

企业已经认识到加强对供应商的培养的重要性。企业与大多数供应商没有产权关系，但依赖于其在行业内的采购量、规模和影响力，对供应商可以产生一定的推动作用。因此，企业可以从管理上把部分供应商视同企业内部的一个部门，加强对供应商的货量、工艺、安全等方面的培养，提升供应商的质量管理水平和成本控制能力。

当然，成本降低不能以牺牲供应商利润为代价，不能不顾及供应商生产工艺特点。降低最小订货量、增加批次、长期压价一定会造成负面效果，供应链总成本的增加必将损害供应链各个企业的长期利益。企业与供应商的关系要实现从一般的供需关系向战略合作伙伴关系的升级转型，达到供应链最优化目标。

采购必须确保供应商对整体供应链的战略及实施手段有基本了解并达成共识，推动供应商与企业在保持战略上的一致。与供应商保持长期、互惠互利的合作关系，能够保证双方精诚合作，共同积极地解决问题，并有效地弱化供应商对短期利益的过分追逐。

知识积累有两种途径，即来源于书本中系统化学习和到实践中体验。我们从小学、中学、大学的课程基本上是第一种方法。游泳的学习就属于第二种，在游泳中学习游泳，教练不会通篇讲授游泳理论知识，从浮力到前进的动力。直接带你到水里，手把手地教你怎么游，而且在后续的游泳教学中，发现哪个动作有问题就纠正哪个动作，不断改善，不断进步。

事实上，这是一种非常有效的学习方法，本人在长年的企业咨询中，也遵循着这样的原则：为企业解决问题。有什么问题，解决什么问题。就像游泳教练所做的事情。工作中发现许多企业发生的问题是类似的，如果遇到教练指点，问题很快就能解决了。授人以鱼不如授人以渔。由于本人在工作中的记录习惯，长期积累了近一百万字的笔记，曾经拿出来给一些大学作为课堂教学案例，在案例分析过程中又获得更深刻的剖析，丰富了案例的点评内容。本人曾摘选了部分案例，出版了几本书，受到大家欢迎，这也给自己增强了信心，愿意和大家分享解决企业采购和供应链活动中具体问题的方法。

  本书的案例，像是一篇篇微型小说，特别是编辑做了逐字逐句的修改，使得本书更加有可读性。片刻时间，可以读一篇案例，再做思考，联想自己：假如是我遇到此情此景，会怎么做？再去看看点评，一定会有收获。

作　者
2020 年 6 月

目　　录

前言

采购战略与采购方式 1
突破谈判中的瓶颈 2
防控风险，有效管理供应商 6
集中采购与分散采购 14
盘根错节的"对等贸易" 19
紧急订单满天飞 24
采购策略与集体决策 29
供应商关系管理中的风险 32

质量管理 36
质量决定采购战略 37
肤浅的 QC 小组 40
标准只放书架 46
"管代"还是"代管" 49
不合格报告该不该发，又该如何回 53
一个谎言导致事情越发不可收拾 56
简单变为复杂 60
质量检验前移 63

供应商选择 68
5S 管理的可靠性 69
招标是不是"一招灵" 71
"换新"若狂 76
审核中的冲突 80
解析贸易商 83
供应商在哪里 86
防范更换供应商的风险 89

绩效与成本管理 92
    两股道上跑的车，走的不是一条路 93
    小作坊式供应商管理 96
    绩效考核中的投机取巧 99
    广种薄收 103
    避重就轻的汇报 106
    留一手的顺风顺水老采购 110

合同与风险管理 113
    "黑天鹅"降临后的企业危机 114
    严格执行合同 118
    严格审查合同，防止"被诚信" 124
    精明的对策 127
    标准混乱引发的麻烦 130

谈判与招标 134
    砍价专家 135
    底价还能谈吗 138
    "除了价格，什么都好谈！" 142
    诚实的卖家引向柳暗花明的又一村 144
    直接对话 147
    诡计与反制，见招拆招 151
    独家供应商的招标 155
    满足太多的要求 159
    "低价中标，后来提刀" 162
    先告状的是否是恶人 164

供应链、库存及物流 166
    做到极致的JIT 167
    简版的供应链 170
    企业管理中的"玻璃窗经营" 175
    该不该建仓库 179
    运输方式反推产品型号 184
    库房里的老大 187

  寻找有效的库存管理策略 191
  一起动员降库存 193
  集装箱倒逼产品改型 195

领导力和人员 199
  "领导作用"的反作用 200
  权力制衡 203
  风格迥异 207
  供应商管理中的"复制" 210
  供应商关系管理中的"矛"与"盾" 214
  吝啬的表扬 217

供应商关系管理 221
  主动降价的供应商 222
  供应商奖励：水中的月亮 224
  增加供应商数量，还是减少供应商数量 228
  转变作风 231

后记 236

采购战略与采购方式

> 没有战略的企业就像一艘没有舵的船，只会在原地转圈。
>
> ——乔尔·罗斯
>
> 在战略上，最漫长的迂回道路，常常又是达到目的的最短途径。
>
> ——利德尔·哈特

采购战略在采购中的地位往往被管理者所忽视，但若干年后发现问题时已经为时过晚。打压周边小供应商，依附于国际大品牌，等到发现别人轻而易举地以禁止向你供货而制裁你时，不得不低头认输。

采购战略包括采购供应商基地的布局、长期供应商的培养、采购组织的规划、采购对企业未来发展的贡献等。采购应该建立与之相关的长期、中期及短期目标，并落实到行动计划中，而战略的起点则是愿景、使命和价值观。采购的战略目标和实现手段，都不能偏离愿景、使命和价值观。否则，采购活动会背离企业总体方向，或者说这个企业根本没有方向。

突破谈判中的瓶颈

李小刚不久前从其他部门轮岗来到采购部做采购工程师。来之前，听到两种不同的声音：有的同事说采购是一项美差，作为甲方代表，可以对供应商呼风唤雨，利用我们手中的大宗订货合同和供应商之间的充分竞争，不需要花多少时间就可以挑出有吸引力的好卖家，因为买家是机会主义者，只要有竞争，都会迅速行动；但还有些老同事提醒小李，在我们这样的工程公司，采购部不是一个门槛被供应商踏破的部门，而是"求爷爷告奶奶"的苦差事，戏言之语是——"拿着钱买东西还受气"。李小刚怀着忐忑不安的心情走上了工作岗位。

李小刚刚开始接手工作时还感觉不错，供应商都还比较配合，知道李小刚刚走马上任，许多供应商都主动登门造访，表达了积极配合的态度。对于出现的质量问题，反应也比较快，及时给予解决。

但随着工作的深入，问题暴露出来了，几个主要的建材都是业主指定的品牌和具体的型号，公司在投标时，为了获得中标的可能，对这些材料的价格考虑的余量并不大，而当时在与这些供应商询价时，他们的态度就比较强硬，因为知道无论谁中标，都要用他们的建材。实际上，他们是业主的战略合作伙伴，已经跟随业主合作许多年了，这些业主大多是央企，大型项目都必须招标，所以，业主不能主动与这些建材供应商谈合同、谈价格。而公司往往与这些业主指定的供应商并不熟悉，采购员常常轮换，干的时间都不长，更不熟悉供应商，在谈判中供应商对价格根本不让步，谈判自始至终就在非常不愉快的气氛中进行，公司领导对结果不满意，与供应商的关系也搞得很僵硬，还与供应商发生了争吵。李小刚与业主联系，希望他们对建材供应商施加影响，但业主不肯也不能参与谈判，认为他们没有合同关系，不便出面，结果是不得不接受了供应商的报价。更糟糕的是，在供货上，供应商质量和交付常常发生问题，李小刚觉得供应商好像就是在有意刁难，欺负他是新人。几乎没有一次准时到货，查出来不合格品后，反馈极其拖拉，常常返回来的物料还是有问题。

李小刚向业主直接投诉，业主嘲笑李小刚无能，自己管理供应商不善，只会告状，还冠冕堂皇地说："管理好供应商是你们的任务呀！"李小刚找销售员反映情况，销售员会面露难色。李小刚也了解到，业主根本没有供应商管理系统，更

不要说二级供应商了。这些建材供应商对李小刚的指令置若罔闻。工程进度也因此受到拖累，业主则抱怨不断。

不仅外部客户指定的供应商不好管理，还有一些则是来自内部的干扰。工程项目中有许多设备的选型工作是在设计中就已经定下来的，任务到了采购部，规格书、厂家甚至型号都完全确定了，领导说采购部的任务就是谈价格，而李小刚为难极了，这些设备供应商非常精明，消息灵通得很，早知道公司已经确定了自己的产品，李小刚根本做不了主，所以在谈判中供应商非常傲慢，根本不让步，最多象征性地降一些，算是给一点面子。而这些设计人员还会说风凉话，说采购部连供应商都搞不定，公司领导和项目经理则认为是李小刚的工作没有做好，甚至要求人力资源部负责培训的主管送李小刚去学习培训，以加强采购和谈判技能，在今后与供应商博弈中能站在上风。

李小刚的情绪也由此遭受挫折，他苦苦寻求良方，他认为这不是仅仅提升谈判技能就能够完全解决的问题，他隐隐感觉在流程和系统上也存在着不足。他向先前的同事求解，他们说公司这种状况有史以来就存在，不足为奇，过去有、今天有、未来还会有；我们公司有，其他公司也会有，说不定我们的业主也在抱怨他们的指定供应商不好管理呢。

讨论：
1. 在管理客户指定的供应商方面有哪些有效的措施？
2. 在规格书已经确定的情况下，如何与供应商谈判？有哪些有效的措施可以使采购化被动为主动？
3. 案例中，李小刚在处理这两类供应商时，是否有不足之处？

点评：

在供应商管理中，客户指定供应商和垄断供应商的管理是采购常常讨论的两个话题，很多采购人员在探讨，有什么方法、手段和技巧制约这些供应商，而这两个话题是有内在联系的。供应商管理中主要的困难是供应商"不听话"。有位采购员说道："扛了好几年，虽然成长很快，也经受了很多难题的考验，但是现在觉得心累，能给自己创造和施展的空间越来越小，迷茫中……"，例如有家公司的SMT（表面贴装技术）物料大多为客户指定，经过几年的运作，仍然存在以下问题。

（1）大多数客户指定的供应商只有唯一一家，出了问题只有停线，工厂的损失供应商也不同意赔偿，最多只同意补换原料。

（2）出了质量问题后客户不管，只强制要求我们公司与供应商把问题解决好。

（3）有些供应商处理问题的态度和效率很差，如果撕破脸去扣他们的货款，供应商就会停止出货，弄得采购部也没办法。有些采购员甚至抱怨说，他们就是一个下单的机器，管不了供应商。

上面的抱怨如同在案例开头所说的，是对采购与供应商管理这个角色的定位有误，走向了两个极端。客户真的把自己当成上帝，成天听到"客户是上帝""满足客户的一切需要""超越客户的需求""倾听客户的声音"……沉迷于被关爱、被呵护的自我感觉中，一旦客户翻脸不认人，二者关系又走向了另一个极端，怨天尤人，怨声载道。

为什么我们不能放下架子，像销售员对待我们一样来对待这样的供应商呢？采购并非永远都处于强势地位，当我们处于强势地位时，供应商的销售员会经常主动和我们沟通感情；当我们处于弱势时，我们为什么不能放下架子主动和对方沟通呢？

学习销售的技能、学习销售的心态、学习销售的坚持，很少有哪个销售员抱怨说："客户不听话""客户不按照我们的流程做事""客户的态度太差""客户没有礼貌"，也没有哪个销售员要去"管"客户，销售员做的是努力了解客户的需求，考虑客户的感受，对客户施以"关怀"（customer care），最终满足客户需要，把产品销售出去，实现公司的利润（把钱赚回来）。

所以，对于采购和供应商管理者来说，首先是"改变"，改变作风、改变行为、改变思维方式、改变角色、改变心态；其次是"技巧"，技巧在态度下才会起作用，生搬硬套的技巧一定会碰撞得头破血流。例如，一名酒店的服务生因为态度不好，拿不到小费，请教师傅如何才能让客户满意，师傅说："热情接待，笑脸相迎"，服务生照着去做，结果把客户都吓着了，他的笑比哭还瘆人。师傅说："你真心喜欢这份工作吗？你真心把客户当父母看待吗？如果没有，这'没有'两个字会写在你的脸上！"

当我们采购员用学来的"技巧"而不是发自内心地对待客户时，结果只能和这位服务生一样。当你在摆弄技巧时，别忘记对方也不是傻瓜。只有真心才能换来实意。

技巧有许多，但没有必要在这里一一细数，向销售学习是重要的法宝。同时，有几个问题要注意到。

（1）客户的关键人物是否了解他所指定供应商的问题？在和客户沟通中，采购的声音可能在最初的底层接触中就已经过滤掉了，而管理供应商的实质性人物并不知道他们的表现。

（2）客户是否担心更换供应商的风险？对于客户来说，更换供应商，特别是更换为自己没有审核过、没有合作过的供应商是一个巨大的风险。

（3）客户本身并不能决定供应商的选择。在一些大的集团公司，选择确定供应商的职责可能不在下面的执行层。

（4）客户和供应商有着利益关系？这不仅仅包括客户和供应商之间的股权合作、利益输送，还可能牵扯人际关系。作为供应管理者去插手、协调，不仅越界，而且风险极高，应该在销售取得订单前期进行警示。

客户指定供应商是合约制造行业的普遍现象，这里有一个具体的案例可供参考，一家公司也多次碰到类似的棘手问题。有一个五金件供应商，由于交货、响应、质量和价格的问题，在公司的季度考核中多次出现D等级，按照公司的规定供应商两次出现D就要从名单上被剔除，但由于此供应商是客户指定的，而且是唯一的供应商，对公司的改善要求置若罔闻，与客户交涉，客户的反馈是要继续使用，为此公司书面告知了客户方包括管理层在内的相关人员，若再度出现由于此供应商问题导致的停线而影响客户的生产的情况，公司有资料证明是因为供应商缺陷并要求供应商改善但无效的情况下不承担任何责任，并要求客户更改双方签定的采购合同，对这类他们指定的供应商做特殊注明。

但这并不奏效，公司分析了客户不愿意更改供应商的原因，发现由于采购直接面对的客户仅是在中国的工厂，没有更改供应商的权利，更改供应商必须通过在欧洲的原制造工厂的同意。于是公司主动和客户联系，提出由公司出面，在和客户的QBR（季度营运会议）上由公司把此事提出来作为议题之一要求解决，因为客户方会有全球采购的高层参加这类QBR，而且有一项议题就是供应商（指我公司）提出对客户的期望。客户认为这个建议对他们无害，QBR也确实是解决这个问题的最佳途径，于是欣然同意。

在随后和客户高层举行的QBR上，采购和客户的高层一起讨论，提出了若干解决方法，最终客户方内部努力，把这个供应商替换掉了。所以问题的关键还是在要找到和客户的利益共同点，找到合适的人把问题表达出来，而不是一味地反对使用客户指定的供应商。

防控风险，有效管理供应商

柏青公司为自己的流程完备并严格执行而备感自豪，"按流程办事"成为企业员工的座右铭，根植于企业的文化中，经过几年的努力，采购及供应商管理流程也逐步建立和完善起来，而且为流程中的每一个关键节点设立了控制点或检验点。

在采购的主流程中的一个关键点是规格书的制订，流程规定只有规格书制订完成并获得批准之后才能选择供应商进行谈判、签订合同。规格书→供应商谈判→价格→合同，这一顺序也被认为是符合审计要求的。这一流程的执行非常顺利有序。

柏青公司渐渐地向高科技的方向发展，随着技术复杂程度的加大对供应商的依赖也提升了，越来越多的规格书需要供应商直接参与设计，共同制订规格书，采购及管理层清楚地认识到供应商早期参与是当前采购发展的一种趋势，对公司来说也是势在必行。如前所述，柏青公司是一个非常重视流程的企业，没有规矩不成方圆，为此，公司制订了一个供应商早期参与流程，见图1所示。

供应商非常乐意参与柏青公司的早期产品设计中，供应商的热情来自对未来实际订单的获取，因而此时供应商的技术人员的投入都是不收费的。但按照公司的流程规定规格书审批通过后再进行供应商选择和价格谈判，而这里就遇到了许多困难。例如，因为某家供应商参与了早期的设计，所以他们对该产品的熟悉程度远远高于其他竞争者，在供应商选择价格谈判中比竞争对手明显处于优势地位，而不少供应商在早期设计中，有意无意地把自己的产品独有的特点加入规格书中，从而给别的竞争者设定了障碍，造成后续的供应商选择价格谈判形同虚设。如果障碍太大，规格书成为只有独家供应商能达到，供应商在价格谈判上则更加强硬，决不让步。供应商会利用各种手段提供不能降价的理由，它的成本分解比采购做得还详细，设备、人工、材料、投资多少、年收益等一一列举，采购也无法反驳。

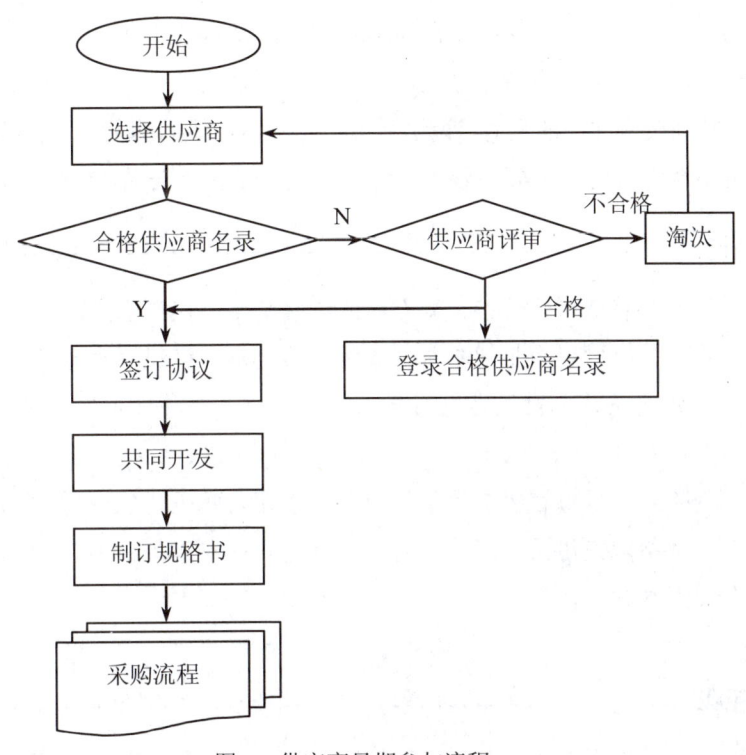

图 1　供应商早期参与流程

再例如，如果没有技术、设备等障碍，则早期设计参与者往往不能保证能得到最后的合同，如果这样的经历多来几次，则供应商参与再次设计的热情会大大降低，甚至拒绝参加，或者敷衍了事，而研发部门则会意见很大，对此不满。

很显然，供应商的参与程度和投入与对未来期望的实现成正比的，与双方力量对比相关联。公司的采购人员和技术人员聚在一起，希望能找出一个解决方案。

还有的例子是，有些供应商与柏青公司一样，崇尚标准化流程的企业文化，不做稀里糊涂的生意，要求与柏青公司就早期参与设计签订合同，有两种方案：一是如果设计成功，则分享未来的订单；二是开发期间作为一个独立的项目，向柏青公司收费。很显然，提出这种要求显示了供应商的强势，而能够向柏青公司展示实力的供应商往往是柏青公司期待合作的。

先有规格书，再有供应商选择，然后定价格，最后签合同，明晰的流程应该是不容置疑的，但目前则遭到了"供应商早期参与"这一活动的严重挑战。一方面采购希望严格执行流程；另一方面，供应商早期参与给公司带来的优势也是不容忽视的。但如果先与供应商签合同再做设计，显然是"合同"先于"规格书"，不是很合理，而将供应商参加早期设计作为一个采购项目，因为费用是由技术部门支付，受到技术部门的反对，说这是虎口夺食，从他们的预算中扣掉了一大块，管理层也不赞许。而糊里糊涂做了再说，则更不是柏青公司的企业文化。

讨论：

1. 先有规格书再定价格、签合同的流程是否一定要坚持？为什么？
2. 设计一个供应商早期参与的流程，防止出现案例中的问题。
3. 你赞同还是反对将供应商早期参与作为一个独立项目并付费？为什么？
4. 是否可以考虑在供应商早期参与中使用"单一供应商"，即从设计到最终就使用同一家供应商？分析优势及劣势，在什么条件下可以使用这种方法？

点评：

如今技术创新的速度加快、竞争愈加激烈、顾客需求呈现多样化，企业要保持持续性的竞争优势，必须加速新产品开发，提高产品开发的效率与效果。企业不能将开发行为局限于企业的内部，而要延伸到企业的外部，充分利用企业外部的资源，一个主要趋势是允许供应商参与到机密的新产品开发流程中（即使企业丧失交易的主动，泄露核心的信息以及给企业带来经济的压力），以期降低开发的成本与风险，提高产品品质和生产弹性，更有效地将新产品导入市场。

有专家预言，激烈的市场竞争压力将要求产品生产企业的生产费用每年减少5%~8%（去除通货膨胀的因素），继续提高产品质量和技术含量，同时压缩新产品的开发周期40%~60%。而要达到缩短新产品的开发周期、提高新产品的技术含量和降低新产品的开发费用的目标，原材料供应商是一个不可忽视的重要因素。因为，现在工业企业在进行新产品生产时所购买的原材料费用几乎超过产品销售价格的50%。另外，有效地借用供应商的经验和专门知识，可以弥补生产企业的某些不足，可以帮助企业缩短新产品开发周期、降低费用、减少质量问题以及改进设计等。即供应商会对生产企业的新产品开发技术、质量、费用和速度产生间接的、直接的，甚至是巨大的影响。现在国外越来越多的企业已经认识到把原材料供应商结合到企业的新产品开发项目中,特别是设备制造企业的新产品开发设计过程中,能给企业带来不少益处。

供应商早期参与新产品开发的条件

1. 合理的依赖结构

在不对称的依赖结构中,权力相对较弱的供应商会被有权力优势的制造企业压榨,所以权力优势产生的效用往往是破坏性的。合作开发过程中供应商的核心技术可能会被制造企业泄露给竞争对手,制造企业不会在乎供应商的损失。供应商尽管自身处于权力劣势,但期望维持与制造企业的长期合作关系,只能接受。如果供应商依赖制造企业,那么合约的完整性和有效性很可能无法得到保证。制造企业凭借其权力优势,可以指定关系的长度、任意调整合约的内容、不履行合约的条款、不支付赔偿,并强迫供应商去履行不合理的合约等,使供应商处于被动的情境中甚至造成巨大损失。考虑到制造企业的权力优势,为了避免损失,供应商参与的程度不会很高,参与的意愿也不强烈。如果参与意愿不强,可能会阻挠新产品开发的进程,导致供应商和企业的开发成本增加、开发周期延长。显然,合理的依赖结构可以提高供应商参与的成效。

2. 良好的沟通

参与制造企业的产品开发,供应商需要有工作能力强的人员与制造企业的人员组成开发团队。良好的沟通是跨组织开发团队成功的关键。对供应商来说,良好的沟通可以更有效地获得制造企业的技术。制造企业若对技术诀窍的共享有所保留,那么团队中供应商成员的沟通能力就尤为重要。阻碍产品开发的主要原因就是跨组织团队成员间沟通不足、信息交流不畅。产品开发需要处理大量密集的信息,良好的沟通能保障通畅的信息传递,缩短产品开发的周期。团队构建、团队文化、激励机制和高层管理支持等同样影响供应商参与的效果。信息的黏滞易导致界面矛盾的产生,团队内部良好的沟通也可以避免冲突和矛盾。

3. 相互信任

信任是合作双方能可靠地履行合约,在有实施机会主义行为的可能性时采取公正行为的期望。新产品开发过程充满不确定性,这种不确定性会给供应商带来风险。信任只能作为供应商与企业主观上认可,为防范机会主义行为,建立控制机制也是必要的。例如,为了拓展与其他合作伙伴的关系界面或者在其他项目上投资，供应商和制造企业都可能把对方的技术机密泄露给其他企业。如果相互信任并建立控制机制，就可以一起解决问题。相互的信任能够减少关系破裂的危机感，改善交流的透明度、信息交换量，使双方的动机和目标更加清晰，规避风险。

4. 供应商承担的责任

供应商承担的责任直接影响供应商在参与进程中的参与程度。供应商承担更多的责任可以有效地缩短开发周期和降低开发成本，促使制造企业新产品的开发成效显著。承担更多的设计责任，会使供应商感觉到自身的重要，从而激发责任感和合作的动力，用较短的时间、较低的成本获得高品质的新产品。同时，承担的责任越大，参与程度越高，与制造企业的沟通越频繁，就可以更接近制造企业的核心技术、知识和新的市场信息。供应商可以通过自身的学习能力，达到获得制造企业先进技术，缩短市场响应时间的目的。

5. 制造企业的承诺

合作开发新产品需要制造企业和供应商大量的资源投入，例如技术、设备资产和人力资源等，供应商希望与制造企业建立长期的合作关系，但是制造企业可以寻求替代者导致供应商参与风险增加。因此，供应商需要制造企业的承诺，以降低风险。对供应商具有吸引力的是制造企业关于长期合作和优惠待遇的承诺。根据承诺（合约的形式）衡量是否能够达到预期的成本控制和收益，选择合适的参与时机和参与程度。制造企业的承诺是实施交易行为的基础，也是维持合作关系的关键。供应商需要企业的承诺以保证制造企业不会将其核心技术泄露给竞争对手。

早期参与新产品开发时对新供应商的选择操作流程

1. 明确需求

这里所说的需求包括以下几个方面：要求何时开发成功；需要何种原材料或零部件；年、月需求量为多少；欲开发什么性质的企业作为供应商；要求供应商有什么样的生产能力、品质水平；要求是本地供应商还是远近皆可等。弄清楚上述问题后再寻找供应商时就会目标明确，从而少做无用功。

2. 编制供应商开发进度表

最好按开发供应商的步骤编制一份时间进度表，这样不仅可使开发新供应商的具体工作明确化而且也可尽量减少计划日期被拖延的可能性。

3. 寻找新供应商资料

明确对新供应商的需求后，便可依照编制的进度表进行开发的具体工作，寻找新供应商的资料或信息是第一步。获得所需信息的方式有很多，例如，访问国际互联网、查找电话簿、参加各种展览会、通过熟人介绍等。可根据企业对欲开发的新供应商的各方面要求进行初步筛选，留下几家供应商供进一步接触。

4. 初步联系

应使用适当的联系方法跟供应商取得联系。应跟供应商的相关业务人员清楚表达跟他们联系的目的、自己的需求并初步了解该供应商的产品。如果不是特别情况，不要第一次联系就让供应商报价。跟供应商电话联系取得初步的信息后，应根据筛选出的供应商所在地的远近来采取不同的行动。可以要求距离较近的供应商来企业面谈，来时带上企业简介、相关的样品以增加会谈效果，面谈时不仅要尽可能多地从供应商那里得到信息，同时也要将企业对供应商的基本要求及对欲购原材料的要求尽可能向供应商表达清楚，如果可以并必要的话带供应商去生产现场参观，会增加供应商对欲购产品的进一步把握。因涉及技术与工艺保密的问题，带供应商去生产现场参观在很多企业都是被明文禁止的。如果是远距离供应商，草率地叫供应商千里迢迢地赶过来显然是不合适的，合适的做法是让供应商用快递寄些资料和样品过来，从供应商的资料和样品上可以在一定程度上了解其实力。另外，还有一种方式，就是通过访问供应商的网页去了解。无论供应商是远是近，要求供应商填写一份"供应商调查表"都是必要的。

5. 初步访厂

这一步骤不一定进行，如果方便且有必要的话，由采购人员在对供应商正式审厂之前去"踩踩点"还是有益处的。因为越来越多企业的供应商开发工作是由一个包括工程、品管人员在内的开发团队去完成，如果采购人员不提前对供应商的工厂进行初步了解，万一供应商的实际生产现场很差，采购人员毫无疑问会遭到开发团队内其他部门人员的抱怨甚至责难，他们会认为采购人员在浪费他们的宝贵时间。初步访厂主要是看一看供应商的生产区与办公区，如生产线的生产情况、生产设备、仓库、检验及测量仪器、5S状况等，也可能会初步查一查供应商的财务状况。目的是得到一个关于该供应商的初步印象，这种结果是不精确的，但它影响采购人员决定对该供应商是否有必要采取下一步行动。

6. 报价

在初步掌握供应商的一些基本情况后，作为采购人员很想知道的就是供应商能以什么样的价位提供物料，此时再要求供应商报价就比较合适，因为供应商对它的潜在客户也有了一定的了解。

要求供应商报价前，最好发一份询价单给所有要报价的供应商，以便让供应商进一步得到该物料的基本情况，并可让供应商以相同的报价条件（币别、价格术语、交货地、付款条件等）来报价格，这样对采购人员比价非常有利，从而对采购人员的还盘提供方便。

7. 正式工厂审核

在与供应商议价后，一般可获得采购方基本满意的价格。如果购买的是关键物料，除特殊情况外都要安排正式的工厂审核，以便采购方更准确、更详细地掌握供应商的工程技术能力、品质保证能力、财务状况等基本信息。采购方的审核人员一般由采购人员、品管人员、工程技术人员等组成，各部门人员的侧重点是不一样的。采购人员侧重于跟贸易有关的一些东西，如交货、生产能力、付款、供应商的财务状况等；品管人员关心的是供应商的品质系统、检验人员及检测器具等；工程技术人员所关心的则是供应商的设备、加工精度、工程能力等。在开发供应商的全过程中，有两个环节最耗费时间：第一个是工厂审核过程中发现有问题时反复整改及来回审核，这样不仅拖延进度而且时间一长双方相关人员会感到非常疲惫；第二个是反复提供样品，弄得双方越来越没信心。对这两方面的问题双方应积极配合，用最短的时间逾越难关。在进行工厂审核时，可采用下列三种方式：审核程序、记录、报表等；生产现场查看；对供应商相关人员提问审核。

早期参与新产品开发时对供应商的管理

1. 设立专门的供应管理部门

越来越多的公司选择的做法是设立专门的供应管理部门来支持新产品开发。在这些公司里，供应管理部门分两个部分：支持新产品开发和支持生产部门。对于新产品开发，常见的职位设置有产品资源经理和采购员。产品资源经理主要负责从战略层面上实现设计和工程人员的需求与供应商能力的匹配，并选择合适的供应商。这一角色的另一大任务是进行内部沟通，协调产品开发阶段与生产阶段的供应商战略。因为适合新产品开发支持流程的供应商不一定是生产阶段的最佳

选择,例如这些供应商的规模通常比较小,响应速度很快但管理系统、质量体系没有大型供应商完善。对于公司而言,最好的方案是新产品开发阶段选择的供应商也成为生产阶段的供应商,这样就可减少转换供应商带来的问题。采购员主要负责订单处理工作,及时理解设计人员的意图、下订单、跟单和催单。

2. 制订供应商清单

如果要增加一个供应商,一定要通过严格的审批。选定供应商后,下一步就是明确传递期望。不妨签一个备忘录,写明公司对总体交货、质量、下单、跟单、催单、收货和验货等的具体要求。例如对交货期限,可规定不同复杂程度产品的大致生产周期、比量产阶段的交货周期要短多少个百分点等。这类备忘录不一定要在法律上具有约束效力,但以书面的形式记载期望,有利于供应商进行正确理解。当然,供应商为得到生意一般都会乐意提供帮助。

3. 进行供应商考核

管理学的一条经典理论:你统计什么就得到什么。针对备忘录中的要求,公司应开发专门的系统来进行统计。例如按时交货率,如果目标是95%准时交付的话,一定得有一个系统来进行统计,并定期告知供应商。如果达不到目标要求,要么更换供应商,要么帮助供应商提升能力。在进行供应商管理时,也要确定他们是否有成套的系统和流程来支持新产品开发。例如是否有专门系统来进行统计,是否有专门的报价员、订单处理人员、客户服务人员和工程技术人员,以及专门的生产设备等,一定要要求供应商职责分明。没有系统支持,供应商的承诺只是停留在口头上,那么往往没法保证实施。对于供应商,信任的同时要进行能力的确认,一定要通过会议或现场访问等方式进行逐条考核,确保供应商的承诺后面有成套的系统与流程进行支持,这也是专业供应商管理人员的价值所在。

例:供应商早期参与新产品开发的步骤

1. 目标及范畴的规划

双方就协作的目标和范围进行讨论和确定,可以观察到供应商的兴趣是否和设计目标相一致。供应商同时也得以了解通过协同设计开发而带来的利益增加以及将要协作的范围。需要强调的是,必须获得供应商高层的承诺和基于信任的实际支持。

2. IT设施的构建

IT设施的构建主要侧重于以下三个方面:

（1）开发产品导向的模型，该模型和产品开发过程保持一致。

（2）所构建的运行系统能使供应商自由地提供和反馈特定产品部件的生产和开发信息。

（3）所开发的IT系统能将客户需求和技术信息与供应商共享。

3. 建立协同产品开发小组

该团队所包括的成员来源于采购内部各职能领域成员以及来自供应商的代表成员。

4. 供应商协同产品开发流程的实现

5. 协同产品开发流程的导入

6. 绩效矩阵及风险控制

运用定量指标，例如，到达市场的准时度、产品开发成本、ECN（工程变更通知单）数量以及生产故障率，这些指标可以真实地反映供应商协同的优越性和协助估测供应商参与协同的潜在风险。

集中采购与分散采购

芬珊集团一直推动集中采购的执行，推行的力度比较大，集团是希望通过集中采购降低采购成本，公司实施集中采购的原则是：凡是能够利用集中采购降低成本的物料都集中到总部。经过几年的实践，已经将一些重要的、通用的及金额比较高的物资集中到集团总部进行集中采购，而部分零星的小额物资及各地独有的物资保留在各地公司的采购部门。下面分公司采购部的采购金额小，但物料繁杂，订单虽小，但工作量不小。在总部的集中采购的物料供应不上、缺货、断货、迟交货时，总部或使用部门也会要求分公司的采购部予以配合，或从本地备选供应商中采购，以解燃眉之急，而公司领导对本地采购部也有一些考核指标，如采购成本降低、成本节约额、采购费用/采购量比等，这些考核指标无形中促使本地采购部找理由，将容易采购的物资截留在本地，不愿意交给总部。总部采购的原则是广泛使用的物资由总部采购，能降低成本的放在总部采购。而有时，这两个目标不完全一致的，本地和总部采购部常常为物资在哪购买而有争议。

最典型的是物流车队的选择，显然总部选择了一家较大的可以覆盖全球各地公司物流的运输公司，但在中国各家分公司却将许多短途货物交给本地小车队。显而易见，小车队更方便、灵活、响应快，更重要的是价格低，本地公司特别愿意使用他们，但和总公司签订合同的大公司不高兴，认为芬珊集团违反合同。他们虽然没有能力阻止，但在年度合同续约时却拿出来当说词，或因为运输量的消减而提升价格。总部采购部希望各地分公司无论长、短途，都能使用总部签约的物流公司，但本地分公司管理层则支持使用本地车队，毕竟用的是本地公司的钱，还是要从成本上考虑的。

在一次国内展览会上，本地一位采购员发现了一家供应商可以提供生物酶，买卖双方都非常积极，立刻进入接洽阶段，因为用量比较大，对方又是一家新厂商，急于找一家像芬珊集团这样的国际化公司作为样板，因而销售给出的价格优惠幅度很大，很快便达成一致，签下了合同，价格为18.3美元/千克。供应商负责送货，因为比较近，费用不高，双方都为这一合作感到高兴，并对未来充满希望。

这种生物酶原来是由总部购买，FOB（船上交货）价为23.98美元/千克，原产地是法国，由一家名为巴普天生物公司所提供，对本地公司来说不但运费是一笔开销，而且还要备库存，生物酶的保存比较麻烦，保质期短，安全库存不易设定，由于客户的需求波动大，缺货和多余过期报废事件时有发生。而本地采购，基本不要库存，随订随到，非常方便。

这就造成总部的生物酶采购量减少，总部采购员得知这一改变后，对这一做法非常不满，要求停止采购，将采购权收回到总部，理由是这家工厂占了生物酶采购总量的25%，这样做会影响第二年及以后与巴普天公司的合作。而且与巴普天公司的合同也是一个独家采购合同，在合同期内芬珊集团不能从别家采购，本地采购的行为显然是违约行为，总部的方案是只有在缺货时，才可使用这家供应商。本地采购员及管理层却要坚持本地采购，不同意将本地供应商变为备选供应商。

而在这时，从本地供应商那里传来更尴尬的消息：本地供应商的上级公司是巴普天的合资公司，也就是说，芬珊集团买的是同一家公司的生物酶，只是价格更便宜。这下巴普天公司不答应了，要求本地供应商停止供货，据说在他们内部也掀起了不小的波澜。而最终结果是停止供货，但销售不甘心就此作罢，而是同本地采购沟通商量，让他们通过代理商购买，绕开了巴普天公司总部的监管，采购也认为这是一个不错的方法。

为了解决这一问题，芬珊集团总部的采购经理和巴普天公司总部的销售经理准备来本地造访、会谈，并与本地供应商和芬珊集团分公司管理层进行会晤，共同解决问题。

讨论：

1. 集中采购的目标是什么？
2. 哪些物资适用集中采购？哪些物资适用于分散采购？还是所有的东西都应该集中采购？
3. 在集中采购中应该建立什么形态的组织结构？
4. 对本案例中你赞同总部的做法还是分公司的措施，为什么？
5. 你同意销售采用贸易商转售的方法吗？为什么？

点评：

集中采购的目的是取得优惠的待遇、降低采购成本，但从企业的战略高度分析，集中采购还有着更深刻的意义。

从18世纪工业革命开始，也由普通的手工作坊式进化到工厂产业化发展，管理上也从粗放式管理向人力、成本、设备、资金等资源进行平衡协调渐进，以实现企业利润最大化。随之而来，也出现了很多管理上的困惑，例如以下几点：

（1）物料管理混乱，呆料、废料、缺料频繁发生。

（2）生产计划不准确，排产困难。

（3）生产工艺、工序缺乏标准化，导致库存供应难度加大等。

为了解决这一系列的挑战，管理学者开始对此进行更加深入的研究，产生了不同阶段的管理理论和工具。现代集团企业究竟从哪些方面可以获得管理价值？一般而言，集团企业可以从下面几个方面获得管理价值：

（1）增强实力：企业文化、管理流程、会计核算、财务监控、预算计划、激励机制。

（2）共享资源：资金、研发、人力资源、法律、公共关系、鼓动性沟通。

（3）协同增效：培训、传输、信息网络、最佳实务移植。

（4）拓展领域：机会评估、资本分配、制订策略、公司财务、收购兼并。

（5）集团监控：业务过程的可视化、管控运营风险与资产安全。

为了达成这个目标，选择相适应的管理模式也是至关重要的。从国际集团的管理实践看,一般集团企业管理模式可以划分为战略计划法、战略控制法、财务控制法三种类型。

1. 战略计划法

(1) 集团公司决定整体战略方向并参与子公司的战略计划。

(2) 统筹详尽的战略计划和资本分配流程。

(3) 资金控制与支持,普遍采用现金总库的运作方式。

(4) 集团公司人数众多,主要集中于共享服务和联络。

2. 战略控制法

(1) 集团公司制订基本的战略方向和财务指标。

(2) 子公司制订自己的战略、资本和财务计划,由集团公司审查。

(3) 不再按单个业务分享服务和联络。

(4) 资金控制与支持。

(5) 集团公司人数少,起支持作用。

3. 财务控制法

(1) 集团公司制订财务指标。

(2) 子公司制订预算和资本性支出计划,提交集团公司审查和通过。

(3) 财务委派与财务控制。

(4) 集团公司人数少,起支持作用。

集团企业通过"集中管理"提高企业整体反应速度和运作效率,通过信息的共享和分发避免因组织结构复杂而造成的信息失真及滞后;通过"协同商务"优化各业务过程处理机制,由信息系统推动企业业务过程展开,形成包括上、下游伙伴业务集成的核心应用,降低产业链整体交易成本,增强对买方市场的砍价能力,从而降低采购成本及生产成本,实现企业的低成本战略。

集团企业还可以通过信息系统的应用,大面积进行市场信息的收集、分类、整理、分析,确定客户购买偏好,区别竞争产品,获得差异化竞争优势。

集中采购是采购的一种组织战略的实施形式。通过将具有规模包括批量规模的采购项目,纳入集中采购目录,统一由集中采购机构控制或开展采购活动,从而获得采购的规模效益。

分散采购是与集中采购相对应的采购模式,是指采购活动由需求方各自进行。集中采购与分散采购两种采购模式在企业中通常会同时存在。

集中采购与分散采购两种模式的业务过程相同，但集中采购模式强调采购资源（供应商资源、采购组织、采购资金等）的集中控制。集中采购模式下，由专门的集中采购管理机构组织相关机构统一确定供应商、统一制订采购政策规范，建立统一的采购关键过程控制体系并集中进行控制，或者集中采购管理机构直接开展采购活动。分散采购模式下，供应商由需求单位自己选择，采购活动由需求方自己进行，采购过程的控制按职能环节分散在各职能部门。

与分散采购相比，集中采购模式有以下优点：

（1）有利于采购资源的整合和采购队伍专业化，保证采购质量。

（2）有利于实现规模采购，降低交易费用，降低进货价格，节约采购成本。

（3）有利于采购政策的贯彻落实，提高采购过程的透明度，规范采购行为。

（4）有利于提高与供应商谈判的筹码，选择有竞争力的供应商，获得较优的价格和服务，实现长期合作，保证供应。

在采购业务中，集中采购并不是适应所有组织和所有采购业务，与分散采购相比在股权结构、物资分类、采购规模、结算方式等因素上有重要区别。

集中采购本质上是把采购上的规模优势更大化的手段。需求没到一定规模，就不太可能实现集中采购。所以，实施集中采购的物资应是具有规模效益的。从组织规模上看，集团企业采用集中采购方式更容易享受到集中采购的好处；此外，集中采购还要与企业战略相匹配。

需要注意的是，集中采购不是万能药，它一般伴随着采购灵活性降低、采购响应速度下降、内部用户的选择余地减小等副作用。所以在美国，没有趋势表明集中采购就是下一步的发展方向。相反，有些公司在集中采购与分散采购之间游离，几年用集中采购，几年用分散采购，这与公司的战略重点、采购主管的变更等都有关。例如，节约支出战略下，可能采用集中采购；而新产品开发占主导时，则更可能用分散型采购。因为这种采购针对具体部门、分部，响应速度较快，更能适应新产品开发的快节奏。更多的公司则是针对有些产品、服务采用集中采购（例如旅行、电话、软件、办公用品），而另一些则用分散采购（例如生产上的直接材料）。法无定法，水无定形，切忌生搬硬套。

此外，集中采购有时不单单靠公司负责采购的一个部门就能够完成，需要各部门合作完成相关的准备工作，比如原先分散的供应商资源集中管理、集采物资的标准化等。

盘根错节的"对等贸易"

炫洋文化公司的主要业务是为一些大公司做展览和路演的一揽子解决方案,其文具礼品和装饰品的用量特别大,过去一直由一家叫冠莲贸易公司提供。而且制作方法比较简单,例如,将客户的标识、文字印刷在市场上采购的标准化的文具礼品和装饰品的空白"广告位"上,或者做一些小的修改;或根据客户的要求对标准化产品做一些定制化的修改,如颜色、外观、形状等。今年采购员对这个市场做了一些研究,得出结论是:这是一个充满竞争的供应市场,各种广告礼品公司多如牛毛,有许多公司都有能力也愿意供货,而且炫洋文化公司的采购量也足以吸引众多卖家。因此他们决定利用反向拍卖的方式,在网上竞标选取供应商。采购员初步估算,通过反向拍卖,降价幅度为15%,一年下来可以为公司节省大约300万元人民币。

炫洋文化公司的采购员正在积极准备安排反向拍卖,并向几个供应商发出了邀标书,各个供应商的反应也相当积极,跃跃欲试,准备应标。实际上,为了显示公平,采购员也向往年一直供货的冠莲贸易公司发出了招标邀请。

但采购员的工作进程却受到了阻碍。先是本公司的销售员找到了采购员,声称冠莲贸易公司是他的客户,冠莲的广告业务和业务推广数据库是由炫洋文化公司提供的,当时在谈该项目就是将这两个合同捆绑在一起的,作为双方公司战略合作伙伴项目,如果这次冠莲贸易公司不中标,那么今年数据库的销售合同也有可能泡汤了。虽然双方合同还没有续签,而炫洋销售部门已经把这张订单算在今年的销售业绩里了。对今年为冠莲做的数据库的一些改进方案,设计部门的工程师们也已经与冠莲的专家们在一起做了许多工作。如果客户跑了,这么多的努力就白费了,还给别人做了嫁衣。销售员信誓旦旦地说:"我们在前方浴血奋战,目标就是带来业务,使你们这些在后方的人能够享有现在的舒适工作。"

炫洋文化公司的采购员左右为难。一方面来自公司领导降成本的压力,如果任务完不成,往近了说,部门的绩效成问题;往远了说,自己在公司的位置,今后的职业道路都会受到影响。另一方面,如果强行做下去,势必要得罪销售和设计部门,未来采购与这两个部门的合作还是很多的。而且,销售在公司里的地位毋容置疑,这件事情销售一定会阻拦。

采购员从销售部找到为冠莲做数据库的订单，并从财务拿到一些数据，坐下来仔细研究之后，写了一个报告给领导，希望从公司的角度阐述通过反向拍卖选择新供应商能给公司带来的收益，并希望得到领导的支持：①进行反向拍卖重新选择新供应商，成本至少能降低300万元/年。②数据库的合同为600万元/年，公司去年的毛利润为收入的20%，也就是说，这张订单的利润为120万毛利润。

通过比较不难看出来，在这个供应商身上的投入是不划算的。

当销售员看到这份报告后，却非常不以为然，他说："对采购合同不敢妄加评论，但销售合同这么算，有些言过其实。如果这份数据库的合同不能续签，该投入的已经基本都完成了，没有这份合同，工程师还要照常上班，我们的系统还要照常运转，能省掉的就是收入的税收而已。"

采购员还想据理力争，他的主张是："我们公司这样的案子不止这一桩，如果我们买的东西都比别的公司贵，势必会影响采购在供应市场的竞争力，因为如果销售都靠这种方法拿订单，销售也会变得依赖心更强，失去市场的竞争力。还有一点，冠莲贸易公司因为又是客户，又是供应商，管理上的难度很大，出了问题想惩罚他们，冠莲就会拿数据库说事，往往下不了手。"

但采购的争辩显得有些无力，显然领导的意图倾向于销售一边。领导认为，采购和销售的对等贸易，可以考虑将采购和销售的绩效成绩记在各自的KPI考核表里，对这种供应商的管理问题，希望采购自己要拿出切实可行的方法。

讨论：

1. 什么叫"对等贸易"？在什么情况下使用对等贸易？
2. 采购对对等贸易是什么态度？在这个具体的案例中，你支持反向拍卖，在网上竞标，还是维持原来的供应商？
3. 采购和销售针对收益和损失不同的计算结果，你认为哪一种是正确的？给出理由。
4. 从利润和税收上，对等贸易对双方的收益如何体现？是否合法？
5. 采购应该如何管理对等贸易中的供应商？
6. 采购如果放弃网上竞标，损失的几百万成本节约从哪里下手呢？
7. 如何设计一个KPI考核方案，衡量采购和销售的绩效贡献？
8. 对等贸易更适合于大公司还是小公司？为什么？

------ **点评：** --

对等贸易在有关道德商业实践中做出了规定：对等贸易（互购贸易）使一个组织的用户同时又是其供应商，一般说来是受欢迎的商业实践。对等贸易只在以下情况下可被接受。

（1）没有强迫。

（2）双方同意，且双方获益，透明。

对等贸易是指部分或全部通过货物而不是货币进行支付。就对等贸易而言，可能会在这种情况下出现，一个公司想将高科技产品销售给没有现金的发展中国家，这个发展中国家没有钱，但是有农产品。因此，想要销售的这个公司被说服用农产品做交换，谈判话题即是多少吨农产品可以换到一件高科技产品。

对等贸易将对供应商的选择过程产生影响，如进入市场过程、选择条款、询价过程、谈判以及合同授予。同时，诸如支出和付款等其他过程也将受到影响。

好的情况可包括以下几点：

（1）建立更好的关系（如果正确）。

（2）使组织得到最大益处（如果正确）。

（3）交付成本，质量或技术利益（如果正确）。

不好的情况可包括以下几点：

（1）可能给采购组织带来额外的成本。

（2）可能给采购组织带来额外的风险。

（3）可能限制了选择。

（4）可能无法使企业得到最大益处。

（5）可能限制选择可选的产品和服务。

组织还要回答以下问题：

（1）这种情况会给采购组织带来何种利益？

（2）采购组织是否具有"自由"选择有优势的供应商的权利？

（3）内部或是外部是否有些强制因素，迫使采购工作须按照既定方式进行？

（4）从一个指定组织或以某个价格水平进行？

（5）对于采购组织而言，什么是更大的益处？

带来利益。当对等贸易关系能够带来新技术、有利的交付时间或更低的价格，那么此贸易关系毫无疑问。不过，如果此关系不能带来利益，甚至更糟，带来更大的成本或无法供应的风险,那么就应对此提出质疑。对于对等贸易的争议,可以如此描述:"如果不能为组织选择或谈判到最好的交易,那么采购团队是什么?"

对等贸易的过程必然包括不同供应商的选取,因而仍然存在选择。用来选择的过程必须包括一个比传统询价或招投标邀请更为清晰的过程。

当然还可以同一家组织建立、发展成联盟或战略关系。如果这种方针可行,那么可以减少程序初期所花费的时间,后续的组织和人员方面也将进展更快,将带来更大的回报。

小型企业的例子:一个摄影师专门拍摄婚礼照片,有时候她的客户需要鲜花和文具,她想到可以与一个当地的花农合作,花农供应鲜花的婚礼也需要摄影师提供服务,这样两个人就坐在一起,谈论可以向新婚夫妇提供一种联合服务。他们还与当地租车公司、一家文具公司商谈,让他们成为分包商。业务发展兴隆,如今他们已有两个摄影师,花农和摄影师每年为 120 个婚礼提供一站式服务。

这也可能是大型企业逐步采取的商业程序方式,没有几家供应商能提供"一站式服务"或联合其他专业组织来满足采购的需求,大企业的例子会更多一些。

来自内部或外部的强迫的形式,往往包括试图坚持采购必须按照给定方式向给定的组织或按一定的价格水平,最可能的是采购组织迫于某种压力向一家给定的供应商采购,如果采购只考虑到这一家,则无法实现最佳交易。这可能是内部用户或销售部门,试图抓住用户的一笔主要业务,而该用户(供应商)向销售团队表示,如果是以下情况,将会很有帮助。

(1)卖方组织"确保"即将进行的采购将向其进行购买,带来或"实现"销售额。

(2)卖方组织可向采购组织销售其他货物。

(3)最近的订单模式曾出现令人惊异的下滑,现在能够发现一个上升的趋势(机会)。

还有,销售组织给采购组织的折扣可能会存在威胁,使前置期延长,或更重视其他客户的主要服务的交付。而且这里隐含着被"勒索"的可能性。

采购团队将受到来自采购组织内部利益相关者(例如技术专家)的压力,或者直接来自销售组织的压力,如潜在的交付问题或提高货物价格的建议书等。这些情况会以单个问题出现，或者同时出现，相互关联。

采购必须站在更高的商业立场考虑问题，因为无论是销售还是采购都不想让步，需要智慧去接受更高的购买价格或损失销售收入。在这种情况下采购专业人员的角色是退出。一种商业分析，评定收入和支出两方面的成本和风险，允许组织的高层人员根据这些因素进行决策。这就是说，也许用户是如此具有诱惑力，这种决策是"逆来顺受"。

在这个案例中，采购采用的是财务会计概念，而销售用的是管理会计。会计始终是服务于管理的，现代会计划分成财务会计和管理会计两大分支是适应所有权与经营权相分离的结果，财务会计和管理会计两者是同源而分流的。它们的联系是：财务会计和管理会计都是以现代企业经济活动所产生的数据为依据，通过科学的程序和方法，提供用于经济决策与控制的、以财务信息为主的经济信息。财务会计主要为外部利益关系集团服务，提供受托主体履行和完成经济责任的信息，以满足外部利益集团的需要，因此财务会计是一种社会化的会计；管理会计主要为企业内部各个层次的委托人服务，为其提供加强经济管理、提高全面经济效益和社会效益的信息，是一种个性化的会计。

区别：财务会计与管理会计的区别主要体现在服务对象、依据标准、提供信息的类型、主要内容、所运用的程序和方法、报告的形式和时间范围、成本计算方法及国际化内容等方面。

服务对象：这是二者的根本区别。财务会计以企业外部使用者为服务对象，管理会计为企业的内部管理当局服务。

依据标准：财务会计严格遵守一定的规范和依据，提供的信息以统一的标准即公认的会计准则为依据；管理会计则是企业内部个性化需求的产物，提供的信息不受公认会计准则的约束。

提供信息的类型：财务会计主要以已完成或已发生的交易和事项作为加工对象，所生产的信息面向过去，以货币信息为主；管理会计则主要以预计企业要发生的和企业未来的经济行为为加工对象，所产生的信息面向未来，货币性和非货币性信息并重。

主要内容：财务会计以准则为指导，主要考虑有关经济事项的确认和报告问题，管理会计则以预算会计和责任会计为主要内容。所运用的程序和方法：财务会计的程序包括确认、计量、记录和报告，采用的方法是描述性方法；管理会计

的程序没有规则可言，方法以分析法为主。报告的形式和时间范围：财务会计按照公认会计准则的要求，以一定的期间（年，季，日）来编制，报告的形式较为固定；管理会计提供的报告不受固定期间的限制，报告形式也比较自由。成本计算方法：财务会计领域中成本的计算是严格按照公认会计准则所采用的方法来进行的，采用的是全部成本法（制造成本法）；管理会计领域成本计算的方法比较灵活，根据不同目的可选择变动成本法、作业成本法等。

具体到这个案例中，如果因为这个项目而需要增加人工，则采购的计算是合适的，但如果不因为这个销售项目而增加额外的人工设备等，人工应该是属于固定成本了。

紧急订单满天飞

前一任采购经理被炒了鱿鱼，猎头推荐茜茜坐上了百芒公司采购经理的位置。百芒公司的采购管理还是比较超前的，采购部门不仅已经将物料采购、直接采购都收于旗下，还负责公司的间接采购，包括设备、行政采购等活动，因而采购的任务量比较大，好在茜茜年轻、能干，精力充沛，但也常常忙得四脚朝天。百芒公司看中茜茜，也是因为她雷厉风行"女汉子"作风，善于处理繁杂事务性工作。百芒公司的紧急订单太多，生产中往往来的都是急活，采购员是一下单就开始催货。天天催着供应商交货，生产计划员每天都在和采购员商讨，哪些料最着急，哪些料更加着急，哪些料先催，哪些料可以放一放。最不幸而且又常常发生的就是，催到了货客户又不要了，可能是客户逃单或者爽约了。大家对紧急订单已经习以为常，而采购则被折腾得疲惫不堪。采购部有两个印章，一个上面刻着"紧急订单"四个字，另一个刻的是"急件！"，如果来的订单是着急的，则采购员在订单上加盖"紧急订单"，如果更着急，则两个戳都盖上。茜茜查阅了最近一个月以来的订单，发现几乎九成都是紧急订单，这其中加盖两个戳的有近四成。采购员抱怨说，计划员和销售员知道客户多变，也常常将需求往后推，不敢早下计划，计划员其实也很无奈，计划总是赶不上变化。

上午刚上班不久，销售经理带着一位新来的销售员造访采购部，这位新人早上9点钟到公司报道，就被派出去出差，下午4点的飞机。销售经理要求采购部在他上飞机之前，替他买一台手提电脑，并将公司的报价软件、ERP 系统、远程登录卡等内部工作平台都搭建好。百芒公司和一家品牌电脑及其服务代理商签的长期合同，按订单式交付，一般需要 15 天到货周期，再根据员工的职位和权限，服务代理商也有足够的时间安装、设置软件。特殊情况下，只能请服务代理商帮忙了，紧急调拨电脑，临时安排工程师装软件，与人力资源专员联系，开通各种权限。虽然服务代理商答应帮忙干，但茜茜清楚地知道，天下没有免费的午餐，这账迟早要还。

下午销售部的事情刚刚处理好，生产经理秘书就递来了一个订单，生产经理家的浴帘坏了，需要睡觉前换好。秘书居然将"紧急订单"和"急件！"两个章都盖上了。不过秘书柔声细语地说："不太着急啦，生产经理每天晚上都要加班到七八点钟才回家呢。"茜茜被弄得哭笑不得，这浴帘也算是紧急订单？！原来，生产经理是外籍经理，公司负责他的生活安排，比如，租住公寓的生活用品配备公司提供的，公寓是公司租的，采购员安排了一家关系不错的办公用品供应商帮忙采购，这家供应商还不错，主动提出把浴帘送到生产经理家并安装好。

茜茜发现"紧急订单"在百芒公司是一种习惯，她认为这样无序的采购状况不能继续下去，其实茜茜还是有办法应对这种局面的，但有一个顾虑环绕在她脑海里，采购的职责是为使用者服务，特别是"持续地保障供应"是自己刚刚为采购部门制订的使命描述。但是自己刚刚空降到公司做采购经理，位置还没有坐稳，过于强硬的行动可能会致自己于死地，无路可走。前任采购经理就是自己的一面镜子。犹豫不定的茜茜该如何抉择？

讨论：

1. 百芒公司有哪些问题？
2. 案例中提及"茜茜还是有办法应对这种局面的"，如果你是采购经理，你有什么办法应对日益增多的各种紧急订单？
3. 在这种特定的环境下，作为新任采购经理的茜茜应该做些什么？
4. 你是否赞同茜茜为采购部门制订的采购使命描述和采购职责？你有更好的建议吗？
5. 间接采购包括哪些内容？你赞同将直接和间接采购都置于采购部下吗？

点评：

大多数管理学者将采购的使命描述"五个合适"：以合适的价格购买到具有合适的质量及合适的数量的产品或者服务，并在合适的时间交付到合适的地点。"五个合适"概括了采购与供应的精髓，它们代表了所有采购与供应活动必须遵循的原理或者总体目标。因此它们的重要性是显而易见的。"五个合适"包括：合适的价格、合适的质量、合适的数量、合适的时间及合适的地点。

1. 合适的质量

（1）质量是"符合规格"（Conformance to specification）和"满足用途"（Fitness for purpose）。

（2）质量差的代价。

（3）规格。

（4）管理供应商质量的方法。

（5）内部（购买者）质量。

2. 合适的数量

（1）确定所需的数量。

（2）影响购买数量的因素——数量折扣（Discounts）及库存费用。

（3）最低的订购水平和订购价值。

3. 合适的地点

（1）将货物运输到指定的交货点。

（2）交付地点需要规定的相关问题。

（3）国际运输中会出现的额外问题。

4. 合适的时间

（1）内部的、外部的和总的前置期（Lead time）。

（2）影响前置期的因素。

（3）对外部的（供应商）前置期的管理。

（4）催货（Expediting）。

（5）衡量供应商的交付绩效。

5. 合适的价格

（1）成本类型及成本构成。

（2）采购价格的确定。

（3）影响供应商对其产品或服务定价的因素。

关于采购的使命描述，最近有些管理学者认为，保障企业物质持续的供应是采购最重要的任务。采购将保障供应放到了极其重要的位置。

对于订单的处理，要进行分类管理。在企业里，订单的排队分类有多种形式：一是先来先安排，二是按需要的时间先后顺序，三是按重要性，四是按紧急程度。按重要性和紧急程度排队，都需要进行订单的评审，通过对客户紧急订单处理过程的控制，充分调动现有资源转化到产品生产的各个环节，以实现紧急订单如期完成，令客户满意。

紧急订单处理流程见图2，评审是其中的一个重要环节，紧急订单的处理应该从销售开始：听取客户意见，了解客户需求；同时分析客户具体情况，找出问题关键点；组织相关单位召开评审会议；做好客户的解释工作及生产环节的沟通，力争完成客户交期。

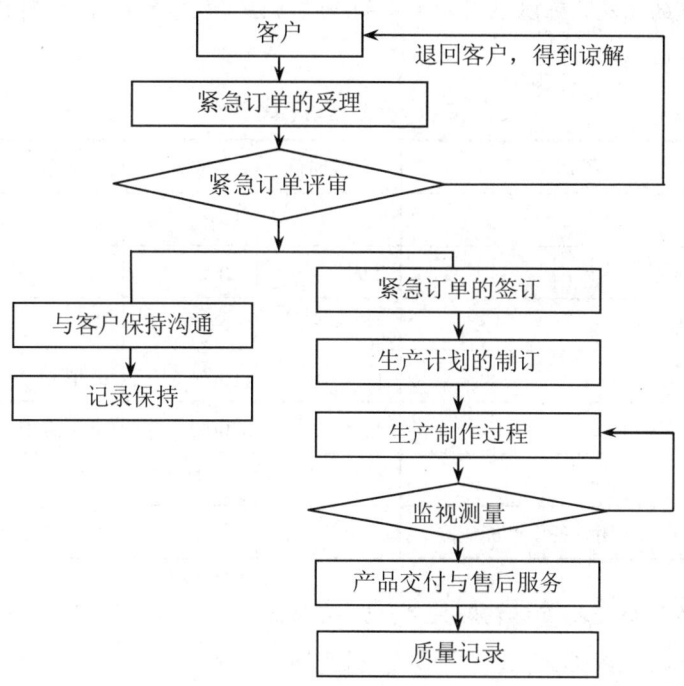

图2 紧急订单处理流程图

生产管理对紧急订单的处理：对于无法完成的紧急订单，应立即向业务解释、通报生产状况，力争达成意见一致；对于势在必接的紧急订单（如大单、重要客户订单），须及时落实到各相关单位，详细规划生产细节，主动做好相关单位的沟通工作，进行必要的人员、设备、场地、工具的调整。

制造对紧急订单的处理：认真进行总体工作分析，找出剩余生产空间；合理进行设备、材料、人员的再分配，如果本单位无法解决的问题应及时上报；加强人员重组和调动的管理；适当增加工作工时，以便达成目标。

在订单的处理上，从订单下达到上线实行生产，可以分为三个时段：流动、泥泞和冻结。流动时段，订单可以插入、修改和取消，而且不能影响整个工作安排；泥泞时段，订单的变更会产生一些费用和额外的工作；冻结时段，订单不可修改。

交期管理工具，可以使用项目管理中的工作分解结构（WBS）、网络计划技术（PERT/CPM）、甘特图、里程碑等工具控制采购进度，用采购看板目视化管理重要的订单。

生产加速的措施，可以采用表1中的一些方法（表中的第2、3列数据为某个公司的实例）。

表1 交期推动手段

手段	生效时间	成果	后续影响
加班	3天	50%	无
行政人员上生产线	2天	30%	无
多班制	3天	80%	无
招临时工	1周	100%	辞退
招正式工	4周	200%	不可辞退
外协	6周	无限制	收回
自动化、增加设备、产能	3个月	无限制	不可逆

越来越多的企业将直接物料采购纳入采购部门，也逐步将间接物料、服务和行政活动都纳入采购部门，我们可以看到这样一个脉络：没有采购职能—专人负责直接物料采购—建立采购部门—采购成为战略活动—采购包含间接采购—租赁纳入采购范畴—……有些采购管理学者将采购部包含公司中采购量的比例作为衡量采购部门的一个指标。间接采购，也应该进行分类，并上升到战略高度，而不能仅仅停留在操作执行层面上。如同本案例的描述，只能陷入疲于奔命的境地。

采购策略与集体决策

  山木公司是一家建材制造商，客户群体都是一些房地产商，其特点不言而喻，客户又比较强势，价格往往他们说了算，很少有讨价还价的能力，原材料在价格中的比例非常高，因此利润相对而言既少又比较透明。房地产项目的特点是周期比较长，合同执行的时间短则三五个月，长则能拖到两三年之久。因为原材料都是些石油化工的产品，如 PVC 等，所以价格的波动就像坐过山车那么剧烈。但原材料供应商不能对长期的价格做任何的承诺，客户合同签订时的价格到真正执行时早已有所变化了，但客户拒绝接受原材料价格随行就市。可是，当价格下降时，客户依然会强迫下调。山木公司的利润本来就不高，再被原材料的价格波动一挤压，一不小心就白做了，控制不好还会亏本。

  山木公司的老板与采购部门商讨对策。最初的方案是在签订合同时就对原材料进行价格审核。由于量比较大，公司周转资金有限，因此无法实现预期采购，库房没有足够的空间容纳。销售和采购是两个部门，销售只负责签订合同；采购员购买原材料时，只参照市场价格不考虑签订合同时的价格水平。后来老板将销售和采购捆绑在一起，利润与采购、销售的奖金挂钩，采购员工作态度更认真了，但是并没有转变局面，反而销售员很大一部分精力也投入采购中去了，而对客户的关照减少了。

  针对这种情况，老板决定采购员试一试套期保值的方式，一段时间后，从报表上看，有时候价格比市场低，有时候价格比市场高，公司完全没有从套期保值交易中获得任何利润，反而倒贴出去不小的一笔手续费。老板认为这种局面不能再继续下去了。

  再次召集采购开会，老板提出，指定几名采购员关注市场上原材料的涨落行情。根据市场变化，在价格比较低的情况下出手采购。但几次尝试后，这种方法非常不稳定，时好时差。采购员看好的最佳点往往不正确，即使找到了时点，从提出方案再到讨论，时机转瞬即逝。买的时候就不是那个价了。有时候看到最佳买点，但财务没有钱，原材料供应商都不肯先发货再等付款；而每次购买的量也很难把握，总是犹豫不决，少了没有意义，多了风险太大。

  最后老板招聘了一名资深采购经理进行操作，虽然有亏有赢，但总的来说还

是赢多亏少，老板很是满意。这时老板的几个业界朋友说，最近一段时间市场行情见涨占了主要原因。老板也听有些人反映这个采购经理利用公司的资源为自己做生意。老板找了采购经理谈话，而这时的采购经理正踌躇满志，准备大干一番。他的建议是，在价格适当的时候，要买出比需求更多的量为未来做准备，在价格高的时候也可以卖给同行，以便获取一份生产之外的超额利润。根据投资组合理论，如果我们只关注我们需求的原材料，例如PVC的价格，只做一种产品，风险集中；相反地，应该多做一些产品，扩展投资的类型，才可以减少风险。

老板听他一席话，认为很有道理。但本来他就担忧采购经理的操作难以控制，如果再扩大范围，公司所承担的风险会更大。他和公司管理层其他成员商量，众说纷纭，有的人说要集体决策，但有些人不同意，认为集体决策和不决策没有区别，大家对市场情况未必都很了解。集体决策又回到过去的老路上了，但共同的声音是要加强控制，而至于如何控制并没有一个方案。

讨论：

1. 对以上几种采购策略逐一分析。找出问题，各自的优劣及分别在什么条件下使用。
2. 特别针对采购经理的扩张性方案进行讨论，是否可以做？管理层如何控制？如何考核？如何激励？

点评：

有四种采购方式：按需采购、投机采购、套期保值、先期采购。

按需采购：这是最常见的采购方式，无论市场价格如何变化，采购都保持无动于衷，采购下单时机完全依赖于需求。没有需求，市场价格再低也稳如泰山，不动声色，不被诱惑；而得到需求指令，立刻下单，市场价格再高也毫不犹豫。一般地，市场变化不敏感、价格波动不大的产品基本采用这种方法。

投机采购：正好与按需采购的理念相悖，采购的使命是"以最低的价格买到最好的产品"，对于初级原材料，无疑投机采购是降低采购成本的最有效手段之一。但高收益伴随的是高风险。总体来说，小企业因为管理层短、决策快，高层管理者亲自操作等因素，比大企业更愿意参与投机采购。但研究表明，投机采购并不能比按需采购获得更明显的收益，但在投机心理和诱惑的驱动下，有许多人参与投机采购。因此投机采购失败而拖垮企业的例子也屡见不鲜。

套期保值：采购的套期保值是指与客户签订了在未来交付的合同，为了防止价格的变化，在期货市场做套期保值以锁定价格，防止价格上升带来的损失，但也不去奢望价格下降产生额外利润。

先期采购：先期采购与采购的套期保值类似，指企业本身已经制订了在未来所采购产品的预算，为了防止价格的变化带来的风险，在期货市场做套期保值以锁定价格，同样防止价格上升带来的损失，但也不去奢望价格下降产生额外利润。

套期保值和先期采购都是针对初级原材料的。有些企业采购的制成品，但初级原材料在成本所占的比例极高，所以也会考虑这几种方式。

期货套期保值包括多头套期保值和空头套期保值。多头套期保值是指交易者先在期货市场买进期货，以便在将来现货市场买进时不至于因价格上涨而给自己造成经济损失的一种期货交易方式。因此多头套期保值又称为"多头保值"或"买空保值"。空头套期保值又称卖出套期保值，是指交易者先在期货市场卖出期货，当现货价格下跌时以期货市场的盈利来弥补现货市场的损失，从而达到保值的一种期货交易方式。空头套期保值为了防止现货价格在交割时下跌的风险而先在期货市场卖出与现货数量相当的合约所进行的交易方式。持有空头头寸，来为交易者将要在现货市场上卖出的现货而从进行保值。因此，卖出套期保值又称为"卖空保值"或"卖期保值"。

期货投机的功能作用是期货市场中必不可少的一环，其经济功能主要有如下几点：

（1）承担价格风险。期货投机者承担了套期保值者力图回避和转移的风险，使套期保值成为可能。

（2）提高市场流动性。投机者频繁地建立部位，对冲手中的合约，增加了期货市场的交易量，这使套期保值交易既容易成交，又能减少交易者进出市场所可能引起的价格波动。

（3）保持价格体系稳定。各期货市场商品间价格和不同种商品间价格具有高度相关性。投机者的参与，促进了相关市场和相关商品的价格调整，有利于改善不同地区价格的不合理状况，有利于改善商品不同时期的供求结构，使商品价格趋于合理；并且有利于调整某一商品对相关商品的价格比值，使其趋于合理化，从而保持价格体系的稳定。

（4）形成合理的价格水平。投机者在价格处于较低水平时买进期货，使需求增加，导致价格上涨，在较高价格水平卖出期货，使需求减少，这样又平抑了价格，使价格波动趋于平稳，从而形成合理的价格水平。

套期保值与投机采购相比有以下几点不同之处。

（1）交易目的不同。套期保值是为了规避或转移现货价格涨跌带来风险的一种方式，目的是为了锁定利润和控制风险；而投机则是为了赚取风险利润。

（2）承受风险不同。套期保值者只承担基差变动带来的风险，相对风险较小；而投机者需要承担价格变动带来的风险，相对风险较大。

（3）操作方法不同。套保者的头寸需要根据现货头寸来制定，套保头寸与现货头寸操作方向相反，种类和数量相同或相似；而投机者则根据自己资金量、资金占用率、心理承受能力和对趋势的判断来进行交易。

供应商关系管理中的风险

旺奔制造厂是飞锦公司一手提携起来的供应商，早年旺奔制造厂只是一个小作坊，是飞锦公司的二级供应商，为飞锦公司的外协件厂加工一些金属扣等非常低端的配件，但旺奔制造厂的老板不仅胸怀鸿鹄之志，还具有高智商、高情商及超强的服务意识，真正能做到"召之即来，挥之即去"，深得飞锦公司从上到下各个部门的喜爱。两家公司的业务合作简直是无缝接轨，飞锦公司老板高度重视。渐渐地，旺奔制造厂的地位得到了提升，成为一级供应商，加工的产品也越来越多。

旺奔制造厂的老板热情主动，经常到飞锦公司转转，也是生产现场的常客，一则增进感情，更重要的是捕捉一些机会，得到更多的订单。这位老板深深地知道，依赖于采购员的口头承诺"如果表现好，多给些份额"是远远不够的，因为订单量是市场和客户的需求，从别的供应商嘴里夺食，实属不易。只有不断增加产品种类，才是拓展财路的主旋律。有一次，他在生产现场发现工人正在做塑料管切割，他立刻找到生产经理，表示愿意把这道产品加工程序转移到自己的车间。生产经理自然乐意将这些利润低且无技术含量的活交出去。逐渐地，旺奔制造厂承接的活越来越宽泛。由一些不起眼的附件慢慢地发展到越来越复杂的产品，可加工的产品越来越多。旺奔制造厂提升服务质量，加大技术投入，绩效成绩表现突出，飞锦公司开始逐步重视培养发展中的供应商，并作为合作伙伴对待，于是

约派技术人员到旺奔制造厂进行现场指导工作,旺奔制造厂不仅服务细致周到,而且虚心学习,技术人员也毫无保留地传授经验。逐渐地,旺奔制造厂成为飞锦公司的第一大供应商,为飞锦公司生产主控设备,在订单繁忙紧张时,偶尔为飞锦公司装配主机,以解燃眉之急。

飞锦公司是一家跨国企业,主要为一些世界著名的公司供货,其本身也是一些通用件的提供商,长期以来,供货质量稳定可靠,在业界有比较高的声誉。虽然不是最终产品的提供商,但在市场上的品牌中拥有一定的知名度。因为近年来,市场越来越艰难,客户的降价呼声一浪高过一浪,公司的利润越来越薄,客户的压力自然不愿意自己顶着,飞锦公司也逃不过大环境下的压力,一定要传递给供应商,本来对供应商就有年度降价的要求,随着客户压力的不断提升,对供应商的要求也变本加厉,不但价格苛刻,付款周期也不断延长,以缓解自己的资金短缺压力。

虽然能看到旺奔制造厂老板热情、卑恭的笑脸,一如既往响应迅速,但也能看出其作为供应商心中流露出的不快。而飞锦公司的采购经理却说:"供应商过着舒适生活则说明采购员的工作没有做到位,价格还太高。如果你作为采购员不给供应商增加足够的压力,我不会让你过舒坦的日子。他们的利润还可以再减一减。"不完全是采购经理无情,他也是被公司的"降本"指标压的。

年底合同结束,续签之际,旺奔制造厂的老板向飞锦公司递交"辞职报告",不干了,他表示"做不下去了!"飞锦公司开始还以为是旺奔制造厂的老板要挟公司要涨价,采购经理说:"等着他,看他还回头找我们不找?"可事实上,一个月过去了,合同到期了,旺奔制造厂的老板还是没有出现。采购经理坚持要再忍一忍,看看到底谁先低头,可计划员坐不住了,假如逾期旺奔制造厂不交货,仓库里的库存坚持不了一周。采购经理胸有成竹地说:"不要急,不要慌。旺奔制造厂的老板一定会来找我们的。"否则无法再压低价格。

但市场上突然传来一个噩耗:旺奔制造厂开始销售自己品牌的产品,一跃成为飞锦公司的竞争对手,并且直接从飞锦公司抢走了一部分客户。市场部得到的反馈是,原来从飞锦公司购买的产品就是出自旺奔制造厂,现在直接从供应商那里采购,质优价廉,何乐而不为呢?为了应对市场客户,飞锦公司在采购战略上做了调整,向小企业倾斜,增加小供应商的比例,加强对供应商的控制力度,降低采购成本。从旺奔制造厂内部传来的信息是,顺应从"中国制造"转型为"中

国设计",积极为自主品牌鸣锣开道的时代背景,旺奔制造厂从一个代工厂发展成为品牌提供商,同时政府在资金、政策上都给予了大力支持,旺奔制造厂也趁势飞跃而起,摆脱了飞锦公司的控制。重要的是,材料断货成了飞锦公司采购最刻不容缓要面对的现实。

讨论:

1. 在这个案例中,飞锦公司有哪些问题?
2. 在培养供应商时,如何防范各种未知的风险?

点评:

这是一个不可避免的情况,"天下没有不散的筵席",只是在筵席散去的时候,是否准备好了后面的午餐?在这个案例中,采购并没有向供应商承诺这是一张永久的船票,所以也不能期待供应商对你忠贞不渝。采购方总是在不断地寻找质量更好、价格更低、交期更快、响应更敏捷的供应商。供应商也不是木头疙瘩一无所知,它也会不断地寻求新的客户、新的机会。采购应该将损失供应商的风险考虑在自己的风险管理应急计划中。

在和供应商的交往中,特别是涉及知识产权、专利、设计及生产诀窍时,应在合同上有所限制,最好签订保密协议,但应该注意到合同和协议都不能完全防止知识产权的流失。在与供应商分享经验之前,应该在内部进行风险评估,是否可以将这些知识传递给供应商;供应商是否值得信赖。对于核心技术应该做好保密工作,有一些公司将产品分给几个供应商分别完成,他们各自都不知道自己做的是什么。但这样的后果是供应商参与度欠佳,特别是设计改进的参与度会非常低,需要对效率和风险做出平衡判断。

在与供应商的交流中应该保持警觉和对风险的敏感,关注可能发生的变化,采购在不断地寻找更低价的供应商的同时,我们的客户也在这么做。我们的供应商也在寻求更加可靠、出价更高的客户,不断地在开拓客户市场,所以这种警觉是对于整个供应链各个环节的视察,而不仅仅是盯住我们的供应商。更可悲的是,一些企业在客户流失之后,还没有丝毫察觉,当供应商离开之后,还不知道是绕过了采购方这一环节,直接链接到供应链的前端了。

再有,要认清自己企业的核心竞争力是什么,如果将核心竞争力定位于低成本或者一些低端的技术水平之上，是非常不牢靠的，虽然今天没有被超过或替代，如同本案例中所描述的情况，明天也会被替代，假如飞锦公司的客户问我为什么要向飞锦公司采购，而不直接选择旺奔制造厂为供应商时，飞锦公司所能提供附加价值是什么？现在的企业越来越将制造之外的延伸和整体解决方案作为核心竞争力。飞锦公司也应该考虑在产品之外还能向客户提供什么。

采购与供应商的关系是一种博弈，当彼此没有信任时，双方都在随时随地寻找新的合作伙伴，这时候希望对方对自己忠诚不变是不现实的，这只能说明与供应商建立长期的战略合作伙伴的重要性。为什么像丰田这样的企业可以在自己的周围建立一个牢固而长久的供应商群，而许多其他公司却做不到。因此供应商关系管理是企业战略管理的一部分，是采购理念和哲学的体现，而不是一时半会儿的权宜之计。

质量管理

> 产品质量是生产出来的，不是检验出来的。
>
> ——威廉·戴明
>
> 对产品质量来说，不是100分就是0分。
>
> ——松下幸之助
>
> 全世界没一个质量差，光靠价格便宜的产品能够长久地存活下来。
>
> ——徐世明
>
> 20世纪是生产率的世纪，21世纪是质量的世纪。
>
> ——约瑟夫·朱兰

企业的来料检验就是要将不合格品挑拣出来。

现代观点是将检验前移，将质量管理贯彻到供应商的现场，所以，供应商质量管理成为采购活动中一项重要工作。许多企业都投入大量的人力物力，成立供应商质量管理部门，或设立SQE（供应商质量工程师）职位。在供应商质量管理中，管理工具、手段的使用成为大家关心的话题。

质量决定采购战略

郝彪棉刚刚跳槽来到楚朝公司，楚朝公司的产品是电子消费品，老板和人力资源部都要求其岗位与要求完全匹配。供应商质量管理者要对本公司的产品精通，同时还要充分了解本公司的供应商。郝彪棉能幸运地得到这份工作，得益于他原先工作的元籁公司所生产的产品与楚朝公司完全一样，供应商大部分也相同，郝彪棉在元籁公司做SQE，现在的招聘岗位也是SQE，工资水平也差不多。楚朝公司能找到郝彪棉也是巧合，因为郝彪棉需要照顾生产的妻子，而元籁公司距离家太远了。在五十多个候选人中唯有他符合楚朝公司的要求。

郝彪棉来到新公司，因为工作内容相同，他不由自主地会将这两家公司做一些比较，工作了一段时间之后，细心的他发现两家公司许多异同点。最大的区别在于楚朝公司是以低成本取胜，元籁公司的产品销售价格高，楚朝公司的价格低。虽然价格不一样，但相同的是两家公司的产品内在质量相差无几，各项性能指标也几乎一致，不过元籁公司的产品外观远远比楚朝公司漂亮。在他的工作范围内的不同点是，元籁公司比楚朝公司的来料不合格率要高，郝彪棉很快就发现了这个问题所在。元籁公司对外观要求严格，大部分的不合格品都出在外观件上，操作工拿着工件在灯光照射下比对样品件，仔细地去找划痕和斑点，要求毛边和倒角连接处严丝合缝，稍有问题就标上不合格，退回供应商。而楚朝公司对外观件的要求很低，郝彪棉发现了一个更令人生气的秘密，不止一个供应商将退回来外观不合格产品发货给楚朝公司，而楚朝公司居然也欣然接受，仔细了解后，他发现价格质量差了很多，当然要求也低。

经过一段时间，郝彪棉统计发现，楚朝公司来料不合格率比较低的原因除了外观件判定不合格品的数量明显低之外，其他的来料不合格指标与元籁公司几乎没有太大的差异。在来料不合格品中，元籁公司外观不合格品占85%左右，楚朝公司的几乎不到15%。

其他对不合格品严重程度的判定两家公司也存在差异。在楚朝公司，外观不合格判定为"轻微不合格"；而在元籁公司，外观不合格属于"重大不合格"，要求供应商必须建立项目团队，找出根本原因进行整改。在对供应商质量扣分方面也有所侧重，郝彪棉做了一个两家公司的供应商质量不合格扣分对照表，见表2。

表2 供应商质量不合格扣分对照表

不合格项目	元籁公司	楚朝公司
尺寸超差	3分	5分
材料成分不符合	5分	5分
破损	1分	3分
表面划伤、划痕	5分	1分
表面色差	5分	没有
表面尺寸配合	5分	没有

从表2可以看出两家公司的差别,这不仅仅是统计上的差异,透过现象看本质。楚朝公司从设计开始,从上到下,从领导层到操作工,所有人都不重视外观。而元籁公司从设计开始就有一个设计团队专门负责,外观件的设计还会请时尚行业的专家共同参与,质量标准也具体、严格。到了质量控制这一环节,自然也不放松,外观件在成本和质量上都是高投入。

元籁公司和楚朝公司都做得风生水起、有声有色,均在各自的道路上欢快地奔跑着,前景形势一片大好。郝彪棉并没有把天籁公司的理念嫁接到楚朝公司,因为从招聘到入职,他深深体会到楚朝公司需要的是执行上级想法做事的人,他认为适应形势是最重要的,也是他在楚朝公司的生存之道。

> **讨论:**
> 1. 作为SQE,对外观件的质量管理应该放在什么位置?你同意哪家公司的做法?
> 2. 郝彪棉应该坚持自己认为对的事情,还是应该适应公司的环境?
> 3. SQE应该具备什么样的素质?作为领导,你希望SQE做好哪些工作?

点评:

SQE不仅仅要埋头拉车,还要抬头看路,要将自己的工作与企业的战略联系在一起。只有将企业的战略目标融入具体的工作中,才能更好地为企业创造价值，也才能始终与企业的目标保持一致，不会在工作中迷失方向。

一般企业竞争战略，是指无论在什么行业或什么企业都可以采用的通用竞争性战略。但更多的企业采用不同的战略，比如成本领先战略，也称为低成本战略，是指企业通过有效途径降低成本，使企业的全部成本低于竞争对手的成本，甚至是在同行业中最低的成本，从而获取竞争优势的一种战略。差异化战略，是指使企业产品与竞争对手产品有明显的区别、形成与众不同的特点而采取的一种战略。重点集中战略，也称为聚焦战略，是指企业或事业部的经营活动集中于某一特定的购买者集团、产品线的某一部分或某一地域市场上的一种战略，这种战略的核心瞄准某个特定的用户群体，某种细分的产品线或某个细分市场。

对于企业来说，在规划及实施竞争战略前需要找到自身的核心竞争优势有哪些，从而选择适合自身的竞争战略实施方式，以推动自身在经济市场中的快速发展。

一、高质量竞争战略

高质量竞争战略是指企业以高质量为竞争手段，就是致力于树立高质量的企业形象，并希望在竞争中以高质量超越竞争对手。高质量竞争战略包含如下的内容：

（1）高质量要注重产品的性能质量。包括产品的功能、耐用性、牢固性、可靠性、经济性、安全性等。

（2）高质量要以顾客需求为依据。高质量的"高"是相对的、适度的。

（3）高质量需要反映在企业的各项活动和创造价值的全过程中。

（4）高质量在比较中不断进取。

作为一种竞争战略，高质量的优势是明显的，它是一切竞争手段的前提和基础，也是树立良好企业形象的基础。

二、低成本竞争战略

低成本竞争战略是指企业以低成本作为主要竞争手段，企图使自己在成本方面比同行的其他企业占有优势地位。

实现低成本战略的关键是发挥规模经济的作用，使生产规模扩大，产量增加，使单位产品固定成本下降。在扩大生产规模过程中，争取做到以下几点：

（1）以较低的价格取得生产所需的原材料和劳动力。

（2）使用先进的机器设备，增加产量，提高设备利用率、劳动效率和产品合格率。

（3）加强成本与管理费用的控制等。

三、差异优势竞争战略

企业以表现某些方面的独到之处为竞争主要手段，希望在与竞争对手的差异比较中占有优势地位，以便形成差异优势战略。这里的差异包括产品的性能、质量、款式、商标、型号、档次、产地、生产产品所采用的技术、工艺、原材料以及售前售后服务、销售网点等方面的差异。

差异优势竞争战略是在各个企业大批量生产同一无差异产品并出现销售困难时提出来的一种战略。因为在上述情况下，解决问题的出路是使企业在技术、实力、创新能力、原材料、经营经验等方面的优势，成功地转化为产品、服务、宣传、网点等方面独具特色的差异优势。减少与竞争对手的正面冲突，并在某一领域取得竞争的优势地位。

肤浅的 QC 小组

飚赶公司准备提升管理水平，其中一项重要工作是引入标杆管理（Benchmark），向世界先进企业学习并对标。飚赶公司派人到丰田公司学习，在与丰田公司对标中找到自己的差距，其中一项是供应商质量管理，在向丰田公司学习过程中，了解到丰田公司对供应商质量管理，不仅抓来料质量，还深入供应商生产线进行现场管理，具体到辅导供应商在现场开展 QC 小组（Quality Control Circle）活动，并提出每一个员工都要参加一次以上的 QC 小组活动的要求。丰田公司认为 QC 活动对于提升产品质量、降低成本、提升员工质量意识，有着非常积极的作用。因而飚赶公司决定也将这一做法在自己公司的供应商管理中推广。

SQE 被派到各个供应商现场辅导 QC 小组的活动。为了解决一个供应商产能不足的问题，成立了一个名为"小蜜蜂"的 QC 小组，经过 PDCA 循环，设立问题，列出原因，采用柏拉图、鱼骨图、头脑风暴等质量工具分析，最后得出结论：是因为整个生产线较长，锻造工艺由于受设备限制，形成了瓶颈，如果增加一台锻压机，能力过剩且场地成本也不容许，而整个生产线缺乏内在协调，造成了生产过剩与在制品的堆积。QC 小组最终利用 TOC（Theory of constraints，约束理论），针对制造过程中资源、库存计划与控制方面存在的问题，优先对瓶颈区排程，以使之达到充分利用的目的。例如，两个工人轮流操作，保证机器持续不停地工作，在锻造工艺前设立缓冲区，保证机器始终有料供应，再对非瓶颈区排程，以保持瓶颈区的满负荷而不致出现等待，即非瓶颈工作区应服从瓶颈工作区。而后，补强瓶颈区，节省瓶颈区时间，同时防止产生新的瓶颈区。

当供应商的生产经理看到他们的整个项目过程和结果时，不屑一顾地说道，这个项目不用做 QC 小组，到生产线看一圈就能得出这个结论，不仅是这个项目，这几个 QC 项目都是还没有做就能知道结果的活动，这 QC 项目，轰轰烈烈，像八股文一样，起名字、规划、找问题、画柏拉图、鱼骨图，然后进行头脑风暴，最后找出一个不痛不痒的结果。容易的问题用不着 QC 小组解决，而高度复杂的问题 QC 小组解决不了，许多问题不是现场操作工能做决定的。按照生产经理的意思，这 QC 小组解决不了质量问题，闹哄哄地，还多此一举，动用这么多的人力物力等资源，本身就是浪费。

实际上，飚赶公司派出去的 SQE 遇到的并不是孤立的案例，遇到了许多阻力，大多数的反馈是作用不大的形式主义。还有人提出 QC 小组是一个过时的方法，很少有公司使用了。公司管理层也在考虑这对标"对"的对不对？还要不要去推行 QC 小组活动，或者如何让质量活动更有立竿见影、让人信服的成果。

讨论：

1. 为什么要推动供应商在现场开展 QC 小组活动？
2. 在整个案例中，你对飚赶公司供应商质量管理活动的开展有什么建设性的建议？
3. 你觉得 QC 小组活动过时了吗？
4. 你同意生产经理的观点吗？
5. 如何避免 QC 小组活动走形式，陷入过于肤浅的陷阱？
6. 如何才能更好地应用 TQM（全面订单管理）、QC 小组、标杆学习等质量管理工具？

点评：

质量管理小组即 QC 小组是在生产或工作岗位上从事各种劳动的员工，围绕企业的经营战略、方针目标和现场存在的问题，以改进质量、降低消耗、提高人的素质和经济效益为目的而组织起来的，运用质量管理的理论和方法开展活动的小组。QC 小组是企业中群众性质量管理活动的一种有效组织形式，是员工参加企业民主管理的经验同现代科学管理方法相结合的产物。从 QC 小组活动实践来看，它有以下几个主要特点：

（1）明显的自主性。

（2）广泛的群众性。

（3）高度的民主性。

（4）严密的科学性。

QC 小组活动的宗旨：

（1）提高员工素质，激发员工的积极性和创造性。

（2）改进质量、降低消耗、提高经济效益。

（3）建立文明的、舒心的生产、服务、工作现场。

QC 小组活动具有以下几方面的作用：

（1）有利于开发智力资源，发挥人的潜能，提高人的素质。

（2）有利于预防质量问题和改进质量。

（3）有利于实现全员参加管理。

（4）有利于改善人与人之间的关系，增强人与人之间的团结协作精神。

（5）有利于改善和加强管理工作，提高管理水平。

（6）有助于提高员工的科学思维能力、组织协调能力、分析与解决问题的能力，从而使员工岗位成才。

（7）有利于提高顾客的满意程度。

QC 小组是企业员工围绕生产活动中的问题自由结合、自愿参加组织起来，主动进行质量管理活动的小组。QC 小组活动是企业员工参加现场质量管理的核心。企业质量管理的思想及基本方法，主要是通过 QC 小组活动方式，运用到各种业务工作中去的。企业质量管理工作的改进和产品质量的提高，一个很重要的环节就是开展 QC 小组活动。各级管理人员必须重视 QC 小组的组织领导工作，对 QC 小组活动要给予帮助、支持和鼓励。推动供应商 QC 小组活动亦是供应商管理者的重要任务之一。

为使 QC 小组活动能够得到长足的发展，应注意以下几点：

（1）讲求实效。要能够解决生产、管理等方方面面的实际问题，真正围绕实际的经营战略、方针目标来选择课题，能够从实际出发分析问题，找出原因，拟定各种解决问题的措施，从而推动企业的发展。

（2）领导重视。首先，领导应注重对质量管理知识的学习，掌握质量管理的理论和方法，积极参加小组的一些活动，并进行检查指导和督促，能充分调动小组成员的积极性，也能为小组解决一些活动中的实际困难。以具体的行动让员工感受到领导抓质量工作的决心，从而激励和鼓舞员工去深入学习研究，自发地、主动地开展小组活动。

（3）适度激励。要使 QC 小组活动坚持不懈地开展，需要一定的激励手段。通过教育和小组成员自我认识、互相启发，明确近况发展、员工获益与每个成员努力和参与程度的密切关系，通过成功的 QC 小组活动，使小组成员感受到自我价值实现和成长的喜悦，都能激发员工继续积极投入各种质量活动的热情。

（4）不断提高人员素质。小组成员要努力学习新知识，学习新技能，不断完善知识结构，提高业务技术素质。QC 小组活动不仅要向深度、广度发展，而且要向生产、服务全过程渗透和延伸，不断解决生产、服务过程中提出的新课题。

（5）不断创新。不断加大 QC 小组科技含量，使课题有一定的技术难度，调动各方人员共同参与、攻关，充分调动组员的潜能以及积极性和创造性，提高小组活动的水平。而且，通过活动可以使小组成员在知识才干上都有所锻炼和增长，培养多种人才。

标杆分析法（Benchmarking）就是将本企业各项活动与从事该项活动最佳者进行比较，从而提出行动方法，以弥补自身的不足。标杆分析法是将本企业经营的各方面状况和环节与竞争对手或行业内外一流的企业进行对照分析的过程，是一种评价自身企业和研究其他组织的手段，是将外部企业的持久业绩作为自身企业的内部发展目标并将外界的最佳做法移植到本企业的经营环节中的一种方法。实施标杆分析法的公司必须不断对竞争对手或一流企业的产品、服务、经营业绩等进行评价来发现优势和不足。

总的来说，标杆分析法就是对企业所有能衡量的东西给出一个参考值，可以是一种管理体系、学习过程，它更着重于对流程的研究分析。

菲利普·科特勒解释说："一个普通的公司和世界级的公司相比，在质量、速度和成本绩效上的差距高达 10 倍之多。标杆分析是寻找在公司执行任务时如何比其他公司更出色的一门艺术。"其实中国古代战略名著《孙子兵法》中也有提到"知彼知己，百战不殆；不知彼而知己，一胜一负；不知彼，不知己，每战必殆。"

标杆分析的主要作用是：

（1）做竞争对手的标杆分析，有助于确定和比较竞争对手经营战略的组成要素。

（2）通过对行业内外一流企业的标杆分析，可以从任何行业中最佳的企业、公司那里得到有价值的情报，用于改进本企业的内部经营，建立起相应的赶超目标。

（3）做跨行业的技术性的标杆分析，有助于技术和工艺方面的跨行业渗透。

（4）通过对竞争对手的标杆分析与对客户的需求做对比分析，可发现本公司的不足，从而将市场、竞争力和目标的设定结合在一起。

（5）通过对竞争对手的标杆分析，可进一步确定企业的竞争力、竞争情报、竞争决策及其相互关系。

根据所针对的企业运作不同层面将标杆分析分为三类，即战略层的标杆分析、操作层的标杆分析和管理层的标杆分析。

战略层的标杆分析：是将本公司的战略和对照公司的战略进行比较，找出成功战略中的关键因素。

操作层的标杆分析：主要集中在比较成本和产品的差异性上，重点是功能分析，一般与竞争性成本和竞争性差异有关。

管理层的标杆分析：涉及分析企业的支撑功能，具体指人力资源管理、营销规划、管理信息系统等。其特点是较难用定量指标来衡量。

全面质量管理注重顾客需要，强调参与团队工作，并力争形成一种文化，以促进所有的员工想方设法持续改进组织所提供产品或服务的质量、工作过程和顾客反应时间等，全面质量管理由结构、技术、人员和变革推动者四个要素组成，只有这四个方面全部齐备，才会有全面质量管理这场变革。

全面质量管理有三个核心的特征，即全员参加的质量管理、全过程的质量管理和全面的质量管理。

全员参加的质量管理：要求全部员工，无论高层管理者还是普通办公职员或一线工人，都要参与质量改进活动，参与"改进工作质量管理的核心机制"，是全面质量管理的主要原则之一。

全过程的质量管理：必须在市场调研、产品选型、研究试验、设计、原料采购、制造、检验、储运、销售、安装、使用和维修等各个环节中都把好质量关。其中，产品的设计过程是全面质量管理的起点，原料采购、生产、检验过程是实现产品质量的重要过程，而产品的质量最终是在市场销售、售后服务的过程中得到评判与认可。

全面的质量管理：是用全面的方法管理全面的质量。全面的方法包括科学的管理方法、数理统计方法的应用；全面的质量包括产品质量、工作质量、工程质量和服务质量。

另外，全面的质量管理还强调以下观点：

用户第一的观点，并将用户的概念扩充到企业内部，即下道工序就是上道工序的用户，不将问题留给用户。

预防的观点，即在设计和加工过程中以预防为主，变管结果为管不良因素，消除质量隐患。

定量分析的观点，只有定量化才能获得质量控制的最佳效果。

以工作质量为重点的观点，因为产品质量和服务均取决于工作质量。

全面质量管理特别是QC小组活动在企业推动中常遇到以下一些困扰：

（1）缺乏专业、客观的诊断，对企业身处的经营环境及其相应的问题认识不清或不予认同。

（2）对企业战略所知有限，或缺乏明确的战略方针和目标。

（3）缺乏真正有效的绩效管理制度，将对目标绩效管理变成了对个人的绩效考核。

（4）跨部门的协作、支持不足，明显的是质量管理、成本管理、安全管理、资源管理、环境管理各自为阵。

（5）一线部门对质量资源投入不足。

（6）标准化管理体系缺乏有效的推动。

企业推动QC小组活动的目的在于持续改善企业的经营，必须从产品质量到流程管理质量再到人员及服务质量的全过程管理，才能产生良好的企业经营绩效。

标准只放书架

良北仪器公司是一家仪器制造公司，因此注重供应商的现场考核。每次考核都进行得极其细致深入，因自身特点而对供应商的测量仪器的校准工作审核更为严格。

负责审核工作的工程师季亮对一家供应商生产现场做年度审核时，在维修车间发现这家供应商的量杯和钢板尺都没有进行校准，季亮提出量杯和钢板尺属于计量仪器，需要定期送到鉴定中心进行校准才能使用。季亮拿起一只量杯和一把钢板尺，上面印着 CMC，季亮问在场的工程师：“这个印有 CMC 标志的是否要强检？"

"是。"工程师回答。

"那么为什么在这里？"季亮接着问。

"没有必要嘛。"工程师说。

"这显然是一个不符合项，要限期整改！"季亮坚定地提起笔做了记录，开出了报告单。

"你不能太教条，这量杯是玻璃杯做的，剔透玲珑，没有杂质和污垢，不可能有什么变化，钢板尺显然是钢做的，这把钢板尺没有任何物理损伤，能有什么问题？"工程师不以为然地说。

"但这是规定呀！"季亮有些底气不足。

工程师开玩笑道，"购买一只量杯 30 元，一把钢板尺更便宜，只要十几元，而送检计量一次 500 元，还有送检的人工和路费呢，成本太高了，但每次买新的又不符合绿色节能的原则，更不符合节约型社会的精神呀！"这位工程师充满了自以为是的幽默感。

供应商的质量经理凑了上来，非常虚心地向季亮请教道：“其实我们一直被这个问题所困惑，过去我们校验过，结果可以预料，后来就没有坚持。您所在公司规模大，又是专门做测量仪器工作的，各方面都比较专业，给我们一个指导意见如何？"

季亮觉得对方说的有道理，态度又诚恳，他对自己的决定也没有信心，如果定期送检校准，确实有些没必要。季亮拿不定主意，说：“我们要回去做总结再作为正式文件反馈。"这样先敷衍过去了。

回到公司,季亮把审核现场的情况和其他审核工程师们交换意见,各抒己见,有赞同的,也有反对的。但最终没有确定一个权威的答案。

讨论:

1. 就这个案例而言,一只量杯和一把钢板尺是否需要校准?
2. 应该如何建立有效可行的校准流程?
3. CMC 应该如何执行?

点评:

CMC(China Metrology Certification)是"中华人民共和国制造计量器具许可证"标志,意为中国制造计量器具许可证。取得制造计量器具许可证的企业,可在其生产的计量器具上标注 CMC 标志。该标志表明:计量器具制造企业具备生产计量器具的能力,所生产的计量器具准确度和可靠性等指标符合法制要求。

对制造、修理计量器具实行许可证制度,实质上是由政府计量行政部门对制造、修理计量器具的单位是否具有制造、修理计量器具资格和能力的一种认可,是政府对企业、事业单位实行的一种法制性的监督管理。它是针对计量器具这种特殊产品所采取的一种特殊的法律约束的管理手段。

《中华人民共和国计量法》第十二条明确规定:"制造、修理计量器具的企业、事业单位,必须具备与制造、修理的计量器具相适应的设施、人员和检定仪器设备。"这是对制造、修理计量器具的企业、事业单位所应具备的条件和必须履行的法律手续的规定。

量具本身产生变形及使用过程中的磨损,都会引起量具尺寸的变化。为了保证量具的测量准确性,必须对量具进行定期的检定,两次检定的时间间隔,称为检定周期。量具的检定周期,主要依据以下四个条件决定:

(1)量具的精度。如磨工用的标准件精度要求高,检定周期应短一些;车工用的标准件精度要求低,检定周期可以长一些。

(2)量具的使用次数。量具的使用次数多、磨损快,检定周期应短一些;量具使用次数少、磨损慢,检定周期可以长一些。

(3)量具本身的结构。例如,扭簧比较仪的扭簧容易损坏,检定周期应短一些；千分比较仪不容易损坏和磨损，检定周期可以长一些。

（4）仪器的结构情况。有些仪器会使量具磨损快，检定周期应短一些；有些仪器则使量具磨损得慢，检定周期可以长一些。例如，用机械仪器测量内径，内径标准件磨损快，检定周期应短一些；而用气动量仪测量内径，内径标准件磨损慢，检定周期可以长一些。

许多人都问一个问题："计量标准器必须每年都要送检吗？"在供应商现场审核时也会遇到类似的问题。有人的回答是："属强检，计量标准器按照规程规范是必须要检定或校准的。必须送检。"

其依据是：

中华人民共和国强制检定的工作计量器具明细目录

（1987年5月28日国家计量局［1987］量局法字第188号发布）

一、根据《中华人民共和国强制检定的工作计量器具检定管理办法》第十六条的规定，制定本目录。

二、本目录所列的计量器具为《中华人民共和国强制检定的工作计量器具目录》的明细项目。本目录内项目，凡用于贸易结算、安全防护、医疗卫生、环境监测的，均实行强制检定。具体项目为：

1. 尺：竹木直尺、套管尺、钢卷尺、带锤钢卷尺、铁路轨距尺；

……

16. 液体量提：液体量提；

……

案例中的尺和量杯都属于其中，但也要注意到，实行强制检定的是"用于贸易结算、安全防护、医疗卫生、环境监测"的计量器具。许多企业和审核人员把这一限定条件忽视了，对于生产线上计量器具，应该具体情况具体分析。对于企业最高标准，要有追溯性，所以按规程规定的周期进行强制检定。企业其他计量标准，企业按使用情况、仪器的稳定性等根据JJF 1139—2005《计量器具检定周期确定原则和方法》自行确定检定周期。只要能保证其溯源性即可。虽然可以自己校验的，不过校验人员必须是经过培训的，同时对校验的环境温、湿度进行控制。还有就是必须有更高精度等级的经过校验的标准器具，以达到所校量具可以追溯到国家标准上去。

企业必须建立量具管理制度，对计量器具的自校规程做出流程和规定，以确保其持续满足测量精度的要求。这是一个钢板直尺的自校规程的示例：

1. 检定条件和检定工具

1.1 检定条件：检定钢卷尺时室温应为（20±8）℃，检定前被检尺在规定温度下恒温时间>4h。

1.2 检定工具：标准钢卷尺或标准钢板直尺（量程1000mm）。

2. 技术要求

2.1 外观：钢卷尺尺带的拉出和收卷应轻便灵活、无卡阻现象，各功能装置应能有效控制尺带收卷。尺带表面无明显的气泡、脱皮和皱纹，无锈迹、斑点、划痕等缺陷。各连接部分应牢固可靠，且不易产生拉伸变形。使用中的钢卷尺不应有影响准确度的外观缺陷。

2.2 示值允许误差：$\Delta = \pm(0.3+0.2L)$ 式中，L是以米为单位的长度。

3. 检定方法

3.1 外观检定：肉眼观测外观质量，应全部符合本规程2.1的规定。

3.2 示值误差检定：将标准钢卷尺和被检尺固定，使被检尺的零值线纹与标准尺的零值线纹对齐，按每米逐段连续读取各段和全长误差。全长不足5m的钢卷尺检定段为一段，全长超过5m的钢卷尺，每5m为一段进行评定，其全长误差为各段误差的代数和。

4. 检定结果的处理

4.1 经检定符合本规程要求的钢卷尺，在尺盒上粘贴合格标记，并注明有效日期。

4.2 经检定不符合本规程要求的钢卷尺应予报废。

5. 检定周期

根据使用情况，一般为1年，出现损坏或示值失效时，随时检定。

6. 相关记录

检定完毕后，由质管部负责填写《钢卷尺自检记录表》并存档备查。

"管代"还是"代管"

焦姬在公司负责供应商审核，一次供应商现场审核时，认为生产现场的质量状况虽然比较满意，但质量管理活动仅停留在减少不合格品与标准化生产流程

SOP（Standard Operating Procedure，标准作业程序）上，对于质量管理的一些战略性规划和未来方向没有看到供应商有所行动。他希望供应商有一个质量上的提升，于是他问了一个问题："你们怎么体现'领导作用'？"对方回答："我们有管理者代表，而且是总经理亲自担任，负责全公司的质量管理。"问："管代具体都做什么？"对方回答不上来了。

在几年的审核中，他发现在自己审核的供应商中，几乎没有公司的管理者代表是货真价实的。焦姬认为，与其说是"管代"还不如叫"代管"。

在要求中明确提出，获取证书的各个供应商都应按ISO9000和TS16949在其质量手册中设立管理代表职位，行业内大家将其称之为"管代"。焦姬的理解是，设立管理者代表的目的是为了在质量管理中体现"领导作用"，但在审核中的发现却是，管理者代表只在质量审核时、外部审核的"首次会议"及"末次会议"出现时，在审核报告上签个字。除此之外，在整个流程管理过程中都不见其身影，管理者代表并没有起到真正的管理和领导作用，形同虚设。

在一次内部会议上，焦姬提出了如何审核供应商管理者代表的问题，现场气氛热烈，大家纷纷提出了自己的观点。

（1）领导作用不应该仅仅体现在一个管理者代表上，更重要的是最高领导者对质量的重视，与此同时还应体现在高层质量战略设计上。

（2）"高层质量战略的设计"比"最高领导者对质量的重视"要求更高，我们的供应商几乎没有触及，因此更应该加强"领导作用"的落实，而不是"管代"的形式。

（3）管理者代表是ISO9000和TS16949的双重要求，所以，这个审核应该由认证的第三方质量审核机构负责。我们作为第二方审核，应该关注产品的审核，生产线的符合性。

（4）反对意见是体系的审核和符合性也是我们的任务。没有质量体系的保障，哪来合格的产品质量？

（5）在审核供应商管理者代表的有效性时，需要供应商用实际证明管理者代表工作的管理与领导作用。

（6）要求将管理者代表纳入到供应商人力资源部的组织机构图中，并为其设定工作职责和考核指标，使之常态化。

（7）学习国际大企业的做法，要求供应商建立"质量委员会"或"CQO（Chief

Quality Officer，首席质量官）"。

（8）在具体工作中要求质量经理在企业确立稳固的地位，具有质量否决权和决定权，设立训练有素的质量团队，设立质量部门，且质量部门独立于生产（运营）部门之外，质量经理的权利和级别高于生产经理。

（9）反对意见是我们自己公司的管理者代表作用也仅是一只签字的笔。但是公司的质量并没有因为轻视管理者代表而造成质量体系上的大问题及不合格产品质量的提升。事实上，实践已经证明管理者代表实际作用不重要。

（10）但有的同事也提出，作为客户，我们有没有权利和义务对供应商企业管理层面提出要求，这些要求已经涉及供应商的人事安排和内部结构，客户参与过多会不会适得其反，搞不好会把供应商整垮了。

大家对此提出了各种各样的见解，许多意见还都是相左的，但最终公司还是希望得出一个统一的方法来管理供应商。

> **讨论：**
> 1. 请对上述各个观点做出分析，并阐述你的看法。
> 2. 如何在企业中定位"管理者代表"，管理者代表在质量管理中的任务是什么？如何将"领导作用"与管理者代表的有效性联系起来？

> **点评：**
>
> 产品的背后是文化，文化深处是管理，管理核心是质量。质量文化，外秀而内刚是企业文化集成，作为管理文化和组织文化的核心，集中体现了一个企业价值观的优劣和综合管理水平的高低。作为企业管理的永恒主题，以质量文化建设为切入点和突破口，超越传统产品技术质量竞争的局限，也已成为全面提升包括技术、服务和企业文化整体管理素质的战略选择。
>
> 无论是朱兰、克劳士比，还是费根堡姆、哈灵顿，他们不仅是质量大师，更是商界领袖人物。20世纪80年代以后，日本的产品质量卓越，而质量大家们则教人们把质量变成了"明珠"。从此，质量成为管理的主题，开始荣登高堂、纳入管理层的工作议程，甚至进入了董事会。战略、计划，甚至整个组织结构也都因质量而变得日益"客户化"，因此人们越来越多地把质量与需求相联、把质量与竞争力相联。假如日本戴明奖的起伏可以清楚地描绘出从"质量控制"到"质量经

营"的发展轨迹,那么欧洲质量奖,甚至是由总统亲自颁奖给"表现卓越"的组织的美国质量奖,更是将卓越的表现以"质量"作为认可标准,这已经非常清楚地表明质量是一个组织"说到做到"的能力和结果,更是一个组织经营管理的整体展示。

问题是,虽然没有人反对企业的质量文化建设,但是,为什么企业质量文化建设的现状及其功能发挥得往往不尽如人意呢?一个很重要的原因就是,企业内部缺乏真正懂得企业质量文化、善于系统地推进质量文化建设与管理的、具备"领导作用"的人。

如果说设立专职的质量管理部门是为了更好地在现场检查、控制产品的质量特性并用流程、体系来保证产品的质量,那么,在高层管理团队内设立管理者代表则是为了通过质量文化的创建有效地提升组织的运营管理绩效和每一个人的工作质量;管理者代表职位的存在,将克服创业企业家精力、时间及专业不足的缺陷,而且管理者代表能够思考更多深层的问题,甚至能够建设更好的质量文化机制,以此来最大程度地化解可能出现的价值信仰危机。

因为这份工作早已不再是那种传统的具有很强的技术技能型的质量经理所能够胜任的了。质量经理的能力从三个方面得到了扩展,一是所需要的技术技能在持续地增长;二是质量经理必须成为质量文化、组织动力学和变革管理的专家;三是质量经理必须成为商业技能方面的专家。

《国务院办公厅关于印发贯彻实施质量发展纲要 2012 年行动计划的通知》中制定了强化重点产品质量安全监管,推动企业落实质量安全主体责任,建立企业质量安全控制关键岗位责任制。选择部分大中型企业率先试行 CQO 制度。

CQO 的角色是为了通过领导和组织企业文化变革,创建一种预防文化。本质上说,CQO 就是一个组织的"质量文化执行官"。他们创造航程、选择船只、挑选水手,并设定目标。正像健康长寿的人那样,健康的公司同样会持续地繁荣。但问题的关键就在于,质量文化要求一个健全的哲学,并一以贯之地展示其价值;而创建这种文化,需要领悟真正的质量管理哲学,坚持不懈,并具有同所有阶层的人沟通的能力。

CQO 就是组织质量战略的灵魂。企业应对未来的挑战,就需要创新地满足各种利益相关者相矛盾的要求,如股东、员工、客户、供应商、社区等。

所以说,质量管理的任务已经上升到企业的战略管理层面,质量高层管理者的角色也应运而生。

不合格报告该不该发，又该如何回

SQE 供应商质量工程师接到 IQC（Incoming Quality Control，来料质量控制，有时指代来料检验员）的报告，反映供应商这一批次的货品中有一箱没有填写生产日期。具体的情况是：IQC 进行来料抽检，查验了 3 箱外观，发现有一箱上的生产日期是空着，于是 IQC 对整批货 203 箱都进行了外观检验，虽然仅有这一箱没有填，但是 IQC 认为无法保证其是否合格亦无法进行追溯，于是上报给了 SQE。

SQE 先给供应商打了电话，沟通了解情况。供应商质量部立刻调查，得到的反馈信息是，产品包装箱上有供应商详细的产品信息，比如产品名称、编号、生产日期等，此问题确认操作工失误所致，纯属偶然而且以前从未出现过。供应商的质量部的回答是，这批产品是按订单生产的，同一批次，每一个产品都已通过质检并附有检验报告，不会因为外包装上的生产日期漏写而造成内部产品的不合格或无法追溯。

SQE 去参加生产部门的每周例会，大家讨论关于这个案子的处理方法，主要有以下几种意见：

（1）供应商的解释合理，供应商诚信在前，这次的问题是初犯，可以相信产品的质量。但是应对这批产品详细记录，并通知供应商，做好可追溯的管理即可。

（2）把这箱货退回，并要求供应商填写 8D 报告。

（3）持反对意见，对于这个案子的 8D 报告，供应商如何回复才能达到我们的要求，根据以往回复 8D 报告的经验，加强培训或者追究问题人责任没有什么意义，这种问题如何防呆，防呆的成本可能不会太低，是否有必要？

（4）IQC 在来料检验时就发现了错误，根本不应该再做全检，3 个中有一个不合格，当时就必须拒收，直接退回供应商，由他们处理。

（5）反对上面的意见是，全部退回，供应商填上生产日期再发给回来，填一个 8D 报告，不是在做游戏吗？203 箱的运输成本、生产线断线的损失，不得不考虑。

（6）8D 报告没有用，无法解决根本问题，比如我们的产品在质保期内出现问题，查到最后是我们的部件上有一处节点虚焊而给客户造成巨大损失，我们最后的处理方式就是补焊，其他的措施都是编造的。同样，供应商也会这么对付我们。

（7）有人非常尖锐地指出，这是小题大做，不抓产品质量，而在外包装上大动干戈，你们质量部干点正事好不好？

大家的建议只供参考，最终还是要由 SQE 做结论和处理方案。

讨论：

1. 对这家公司的困难与不合格产品做出分析，对大家的建议进行归纳，并给出处理意见。
2. 站在供应商的角度，接到这样的客户投诉，要求做 8D 报告，应如何回复？特别是永久措施和预防措施是什么？
3. 对于文中提及的虚焊问题的处理方式与外包装的处理方式，应该相同吗？在处理不同类型的质量问题时，你有什么建议？

点评：

在采购方本身的质量管理中特别是在对不合格产品的处理流程上有许多需要改进之处。但在实际工作中，并不是只有一家公司有这种现象，不合格产品带来的后果有时可以致命，显然在上述案例中，"节点虚焊给最终客户造成的损失"与"箱子外包装上的生产日期为空"在本质上有着根本的不同，但性质相同。值得推荐的是，许多企业对质量问题和级别都进行了分类，并建立不同流程定义的处理措施，级别和分类形成一个处理矩阵。

在分析和解决问题时，一种有效的思维方法是先明确问题的类型，然后了解问题的特征和性质，最后确定解决问题的方法和技巧。因此，对出现的各种问题归类、定义并形成标准，提高解决问题的效率。在管理学科中对现实世界的质量问题进行分类的方法很多，但在所有分类中，最具有实用性的是由 Frederick Nickols 提出的分类法。将问题分解为三类：

（1）维修：为了使系统恢复到预先设计的性能水平。

（2）改进：为了使系统的性能目标得以改进。

（3）工程：为了满足相关的目标而设计一个新系统或新方案。

在质量领域所有的质量问题都可归为性能问题和设计问题，如果细分，又可分为符合性问题、非结构化性能问题、效率问题、产品设计问题和过程问题五种类型。质量问题分类及各种分类之间的关系如图4所示。

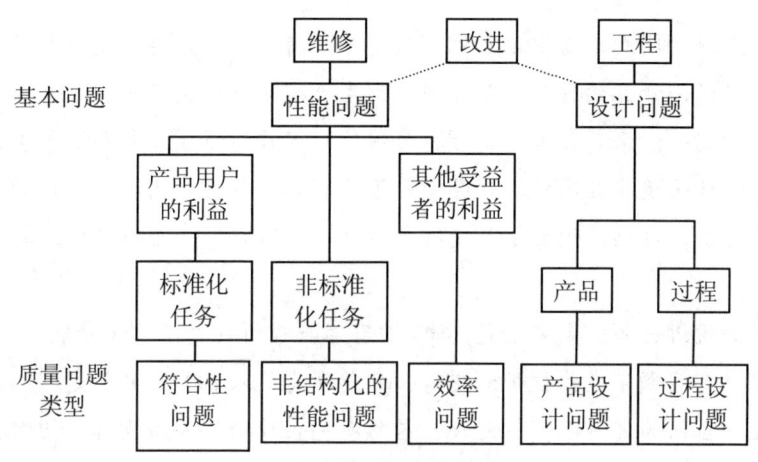

图4　质量问题分类系统

除了分类，还可对质量问题进行分级，例如：

A级：所发现问题对质量安全将产生重大隐患

B级：所发现问题对质量安全将产生较大隐患

C级：所发现问题对质量安全将产生一定不利影响

对问题的分级和分类是为了进一步完善质量管理工作，对生产的各个环节加强质量监控，有效地追溯和处理品质问题及质量事故，作为质量问题及事故的分析、处理、上报及处罚依据。

在这个案例中，要注意到大部分客户的反应是对没有填生产日期的产品做退回处理，由此看出，外观和类似的表面瑕疵对于客户的刺激却是非常大的，然而在一些企业，无论是质量管理人员，还是操作者，对外观及表面瑕疵的重视程度，却不像客户那么敏感，更多地关注于性能、功能等实质性的问题。并不是说实质性问题不重要，而是想说，质量不能脱离客户而无病呻吟，要重视客户的声音，关注客户的焦虑，体会客户的感受。

在处理这个案例时，简单地将没有填写生产日期的产品退回的做法过于草率，试想一个问题：为什么没有填生产日期？深入的问题是，填写的流程是什么？生产日期与填写标签是否存在脱节？如果这次会忘记填写，那么下次是否会出现填错日期的可能，如果生产日期与填写日期不关连，如何保障其填写的日期与生产日期是一致的？生产日期对我们的产品质量会造成什么样的影响和后果？由此做出下一步的决策和行动。

而对于虚焊的问题，需要注意到焊接是一个特殊工艺，是需要采取特别的有效控制手段以保证产品的质量，必须关注到生产现场是如何实施特殊工艺的生产管理和质量控制的：来料、工艺是否符合规范，操作流程及设备参数是否出现过失控的状态，从而追溯在同批次产品中是否还有相同的错误出现及类似的事故隐患。在此基础上，评估风险大小，追踪、调查其他客户中是否有类似或相同的问题出现。

有客户的投诉并不一定完全是坏事，没有客户投诉也并不意味着能高枕无忧。可怕的是客户有问题不向你投诉；更可怕的是所有的人都知道的问题，而只有你还蒙在鼓里，自认为还可以高枕无忧。居然有些企业将逐年减少客户抱怨投诉次数作为质量目标来定义，可想而知会产生什么样的后果：客户投诉在减少，但被掩盖的问题却越来越多。

在这个案子中，我们不能仅就事论事，把这个客户的问题解决，将浮现出来的问题抹平了、看不见了，就万事大吉了；而是要将问题揭露出来，并深入追究根本原因，继而做出预防问题再发生的措施。质量活动的是PDCA（P: Plan 计划，D: Do 执行，C: Check 检查，A: Action 处理）的过程，而不仅仅是解决呈现出来的问题。

一个谎言导致事情越发不可收拾

佳其公司是一个中间产品的供应商，下游有最终产品的制造商，上游有供应商作为其外协厂帮助佳其公司完成产品的部分加工工艺。佳其公司主要服务于一些世界巨头公司，因而要求严格，不仅体现在产品质量上，而且对社会责任包括劳动力保护、职业健康、环保等要求都特别详细，每年都有多次相关的现场审核。虽然要求高，但这些厂商将价格压得很低，逐年还不断喊降价，佳其公司有一道表面处理工艺，经不起环保审核，更没有足够资本买设备以抵消成本压力，只能将这道工艺外协给小供应商做，佳其公司的客户只要求佳其公司提供文件保证，工艺符合环保要求、劳工有职业安全保障即可，而对佳其公司的供应商并没有做实际现场考核。

上面提到，佳其公司的客户对质量要求甚高，在质量问题的处理流程上非常严格。出了问题需要提交 8D 报告，最终还要考察质量改进措施的实际收效。佳其公司的质量部收到某个大客户的质量投诉，一个外观件表面出现瑕疵，开出了 8D 报告，就由 SQE 转给了这家供应商，要求供应商按客户 8D 报告的要求回复，供应商回复后，SQE 直接转给了质量部，质量部没有审核就交给了客户。然而，意想不到的是客户对反馈非常生气，将 8D 报告退回来要求重做，SQE 再仔细一看，原来在"纠正措施"这栏写的是"加强检验"，"预防措施"填的是"加强不间断的培训"，客户当然不接受。

SQE 再将 8D 报告退回供应商，要求其深刻检查，此刻供应商自己已经找到问题原因，有几盒涂料放在露天没有加盖，受到粉尘污染，造成表面污点，这几盒涂料已经用完了，因而时过境迁，认为这份 8D 报告不能直接说明具体情况，但客户这一关过不去，佳其公司 SQE 的这一关也就无法通过。供应商思来想去实在没有对策，特别是如何做到"深刻"更是难题，就编了一个故事，问题涂料都已经报废，重新写了一份 8D 报告交给 SQE。SQE 认为不错，够深刻了，转交给了客户，然而客户要求提供证据。供应商只能找一些旧涂料桶，假装把涂料倒掉，拍了一个视频交给客户。

事情并没有结束，客户此时在做环保风险评估，供应商认为不恰当地处理不合格品是环境保护问题的一个风险点，要求列为控制点并落实解决方案。这次由环境工程师联系了佳其公司，要求对报废的涂料进行无害化处理，并会全程参与监控处理过程。

一个谎言要用另外一百个谎言去圆场。这回佳其公司与供应商更麻烦了，客户派来的环境工程师马上就要到了，报废的涂料拿不出来，无法与客户解释，环境工程师不相信，认为供应商不肯投入环保处理。供应商说自己不知道如何才能做到无害化。环境工程师必须完成自己的工作，并承诺处理的设备和费用都由客户负责。

事情进展到这一步，佳其和供应商彻底崩溃了，只能顺着客户的要求，被牵着鼻子往前走，将库房里的所有涂料都交给客户进行销毁，再进行无害化处理，眼睁睁地看着自己的涂料被拉走，却什么也不能做。

讨论：

1. 在整个过程中根本性的问题出在哪里？
2. 针对本案例，如何做好一份 8D 报告？
3. 将高污染的工艺转包给供应商，应做好哪些工作？
4. 案例中还有哪些问题？

点评：

  8D 最早是美国福特公司使用的经典质量问题分析手法，现在广泛地使用于对供应商的质量管理。"二战"期间，美国政府率先采用一种类似 8D 的流程——"军事标准1520"，又称为"不合格品的修正行动及部署系统"。1987 年，福特汽车公司首次用书面记录下 8D 法，在其一份课程手册中这一方法被命名为"团队导向的问题解决法"（Team Oriented Problem Solving）。当时，福特汽车公司的动力系统部门正被一些经年累月、反复出现的生产问题困扰，因此其管理层提请福特集团提供指导课程，帮助解决难题。

  8D 工作方法是解决问题的 8 条基本准则或称 8 个工作步骤，但在实际应用中却有 9 个步骤：

  D0：征兆紧急反应措施

  目的：主要是为了考察此类问题是否需要用 8D 来解决，如果问题太小，或是不适合用 8D 来解决的问题，例如价格、经费等，这一步是针对问题发生时候的紧急反应。

  关键要点：判断问题的类型、大小、范畴等。与 D3 不同，D0 是针对问题发生的反应，而 D3 是针对产品或服务问题本身的暂时应对措施。

  D1：小组成立

  目的：成立一个小组，小组成员具备工艺/产品的知识，有配给的时间并授予了权限，同时应具有所要求的能解决问题和实施纠正措施的技术素质，小组必须有一个指导和小组长。

  关键要点：成员资格，具备工艺、产品的知识；目标；分工；程序；小组建设。

  D2：问题说明

  目的：用量化的术语详细说明与该问题有关的内外部顾客抱怨，如什么、地点、时间、程度、频率等。

"什么东西？在什么时候？在哪里？发生了什么问题？严重程度怎样？发生比率多少？"

方法：质量风险评定，FMEA（Failure Mode and Effects Analysis，失效模式与影响分析）分析。

关键要点：收集与组织有关的数据以说明问题；问题说明是所描述问题的重要数据的总结；审核现有数据，识别问题、确定范围；细分问题，将复杂问题细分为单个问题；问题定义，找到和顾客所确认问题一致的说明，"什么东西出了什么问题"，而原因又未知风险等级。

D3：实施并验证临时措施

目的：保证在永久纠正措施实施前，将问题与内外部顾客隔离（原为唯一可选步骤，但发展至今都需采用）。

方法：FMEA、DOE（Design of Experiment，试验设计法）、PPM（Parts Per Million，百万分率的缺陷率）。

关键要点：评价紧急响应措施；找出和选择最佳"临时抑制措施"；决策；实施并做好记录；验证（DOE、PPM分析、控制图等）。

D4：确定并验证根本原因

目的：用统计工具列出可以用来解释问题起因的所有潜在原因，将问题说明中提到的造成偏差的一系列事件或环境或原因相互隔离测试并确定产生问题的根本原因。

方法：FMEA、PPM、DOE、控制图、5W1H法。

关键要点：评估原因列表中的每一个原因；排除问题原因；验证；控制计划。

D5：选择并验证永久纠正措施

目的：在生产前测试方案，并对方案进行评审以确定所选的校正措施能够解决客户问题，同时对其他过程不会有不良影响。

方法：FMEA

关键要点：重新审视小组成员资格；决策，选择最佳措施；重新评估临时措施，如必要重新选择；验证；管理层承诺执行永久纠正措施；控制计划。

D6：实施永久纠正措施

目的：制订一个实施永久措施的计划，确定过程控制方法并纳入文件，以确保根本原因的消除。在生产中应用该措施时应监督其长期效果。

方法：防错、统计控制。

关键要点：重新审视小组成员；执行永久纠正措施，废除临时措施；利用故障的可测量性确认故障已经排除；控制计划、工艺文件修改。

D7：预防再发生

目的：修改现有的管理系统、操作系统、工作惯例、设计与规程以防止这一问题与所有类似问题重复发生。

关键要点：选择预防措施；验证有效性；决策；组织、人员、设备、环境、材料、文件重新确定。

D8：小组祝贺

目的：承认小组的集体努力，对小组工作进行总结并祝贺。

关键要点：有选择地保留重要文档；浏览小组工作，将工作心得形成文件；了解小组对解决问题的集体力量，及对解决问题做出的贡献；必要的物质、精神奖励。

质量工作不能敷衍了事，一定要实事求是，特别是针对 8D 报告中预防措施及永久措施的规划，找出为什么将涂料桶放在露天，及相应的流程是否健全，并举一反三，防止类似的错误再次发生。

在这个案子中，还有一个值得注意的问题，环境保护和劳工保护的要求。ISO14000 环境管理体系标准和 OHSAS 18000 职业健康安全管理体系标准都对供应商提出要求，不能将不环保、不安全的工艺转移到供应商场地生产从而免除采购方的责任。

简单变为复杂

公司对于质量问题，特别是对生产线上不合格品的处理措施是由生产部口头通知 QC，然后由 QC 填写质量异常联络单，解决后关闭联络单。前一段时间，质量部新任上司响应公司关于提升管理水平及管理创新的要求，首先引入了 8D 报告制度，对于来料问题，IQC 发给供应商的投诉改变了过去联络单的形式，以 8 个步骤完成报告。在实行了一段时间之后，为了进一步规范完整内部又设计了一个叫 PCAR（Production Corrective Action Request，生产线改正行动请求报告）的表格，类似于 8D，在生产部门发现有质量异常时，填写这张表格，发给 QA（Quality Assurance，质量保证人员），由 QA 人员来处理。但是大家认为这个表格冗长而又复杂，从批次号到不良信息，甚至包括 MRB（Management Review Meeting，管理例会）决议，物料处理，这张表格全部涵盖。生产部经理首先反对："公司 90% 以上的人都不喜欢这张表格，主要原因是看不懂"。但是质量经理一直坚持使用这张表格，如果有人使用非这种格式的表格，都会被他驳回。

在公司内部，不仅仅是生产经理一个人不喜欢 PCAR，许多人的反映是，这张表格过于复杂，很多人养成了一个新的习惯——不看全表格内容，认为表格内容过于烦琐，有时候反而造成信息传达不准确甚至漏失和误解；生产工程师认为做 PCAR 浪费了不必要的时间，增加工作量影响了实际处理质量问题的时间。

生产部和质量部一直以来都是对立部门，生产部经理也开展管理提升活动，称为"精益生产"，发现不良就开始填写 PCAR，连续使用 5 个物料，发现 2 个不良，填写了 40%的不良率。这只是拉锯战的开始，平均每月的 PCAR 达到了 80 份，而有些天的投诉则达到了 30 份。停拉通知书，处理异常，忙得火烧眉毛，鸡毛蒜皮的问题也被无限夸大，项目、采购、研发和销售开始向 QA 人员施压，无论如何要保证出货和正常生产。于是演变出了另外一件事情：由质量部派人上线挑选。带来的后果是，质量控制变成了质量全检，有问题就喊 QA 人员全检，QA 人员不够造成物料无法及时上线，直接影响了出货检验。

如果这场拉锯战持续下去，无人知道什么时候结束，导致的结果是牺牲基层员工，损失公司利益。

QA 人员在公司存在的意义是什么？

公司里有些人的议论是：QA 人员不搞产品设计和开发的，没有办法从项目中省钱；QA 人员也不搞生产的，无法给公司带来直接经济效益；QA 人员也不同于采购人员，采购产品的价格合适可以为公司节省成本；QA 人员更区别于财务人员。在价值链中，找不到质量的增值点，质量工作却融入于产品开发设计、采购、生产和客服诸多环节。QA 人员的确做了很多事情，为了让各部门注意到自己的功劳，QA 人员设计了各式各样的表格。

一位刚毕业的学管理的员工做了一个总结："管理学只有两个字，一个是"凑"，另外一个是"拆"。"凑"，是由简单变为复杂；而"拆"，是由复杂变得简单。"

讨论：

1. 供应商的8D报告是否能引入到公司内部使用？
2. 你认可"由简单变为复杂"，还是"由复杂变得简单"？
3. 对公司的不合格品处理流程和报告提出你的观点。

点评：

在全面质量管理的八条原则中，其中有一条是基于事实的决策方法。我们大家都知道有效决策是建立在数据和信息分析的基础上，一个领导要取得成功，一个企业要兴旺发达，在活动之前必须进行精心的策划和正确的决策。决策的依据是什么，就是要采用准确的数据和信息。我们的质量分析报告就要起到这个作用。通过我们的分析报告，对所收集到的各种信息和数据，运用统计技术进行科学分析，然后提供给我们的领导。如果我们每一个检验员，作为在现场最了解情况的人，却不能给领导提供最真实的信息，那么我们的工作就没有做好。如果说一个领导不需要我们的质量信息，那么这个领导也不是一个好领导。这个领导对质量有关的各个过程就不能做出正确的决策。也就会影响这个过程的有效性和效率，同时会影响企业的发展。

在质量改进报告中，最常用的是8D报告。8D适用于解决各类可能遇到的简单或复杂的问题。8D方法就是要建立一个体系，让整个团队共享信息，努力达成目标。8D本身不提供成功解决问题的方法或途径，但它是一个解决问题时很有用的工具。8D还可在面对顾客投诉及重大不良事件时，提供解决问题的方法。

总体来说，实施质量改进报告的优点是发现真正肇因的有效方法，并能够采取针对性措施消除真正肇因，执行永久性矫正措施，能够帮助探索允许问题逃逸的控制系统。逃逸点的研究有助于提高控制系统在问题再次出现时的监测能力。预防机制的研究有助于帮助系统将问题控制在初级阶段。

有这么一个故事，说某报纸曾举办一项高额奖金的有奖征答活动，题目是一个充气不足的热气球上载着三位关系世界兴亡命运的科学家。第一位是环保专家，他的研究可拯救无数人，使地球免于因环境污染而面临灭亡的厄运；第二位是核专家，他有能力防止全球性的核战争，使地球免于陷入灭亡的绝境；第三位是粮食专家，他能在不毛之地运用专业知识成功地种植食物，使几千万人脱离因饥荒而亡的命运。此刻热气球即将坠毁，必须丢出一个人以减轻载重，使其余的两人得以存活，请问该丢下哪一位科学家？

问题推出之后，因为奖金数额庞大，信件如雪片飞来。在这些信中，每个人皆竭尽所能，甚至天马行空地阐述他们认为必须丢下哪位科学家的宏观见解。

最后结果揭晓，巨额奖金的得主是一个小男孩。他的答案是：将最胖的那位科学家丢出去。

从这个小故事当中我们悟出一个很深刻的道理：事物的本质往往是非常简单的，只是人们总把问题复杂化罢了。

另一个故事，说从前有一位富足的农夫，在努力了大半生后，终于实现了他最大的理想，拥有了一座属于自己的牧场。

牧场开张后不久，友人纷纷前来祝贺，同时也欣赏牧场特有的景色。闲聊间，有人问及牧场主是否已为牧场取好了名字，牧场主得意地答道："说到名字可就有意思了，我的大儿子建议用他的名字'杰瑞斯'；我的小女儿坚持用她的名字'吉莲娜'，我太太则认为在这里生活十分快乐，想取名叫'快乐'牧场，而这是我一生的梦想成果，我想取名叫'梦想'。最后我们一致达成协议，将牧场取名为'杰瑞斯吉莲娜快乐梦想牧场'"。

访客又问："名字的确不错，但怎么在你牧场上没看到饲养的牲畜呢？"主人答道："喔，以前是有的，只是那些牛呀、马呀受不了在它们身上烙那么长字的烙印，全给烙死了。"

质量检验前移

一家精密塑料制造厂正在鼓励和开展创新和改善活动，各部门都积极响应。例如传统的来料检验方式是按照《计数抽样检验程序》（GB/T 2828）进行抽检，小于 AQL（Acceptable Quality Limit，接收质量限）接受；大于 AQL，要求供应商到公司库房将不合格品挑出。最近质量部发布了新的规定（见下文），如果大于 AQL，全部退回，供应商挑完再重新发货，由此造成的费用，特别是如果因缺货造成生产断料，损失全部由供应商赔偿。

供应商来料不良处置方式变更联络

致各尊敬的供应商：

　　感谢一直以来对我司业务的支持与配合！近阶段检查来料时发现部分供应商来料存在质量问题，且其问题重复发生。目前来料不良的处置方式是在我司进行选别对应。由于此方式已影响我司的整体形象且由于订单量的不断增加，这种方式也不能适应了。因此，现将来料不良的处置方式变更为退回至供应商进行选别。如不能满足我司客户的纳期，由于贵司因交货原因影响我司生产时，发生的停线费用全由贵司承担；在纳期紧急状况下，由我司代为选别所产生的费用由贵司承担。

　　故希望各供应商在货物出厂前一定要做好品质管控，确保所交产品合格。同时也希望各供应商针对我司上述变更给予支持与配合。此联络于下月起开始实施。

　　特此联络！顺祝商祺！

发布日期：××××年××月××日
供应商盖章/负责人签名：

　　这一通知在内外部都是一石激起千层浪。因为与此同时，采购部正在开展另一个项目，加强供应商关系管理，与供应商共同寻求成本改善和降低机会。供应商对新规不满，认为这是在背后捅刀子，这一项目的负责人则非常恼火，认为质量部没有全局观念。

　　质量部反过来认为这完全是采购部对供应商管理不善造成的，认为就应该教训教训供应商，不给点颜色看看，供应商不知道疼。

　　在公司高层的支持下，新规顺利执行，但一段时间下来，生产部门对断料造成停产非常头疼，虽然说是要将损失转嫁给供应商，但停产引出的麻烦并不只是可计算的损失，工人无事做造成的管理问题更多。而客户那边由于不能按时交付产生的抱怨使销售人员如坐针毡。反过来又要求采购保障供货，采购则要求计划给出更多的订货提前量，这又使得库存周转率上升，遭到财务的抗议，认为这是杀敌八百自损一千的规定。

　　受到影响大的是远途供应商。货物运输往返时间长，物流费用也高。几家强势供应商不同意这一新规，拒绝签字；有几家国外供应商没有签字，认为这一条款不可接受；还有一些国外供应商是代理在做，代理不具备检验等操作场地、设备和人员条件，一直在和采购商量沟通，希望找到可行的解决方案。情况复杂还有一些客户指定供应商"越级"向客户投诉，客户要求公司协调好供应商关系管理，并给出更好的"可接受"方案。总之，最后新规中的一刀切变成了视情况而定。

讨论：

1. 你同意"质量部没有全局观念"的说法吗？如何做才是具有"全局观念"呢？
2. 你赞同质量部的新规吗？为什么？公司的传统检验方法又有什么问题？
3. 公司的新规符合《中华人民共和国合同法》吗？供应商不签字还有效吗？
4. 对此情形，你有哪些建议？

点评：

在不少企业中有一种倾向，一谈到抓供应商质量，立刻想到的是来料检验，用各种方式加强控制，加严检验的力度。这种做法能够迎和部分管理者的口味，将质量管理活动做得有声有色，在短期也会是见成效快的一种方式。但明眼人知道，这是一种治标不治本的措施。并没有挖掘出不合格问题的根本原因，无法将错误根本性地彻底消灭。

供应商的水平有高有低，买方与卖方的实力和地位千差万别，有些供应商可以忍气吞声，但并非所有供应商都接受这种方式。全面推行新规势必遇到一些强势供应商的抵制，那么对于拒不执行的供应商该如何处理呢？妥协？谈判？还是更换？

从成本角度考虑，由于物料种类、运输方式、距离不同，这种整批次的退货所产生的费用差异也较大，退货所产生的再包装、搬运、装卸等作业，不仅使得成本会上升，对某些脆弱的产品来说，又会增加产生不合格的概率。

《计数抽样检验程序》（GB/T 2828）只是给买卖双方的质量接受水平规定了标准。但从抽样的经济角度出发，抽样的样本量非常小，这种检验并不能保障将所有的不合格品剔除，因而并不是零风险。无论是通过来料检验还是在使用中再剔除不合格品，这一道关口还是没有迈过去。

在任何企业，多余的库存都是需要消除的，控制库存周转率是企业核心目标之一。降低库存的最有效途径之一是减少在库时间，为此，JIT（Just in time，准时制生产方式）应运而生，这可以令货物在使用的时候到达。能达到这一境界的企业不多，因为有太多的不确定因素会发生。然而因为有少量不合格品而将全部货物退回，意味着货物的使用要有足够的提前量，必须将这个时间留出来，而这段时间的库存无疑推高了库存水平。虽然可以要求供应商赔偿损失，但更大的隐性损失还是公司内部的：生产节奏的破坏，无生产状态的员工管理，特别是客户订单延时造成的信誉损失等往往无法量化。

从合同的角度，供应商也不可能赔偿所有的损失，特别是隐性损失，更何况信誉损失，品牌是自己建立的，市场和客户不可能接受和认可将理由转嫁给其他人的说辞。

采购方设想让供应商承担全部损失，供应商却不希望承担所有的合同风险。弱小的供应商迫于压力无奈接受，但并非所有供应商都同意这么做。即使这么签了合同，小供应商也未必能承担得了这么巨大的赔偿金，有些公司最后的结局是破产清算，没有多少剩余的资产可供赔偿。

这张供应商新规《联络单》是一个真实案例。公司要求供应商签字盖章。但从合同管理的角度，并非明确的合同变更。这张联络单的签字只表明供应商收到了，并没有表明对方同意这个方案。如果供应商在未来不接受这一条款，从合同的角度，这一规定对供应商并没有法律约束力，除非有新的合同或双方认同的其他形式作支撑。

回到标题，质量管理中"检验前移"是指将产品的检验步骤提前到供应商环节。有许多世界级企业都给出了检验前移的最佳实践，例如，三一公司原先的外协件都是运到公司后进行检查，检出的不合格品不能进入生产线，直接影响产品交货周期；同时退货也给供应商造成成本的增加和额外的工作量。"检验前移"实施后，三一公司将质检员派到供应厂家那里进行质量检测，进而保障进入公司的外协产品百分之百合格，直接上装配线生产。

实施"检验前移"，检验人员不仅仅要把关外协产品的质量，还涉及与供应商检验标准的一致化、检验和工艺技术的指导、生产过程能力提升、质量意识的宣传、质量体系的监控、质量保证能力审核等。经过一段时间努力，这一质量解决方案全面推广到重点供应商。对于定型、质量稳定的产品，三一公司推行了免检制度。

但不可否认，从短期来说，这种方法对供应商有着强大的威慑力，俗话说"打蛇打七寸"，不疼不知道改，众多的实践也证明这是一种见效快的方法之一。

供应商选择

> 越是主动的选择，对选择者来说就越不容易，因为他要为这选择的后果负全部责任。
>
> ——王晓明
>
> 对人类事务的任何研究都必然带有选择性。
>
> ——汤因比

俗话说"男怕入错行，女怕嫁错郎"，同样，选择供应商同样并非易事，有人说：我们只找世界最好的供应商，或者第二，别的不找。谁不想找"最好的"？可问题有三：一是，谁是这个"最好的"评判标准是什么？二是，找到后，这个"最好的"是否愿意与你合作？三是，满足了前两个条件。这个"最好的"是否适合你？

供应商选择面临着同样的问题，供应商选择的标准是什么？质量、成本、交期，哪个权重更高？技术、配合是否有要求？环保和社会责任是否要考虑？选择流程是什么？谁来选？谁批准？如何评判这一项目是否成功？这些都是企业在供应商选择时要解决的问题。

5S 管理的可靠性

百次迈公司是一家美国电器大卖场,准备在中国寻找一家小家电供应商合作,百次迈中国办事处的工程师进行了筛选,挑选了两家供应商,一家在中国是比较有名的公司,叫美丽公司;另外一家叫西林公司,名气不如美丽公司大。两家公司的产品质量都差不多,其他条件也相近,小家电的价格非常透明,竞争也激烈,所以两家的报价也相差无几,虽然空间不大,但都还可以再压一些。报告交上去以后,百次迈公司的中国工程师和美国工程师对这两家公司进行了现场审核,好在这两家公司相距不远,百次迈公司审核后对两家公司的现场情况都比较满意。显著的差异点在于西林公司的 5S 做得非常漂亮,场地非常整洁,物品摆放井井有条,而美丽公司的 5S 做得稍逊色一些。百次迈公司的中国工程师和美国工程师意见相左,中国工程师更倾向于美丽公司,而美国工程师坚持要选择西林公司。在美国工程师固执地要求下,最后选择了西林公司,理由就是 5S。美丽公司与西林公司的审核评分表见表 3。

表 3　审核评分表

公司	美丽公司	西林公司	权重
产品质量水平	3.7	3.5	
质量体系	3.8	3.7	
人员水平	4.0	4.1	
成本	3.0	2.9	
交付	4.5	4.5	
产能	4.5	4.5	
环保	3.6	3.6	
技术能力	4.2	3.7	
计划	3.9	4.1	
现场 5S	3.7	4.6	
总分			

西林公司过去一直给日本的一些企业做 OEM（Original Equipment Manufacturer，原始设备制造商），日本公司对西林公司会进行频繁的审核，对 5S 的要求很高。一位日资企业的采购经理说道：我们选择的供应商宁可不做 ISO9000，也不可不做 5S。另一位资深采购经理说道：不做 5S 的企业不可能出现在我们的合格供应商名录 AVL 中。事实上，许多供应商做 5S，都是因为客户的要求，或者是为了现场更加可视化，使得客户审核中能够加分，至少是印象分。

美丽公司虽然在国内有很高的知名度，但在美国并不是知名品牌，国内大卖场对其供应商进行现场审核。供应商虽然也在做 5S，但由于没有客户审核的压力，深度和力度与西林公司相比还是有一定差距的。

西林公司的产品过去只用于出口，但近年由于国际经济环境的变化，西林公司也将重心移向了国内市场，但在国内市场中品牌不是很响亮，知名度还不是很高。

这位工程师的疑问是，产品没有问题，那么 5S 就那么重要吗？

讨论：

1. 这两家公司你会选哪一家，为什么？5S 在你心中的地位有多高？
2. 如果为国内的大卖场选供应商，你又会倾向于哪一家？
3. 作为一个大卖场，你是否能为表中权重赋值？说出原因，是否还有哪些要素要加入？

点评：

5S：整理（Seiri）、整顿（Seiton）、清扫（Seiso）、清洁（Seiketsu）、素养（Shitsuke）。5S 起源于日本，是指在生产现场中对人员、机器、材料、方法等生产要素进行有效的管理，这是日本企业独特的一种管理办法。日本企业将 5S 运动作为管理工作的基础，推行各种品质的管理手法，第二次世界大战后，产品品质得以迅速地提升，奠定了经济大国的地位，而在丰田公司的倡导推行下，5S 对于塑造企业的形象、降低成本、准时交货、安全生产、高度的标准化、创造令人心旷神怡的工作场所、现场改善等方面发挥了巨大作用，逐渐被各国的管理界所认识。随着世界经济的发展，5S 已经成为工厂管理的一股新潮流。

根据企业进一步发展的需要，有的企业在原来的 5S 的基础上又增加了安全

(Safety)，即形成了"6S"；慢慢地又增加了节约（Save），形成了"7S"；逐步规范中也有企业加上习惯化（Shiukanka）、服务（Service）及坚持（Shikoku），形成了"10S"，有的企业甚至推行"12S"，但是万变不离其宗，都是从"5S"里衍生出来的。

推行5S的作用是：

（1）提高企业形象。

（2）提高生产效率。

（3）提高库存周转率。

（4）减少故障，保障品质。

（5）加强安全，减少安全隐患。

（6）养成节约的习惯，降低生产成本。

（7）缩短作业周期，保证交期。

（8）改善企业精神面貌，形成良好企业文化。

对于员工来说，应革除马虎之心，养成认认真真地对待工作中的每一件"小事"的习惯、遵守规定的习惯、自觉维护工作环境整洁的习惯。

正如案例所描述的，推行5S的驱动力除了企业的管理层之外，主要的动力来自客户的压力，而采购对于供应商5S的要求程度，直接决定了供应商5S实施的水平。"不做5S，就不能列入合格供应商名录"已经成为许多企业的门槛要求，比起供应商要达到多少"千万"的注册资金，5S的要求更加实际可靠。

很多人会问："对供应商评价的指标有哪些？权重如何分配？"，这要根据客户的要求及产品的性质来决定，其中最主要的三个指标是质量、成本和交期。根据不同的产品，还可以制订相应的要求，但值得注意的是，现在对供应商的环保绿色、社会责任、可持续发展、劳工保护、反对各种形式的歧视等越来越受到关注。

招标是不是"一招灵"

洪发是某地区内一个很大的服装品牌，最初几年洪发公司将自己的产品摆在大卖场或百货公司的专柜，时间久了觉得大卖场或百货公司的租金压力大，回款周期增长,服装卖出去六个月后才收到承兑汇票。洪发公司决定终止与他们合作,自己开专卖店。几年来,这种运作方式收效不错,所以就坚持做下来了。

专卖店的装修由一位老板信任的运营副总高经理负责。高经理认为,装修不是高科技的工作,不存在独家供应商的问题,在面对竞争比较激烈的市场环境,招标是最有效的手段,因此每次装修都会在市场上找三五家装修公司,进行招标,并再谈判,比价议价,把价格往下再压一压。这种操作是不错,但似乎还是有些问题。

洪发公司的装修分为两种类型:老店面的翻修和新店面的装修。

一个店面由于客流量大,一年半到两年就需要翻新一次。每次招标找来的都是新供应商,对上一次装修的情况不了解,每次装修公司都是清理干净后,再重起炉灶。尽管上次的装修图纸存在,新装修商也不愿意花时间去仔细研究过去的图纸,一是图纸的标注并不细致,二则每一个装修商都想体现自己的风格,不愿意在别人的基础上修修补补,号称"不破不立"。而装修后的剩余物资装修商既不愿意带走,也不退给商家,因为量不大,一家一家地退起来繁琐,不够成本,美其名曰"以后做维修用"。后期维护,装修公司不情愿服务,只能另外找一些小装修公司来补漏。高经理估计了一下这几年的账本,每一个店的装修花费平均约140万人民币,材料剩余约3万元,后期的维修费用在6万元左右。

更让公司领导不满意的是CI(Corporate Identity,企业标识),虽然不是世界级大公司,洪发公司希望所有的专卖店都有统一的形象,显著展现洪发公司的品牌标识。洪发公司没有将CI文件化,因此不可能非常详尽地把每一个细节都表达出来。如何将这些忽隐忽现的信息传达给新的供应商,实在不是易事。最终装修后风格都不尽相同,老板对此常常颇有微词,希望能够将CI统一化。

洪发公司不断地开拓新的市场,新的居住和商业区不断涌现,新店开张的速度很快。新店面的装修从寻找到合适的地段、房东谈租赁合同、装修商进行招标、选择了合适的供应商,店面设计到动工要用25天的时间。高经理又算了一笔账,假设店面每一天的营业额在5万,毛利润35%,又是一笔不小的损失。

高经理改变了采购策略,在众多的装修商中与伟业装潢装饰公司签订长期合作合同,每年的装修都由伟业公司承接。今年洪发公司的老店装修有42家,新增店6家。改变策略后,以前的问题基本上都得到了解决,最让洪发公司开心的是对CI的呈现,伟业公司深刻领会了总经理洪发对CI的想法,还不断地帮助洪发公司发展、充实CI的内容，使洪发专卖店统一形象越来越漂亮，令顾客能从众多店面中一下就找出"洪发"。

对于老店的装修，伟业公司不仅利用剩余材料，而且装修老店时也不用完全"消灭一个旧世界"，比如有许多管线和基础可以保留。高经理私下算了一笔账，老店改造可以节约6天的时间和30多万的装修费用（包括材料和人工）。

在新店面选址时伟业公司就积极参与，比如谈判时伟业公司的工程师就到现场考察，签订租赁合同当天，伟业公司立刻开始工作：清理、画图设计、开工等，装修的时间也比过去平均提前了5天。

与伟业公司合作顺利，后期维护顺利存有剩余材料，不会产生二次成本费用。

但是这家靠谱的伟业公司的价格要比招标拿到的价格高出12%左右。按正常情况，伟业公司比别的公司成本更低。比如集中采购，但如何把价格压下来呢？这是环绕在高经理心头挥之不去的烦恼。总经理洪发越是信任她，她也更希望能证明给总经理看，她的工作是无懈可击的。"没有最好，只有更好"是她给自己定下的职业目标，况且没有做到更好。

高经理与总经理私交甚好，平时也交流过这个问题。大家都说招标能达到公司的需求，为什么在我们公司开展得不好呢？是我们对招标领会得不够深刻，还是在做法上出现了错误？总经理说，我们还是找高人请教吧。

讨论：

1. 在洪发公司的招标流程中有什么问题吗？
2. 如何将招标过程执行的更加有效？
3. 有什么手段能让独家供应商把价格降下来？
4. 根据案例中给出的数据，做一个成本分析。
5. 在这个案例中，你认为招标、谈判、竞价、多家供应商、单一供应商，哪一种更有效？如果答案是"具体情况具体分析"，那么哪一个具体情况应该用哪一个方式？列出具体情况及具体分析的结论。
6. "高经理在众多的装修商中找了认为靠谱的一家公司"，你认为"靠谱"的标准是什么？

点评：

招标更多的应用于管理者和所有者不一致的企业，特别是政府和公共采购，在国有公司及国有控股公司中法律规定对于金额高的采购必须进行招标，一些大的企业中管理层为了向股东证明资金使用的透明化，也常常在采购中使用招标。招标的主要目的是公开、公平和公正。在流程透明的基础上，做到价格最低，或是选择最优方案。

然而在许多媒体和宣传中，将招标的优势无限扩大，认为招标可以解决一切实际问题：招标可以获得最低的价格，招标可以得到最好的质量，招标可以找到最好的供应商，总之，招标可以获得想要的一切。而对于现实中招标出现的问题，反而归罪于没有严格执行招标流程，或监管不力，或招标中的暗箱操作。试想，如果招标这么完美无缺，为什么杜绝不了"没有严格执行招标流程，或监管不力，或招标中的暗箱操作"等问题呢？过度的宣传，特别是给企业管理者留下了深刻的印象："招标是一个降低成本，获得最佳解决方案"的唯一途径，还有人声称"一招就灵"。

对于小企业，尤其是管理者与所有者集一身的私人企业及小规模采购，招标是一种劳民伤财的笨方法，在这个案例中，已经将招标和长期合作伙伴两种形式采购做了很好的诠释。管理者找到自己中意的供应商，没有必要向谁声明，也用不着以各种文件证明我买的价格是最低的，我在采购活动中没有徇私舞弊，没有掺杂个人的好恶和偏爱。因为他要对他自己负责，他必须承担自己行为的后果。在案例中显现出长期合作伙伴供应商的巨大优势，事实上，在许多大公司，对于重要物料，长期供货的产品，也都是选择的长期战略合作伙伴，丰田公司的供应商战略就是一个典型的佐证，如果每一批汽车的发动机都是招标产生的，这样的汽车还有人敢买，有人敢开吗？

在长期合作的供应商管理中，价格常常是一个难点，合作时间越长的供应商，往往降价的阻力也越大。这就需要采购员的智慧、耐心、技巧和毅力，但相对于多家比价，独家供应商的降价困难要大得多，这就像博弈论中的"囚徒困境"，多家比价对于买卖双方都不是最佳选项。或许战略伙伴，互相理解，共赢互利是一条唯一正确的出路。

招标、竞标、竞价、多家供应商、单一供应商等采购方式，可以用图 5 来表达。

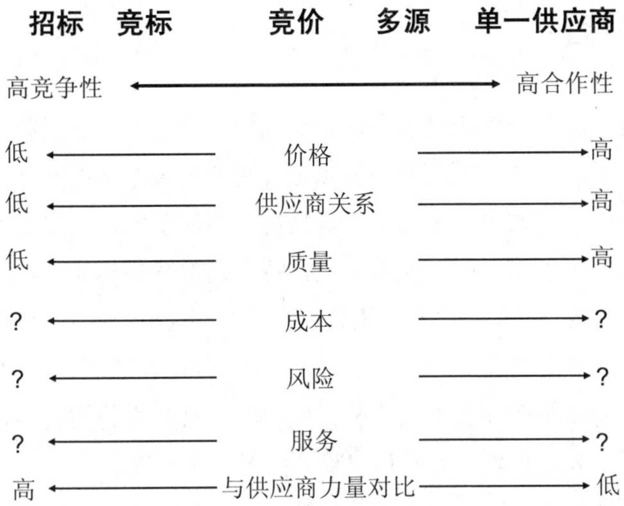

```
         招标    竞标        竞价      多源     单一供应商
高竞争性  ←——————————————————————————→  高合作性
低  ←——————————  价格      ——————————→  高
低  ←——————————  供应商关系 ——————————→  高
低  ←——————————  质量      ——————————→  高
?   ←——————————  成本      ——————————→  ?
?   ←——————————  风险      ——————————→  ?
?   ←——————————  服务      ——————————→  ?
高  ←—————— 与供应商力量对比 ——————————→  低
```

图 5　采购方式的比较

在大多数情况下，招标得到的价格可能比较低，但成本却不一定最低，从案例中看单一供应源可能得到的成本会更低一些，由于单一供应商更有意愿投入和改进，质量更有保证。人们片面地认为是单一供应商的风险太大，而实际工作中招标的风险也很大，在决策之前，根本不知道谁能中标，对于未来供应商的风险是否可担要作必要考虑。服务的意愿来自供应商对于未来订单的憧憬，如果没有后续的项目，很难指望供应商服务的热情。综合以上因素判断应采用哪种手段，但肯定的是，与供应商实力对比是判断采用哪种方法的主要原因之一，如果采购方更强势，则会倾向于图 5 中天平的左边（招标），同时需要考虑与市场上供应商数量的多少、竞争程度、供应商供货的意愿、产品标准化程度、一次性采购还是长期采购、是否有模具等因素。

对于如何选择"靠谱"的供应商，在案例中可以看出，缺少供应商的管理，特别是对于供应商的绩效管理，所以没有确实可行的方法衡量和评定供应商的水平，对每一个项目，每一个合同完成之后都应该进行供应商的考核，首先作为付款、关闭项目、合同的依据；再者，是激励、促进供应商持续改善的有效手段，也是决定未来项目是否再与供应商合作的依据，也是促使供应商不断降低成本的方法之一。

"换新"若狂

强迎公司对供应商的要求是质量硬、交期短、价格低,这是管理层考核采购的指标,完成不了怎么办?供应商不能满足公司的要求怎么办?教育、辅导、限期整改、降级使用、扣款等。采购者工具袋里很多的手段,但最厉害的一招是更换供应商。如果换不了怎么办?换采购员,特别是价格指标完不成,则换采购经理,这一招比较奏效。俗话说"新官上任三把火",新换了领导,供应商无论如何还是会松动,价格多少能降一点,交期也能准时,但时间长了,旧问题就会重现。这时想要挤进来的新供应商会加大攻关力度,给出具有优势的价格,所以换供应商也是一条妙招,公司管理层也坚信"换新"是一条出路。

而使用部门遇到不满时,也会责问采购,供应商不给力为什么不把他换了?在这种氛围下,更换供应商成为制胜法宝。

强迎公司的产品线比较广,既有低成本、批量大的中低端产品,也有一些技术复杂、小批量、非标的定制品。对于批量大的产品,利润低、技术含量低,许多供应商却愿意并争着抢着接大批量的产品,热情极高。因为,批量生产线产品达到稳定的质量水平需要时间。而生产部门根本没有耐心辅导和等待供应商的提升,他却要求采购更换供应商,结局是永远找不到绩效达标的满意供应商。

采购员小马专门负责公司金工冲压件的供应商,材料专业毕业的小马非常熟悉技术,了解冲压件的最大问题是尺寸误差,这不仅与设备能力指数和原材料相关,而且更与员工的操作技能紧密相关。人、机、料、法、环、测,哪一项不细心都会产生不合格项,而在所有供应商的来料中冲压件合格率是最低的,因而小马的压力特别大。以上的工具都使用了,虽然供应商的水平在不断地提升,但离公司的要求还相差甚远,冲压件的质量问题直接关系公司产品的质量。其他物料的问题少,来自一些世界级大厂商的产品,标准化生产质量问题少,总经理常说:"我只看结果,你们自己去解决过程中的问题,我不要理由,不要借口,放在我的办公桌上的只能是解决方案的结果。"领导层只关注你在做什么,并不关心供应商的水平如何提高。

小马知道,冲压件的质量改善是一个漫长的过程,上层开会常常说:"我们的客户在变化,市场在变化,整个世界在变化,我们不能不变,进步的步伐慢了就会被淘汰，客户不会等待我们。"总经理还亲自找小马了解情况。听到小马诉苦，总经理说："不行还不能换供应商啊？总不能在一棵树上吊死呀。"小马的直属领导也是刚刚被换上的，前一任采购经理三年没有达到公司要求，黯然离去，新经理自然压力不小，也对小马下了"军令状"。

"不行就换"成为大家的口号，于是小马大张旗鼓地开始了供应商的更换活动。但更换的供应商带来了更意想不到的问题，配合起来不顺利，问题频发，计划不匹配，库存不够，规格书的理解有误等问题。

新供应商为了取得合同，在价格上很优惠，对客户提出的要求无条件答应，即使亏本也尽量妥协，但这种做法不可能长久维持。不久，新供应商就开始抬价，或者质量逐渐下降，用加强检验将不合格品检出来的方法提高交付的合格率，以及提高投入来支持高质量，新的供应商还不如原来的供应商，也无法达到更好的效果。

每次新换一个供应商，供应商管理部门就必须组织质量、工艺、生产、采购等部门联合小组进行评审，组团到供应商现场进行审核，增加了大家的工作量。因此这样频繁更换供应商，供应商管理部门也不愿意。

而几轮供应商更换后，供应商了解了强迎公司，无论是现有供应商还是新供应商都不会为强迎公司投入太多精力，都做着随时被替换的准备，对小马的要求也就是敷衍。更加让小马蒙羞的是，新的供应商不满意，又要回头找上一家供应商谈判，被人耻笑为"小马常吃回头草"。

更难对付的是无法更换的供应商，由于技术专一，或者做的人少，供应商非常清楚自己的地位，根本不把小马放在眼里。

工具袋里的手段也越来越不管用了，小马更加困惑。

讨论：

1. 更换供应商时应注意哪些问题？要考虑哪些风险？
2. 如何避免遭遇小马的困境？
3. 有哪些提升质量见效快的方法？
4. 供应商管理应注意试程还是结果？为什么？
5. 产品检出合格率（或一次过检率）与交付合格率（或开箱合格率）有什么不同？你更关心哪一项？为什么？

------ 点评: --

在供应商控制模式方面，存在竞争与合作有两种截然不同的模式。这两种方式各有其优缺点，在实践中都有广泛应用。

1. 竞争模式

供应商控制主要是通过完全竞争控制来实现的，其激励方式以竞争淘汰为主。美国的企业多信奉正常交易的模式，这种模式主要是源于迈克尔·波特企业竞争战略的观点"在采购中相应的目的就是寻找某种能够抵消或超越供应商权力源的机制，通过这种方式，采购行为可以扩展到所有可供选择的供应商，以提高企业讨价还价的能力"（波特五力模型）。采用这种模式进行供应商管理的企业在采购时有意同供应商保持正常交易关系，避免任何形式的相互承诺。这种管理模式的好处是企业在采购过程中不会被任何供应商企业牵制，企业具有较高的讨价还价的能力，能够获得一定的价格优势。但是这种模式要求企业管理大量的供应商，相应的管理费用或交易成本很高，企业在谈判和处理订单上可能花费更多，同时也降低了供应商取得规模效益的能力。

2. 合作模式

与供应商建立非常紧密的关系，这和正常交易模式完全不同，结成伙伴关系的企业能够共享更多的信息，能够充分信任，协调相互依赖的任务，管理输出，以激励、奖励、扶持为主，并且投资创造具有关系特定性的资产，从而降低成本改进质量、加速产品开发。但是建立与维持这种关系的协调成本很高，也可能会降低企业脱离低效益供应商的能力。日本的企业对这种模式的应用较为普遍。

3. 差异化的采购管理模式

大多数企业往往把这两种模式截然分开，要么选择正常交易模式，要么选择伙伴关系模式。但是在有些企业中，却有一种折中的方式，这类企业在进行采购时对供应商群体进行了战略性细分，以明确各供应商在多大程度上对企业的核心能力与竞争优势做出贡献，并在这些基础上，采用两种模式有针对性地对供应商进行区别管理。这不仅能实现正常交易模式的优点也能实现伙伴关系模式的优点。

更换供应商存在的风险主要集中在，担心新供应商以及他们提供的产品和服务不能满足我们的需求，甚至比前任供应商更糟。任何一个采购人员所面临的最令人羞辱的任务之一就是，在通知某供应商输给了竞争对手之后的三个月，重新找到该供应商并就合同与之重新谈判。

更换供应商需要成本与时间，同时还存在一种风险，即新供应商与他所提供的产品和服务有可能不能满足我们的需求，甚至比前任供应商更糟。用另一句古老格言来形容就是，我们有可能跳出油锅又落火坑。现在经常用"转换成本"来描述与上述情况有关的成本。

更换供应商的风险包括以下几方面：

组织的核心活动陷于停顿，新供应商会出现以下交付情况：①根本无法交付；②交付质量无法达到相应的水平；③无法将货发至正确的地点；④无法以满足我们需求的方式发货。

上述风险或许是更换供应商有关的最大风险，因为这些风险能够"使工作停顿"，因此，这些风险也是致命的。

组织之间的接口部分出现系统或程序故障：试想一下，如果新的因特网安全供应商要向他们安装的软件发送更新，而采购组织的电子网关却不允许该供应商进入，会造成怎样的问题？

学习曲线：例如收取和发送内部快件的新供应商可能无法找到某些地址，或者可能把给一位张女士的快件放在另一位张女士的桌上。这可能没多大关系，但是，如果两位张女士中有一位是负责处理应收账款的，那么，支票就可能得不到及时处理，这样就可能影响到组织的现金流。同时，学习曲线可能对于双方都适用，比如或许是采购组织将信息传真至错误的供应商的传真号码上。

关系问题：前任供应商的餐具组是属于家具组的一部分，大家知道并喜欢他们。而新供应商的餐具组必须与客户建立关系。同样地，元件供应商可能以某种习惯阅读图纸，并因此而"不正确地"制造元件，因为他们不清楚采购组织的生产小组与前任供应商之间所达成的非正式默契。

成本：新的供应商尽管做出了承诺，但却可能无法达到其所承诺的最低成本。

总持有成本：一些额外的工作可能造成一些隐性的成本。

上述几个例子就是如果有足够的标准，过程和关系就不应该发生的事情。然而，正是更换因素和人的参与使以前不可能发生的事情发生了，由于有很长的历史关系并有习惯和实践的磨合，使得很多这样的问题得以解决。

最后，虽然就战略性关键合同与战术性采购合同而言，前者的风险对组织的影响大于后者，但是出现问题的可能性却不一定会降低。一旦出错，对负责的各方所造成的损失都是巨大的。

审核中的冲突

公司的供应商审核基本上由采购部组织进行，每次需要开发、选择、评审新供应商，或者对正在供货的供应商进行年度性审核，采购部都会召集工艺，生产部和质量部组成一个审核小组，对重要的供应商进行现场审核。耿志是质量工程师，负责公司的检验工作，熟悉工艺流程，对质量体系也很有造诣，物料检验又是他的特长，因此采购部现场审核时都会邀请耿志参加，而耿志也非常愿意参与到审核中。更重要的是，耿志刚直不阿，对于发现的问题会毫不客气、不留情面地指出，并提出改进方案。有这样一位尖刀利器，在评审中确实给被审核的供应商以巨大的威慑力，常常使供应商服气并愿意妥协，按照公司的要求进行整改。

但耿志的工作方法也有不适用的时候，不少供应商生产现场的工程师也属于"杠头式"的人物，不吃耿志这一套，特别是当耿志提出问题和整改要求时，这些"杠头"会直接拒绝，不会给耿志留任何情面，他们的观点是："是你耿志对我的生产线了解，还是我们工程师对现场更了解？""你懂不懂生产过程和工艺流程，就来指手画脚地教育我？"耿志也毫不客气："你是客户还是我是客户，知不知道要以客户为焦点？"对方则"回敬"："真理是掌握在科学一边的！"，无论是技术上的争执，还是态度上的矫情，双方往往是唇枪舌剑，毫不相让。最终的结果往往是供应商的领导出来调解，自然是给耿志赔礼道歉，以耿志胜利和供应商失败而收场，耿志则昂首阔步地离开。

但其实问题并没有得到彻底解决，供应商"杠头级"的工程师在随后的整改工作中，仍然自以为是，不予配合，或者阳奉阴违，使后续工作无法顺利地贯彻执行。

在审核中，与供应商发生矛盾和不愉快，导致不选择这家供应商，或者与其断绝关系，将他们从合格供应商名录中剔除出去。

耿志认为不配合、不想合作的供应商就是要从供应商名录中消失，有句话说得好："态度决定一切"，态度不端正，如何谈配合？

但有些采购却怀着恻隐之心，认为有些供应商还是不错的，在与供应商的冲突中，我们是否也需要反思？

而对于一些强势供应商，起冲突则后果很严重，因为审核中的冲突和矛盾，会造成供应商在供货时不配合而出现一些障碍。但耿志说得好:"不能因为供应商强势而放弃原则吧?这不成了势利小人?"

讨论:

1. 供应商的态度是否应作为审核的一个要素?
2. 如何处理审核中的冲突,特别是对方不同意审核方的观点,有些情绪化时?
3. 如何处理供应商的反驳?
4. 在与供应商的沟通中,审核方对情绪的把控是否有责任?如果有,又有哪些方法?

点评:

要想成为一个称职的审核员应该娴熟掌握审核技巧,审核员应该掌握的审核技巧主要有以下几点:

(1)时间管理。审核员总是希望在有限的时间里能够得到足够多的审核发现,所以对时间的管理相当重要。审核员可以用事先准备好的检查表来分配每个审核项目所需要花费的时间,以避免在一些不重要的问题上浪费过多的时间。

(2)观察和发现事实。审核的最主要的目的就是通过观察和了解,来发现受审核方体系的建立与运行是否符合标准要求的事实,所以审核时可以采用查阅有关资料、文件和质量记录,观察现场情况,注意对方的介绍和周围人的谈话,有效的提问等方法来观察和发现事实。

(3)沟通。审核过程应该是一个双方沟通的过程。这一过程通过查阅文件和记录、观察现场、提出问题、聆听回答和进行记录等活动组成。

(4)面谈技巧。面谈是审核中使用最多的沟通方式。通过恰当的、有技巧的面谈是确保审核成功的一个重要环节。

(5)正确的提问。正确的提问是控制面谈过程的有效手段。

(6)聆听。审核员在提问后,认真聆听对方的回答将十分有助于获取信息。

(7)审核困境的应对。在实际审核中,可能会遇到各种各样的人,由于这些人对审核持有不同的看法,所以会产生诸如欢迎、抵触、冷漠、爱答不理等不同的态度,审核员应掌握应对各种情况的技巧。

（8）随手记录。审核员应该养成随手记录的习惯，将发现问题的事实详细地记录下来，不可光凭记忆或通过反复要求受审核方提供文件来写审核报告。

但在审核中，沟通技巧往往被忽视。下面是一些常用的与被审核方沟通的技巧：①向沟通对手表示善意与欢迎；②遵守礼仪；③及时承认自己的过失；④和蔼地指出问题；⑤资料应充实完备；⑥缓和紧张的气氛；⑦询问对方的意见；⑧随时确认重要的细节；⑨沟通进行中应避免干扰；⑩不浪费沟通对手的时间；⑪充满信心地进行沟通；⑫对沟通对手的专长与能力表示认知；⑬不要幸灾乐祸；⑭给沟通对手留面子。

除了沟通技巧外更重要的是摆正自己的位置，千万不要将自己放在被审核对象的对立面。在实施供应商审核时，作为沟通要求，应注意以下问题。

采购方在与供应商上层或销售人员交流时，一般不会出现太大的沟通问题，因为对方将审核人员奉为客户、视为上帝，他们在处理与客户的关系方面受过良好的训练或教育。但审核人员到了现场，遇到的是技术和生产人员，特别是一些技术水平很高的员工，不时会遇到麻烦，采购方的审核人员技术水平和经验不如对方，却还要审核对方，可以想象对方的心理状态和接受程度，作为采购方审核人员，我们不能要求供应商中的所有的员工都是沟通高手，我们不能要求供应商中的所有的技术人员必须是客户服务专家。而重要的是我们作为审核人员，必须是一个沟通的专家，更应该理解被审核人员的心理活动，并做出相应的调整和对策。

在审核中，将"人"和"企业"分开，有一部分供应商审核人员遇到态度不够热情的被审核对象，心里很不舒服，进而上升到供应商服务不好、合作意愿差的高度。应该看到，在企业中工作的员工因为所处的位置不同，"术业有专攻"，从事的工作不一样。回答问题的方式也有所差异，如果都上升到组织的层面，则会导致采购方做出错误的判断，极有可能为此丢失了一个好的供应商。专业的审核员不能沉湎于赞扬、奉承中。要能看到实质，而不能纠缠于某个员工的态度如何。不错，如果任何组织不善待客户，或者对客户态度不好，就会失去客户，就算其产品再好也没有意义！但要注意到，那是消费者，企业家们关心的是企业的利益有没有得到，而没有人怜悯客户失去获得享受一个好产品的机会。采购者过度关注态度，同样是自身的损失。失去好的供应商，伤害的是采购方企业的利益。

解析贸易商

  茂益公司对其供应商进行了梳理，将供应商分类管理，首先是采购量大小，ABC 分类，然后按供应商的表现分为及格、良好、首选及优秀供应商。还有一种分类，按物料产品形态分为金属制品、塑料、电子原材料、化工产品、紧固件、加工件、结构件等，但在分类过程中发现大量的贸易商和制造商分在一起，不甚合理，再有贸易商和制造商的表现无法进行对比。

  领导听了采购部门的汇报，提出一个要求，把贸易商的数量砍下来，尽量直接与制造商打交道，尽量绕过贸易商。

  各位采购员都将贸易商进行清理，但采购员感觉是无法彻底离开贸易商。领导面色不悦："你们怎么就离不开这些拐棍呢？"领导拿出另一个方案说："我做出让步吧，各位采购员，你们再努力一下，将贸易商过滤一遍，看看哪些可以丢掉不用，如果认为非要用不可，写出理由，我们放在会议上讨论，再做决策。"

  大多数采购员拿出的是报告，而不是裁掉贸易商，例如，酒精厂的酒精包装是 300 升，而茂益公司每天的用量只有 15 升，那么这多余的酒精放在生产线上，就等于放一枚炸弹，必须存放在专用的危险品仓库，危险品仓库的建设和维护费用远远高于直接从原厂直接购买，贸易商可以每天送 15 升到生产线上。硫酸也存在同样的情况，硫酸厂的最小量是一槽车 45 吨，而茂益公司每天的用量只有 15 吨，贸易商可以每天送，避免投资建储存罐及安保设施。

  供应塑料的贸易商不但可以供货，还根据公司具体要求，做混料、配色。最大的难题是，大的塑料厂交期比较长，一条生产线做三个产品，一个产品要再生产线需要两三个月，不储备库存，计划员无法做计划，无法在 ERP 的交期一栏中填写数字。有的贸易商不但卖产品，还可以提供整套"解决方案"，给生产线控制设备做配套，如果我们自己买一个控制器，买一台计算机，再买一套软件，装起来就是不工作，售后无论找哪一家供应商，他们的产品都没有问题，但就是连不上。而集成商最终负责整套系统能正常运转，交付使用。

  有一种代理商被称为润滑剂，茂益公司的生产线的控制系统，来自世界著名的大公司，不但价格不菲，还要求先付款再进行设计、生产和安装。在谈判过程中，茂益公司要求最后验收试生产合格后才付款，还要留 5%的尾款，在保修期结束时结清。对方声称，这个条件不可谈，后来引入了一家代理商，不仅答应双方的条件，他先付款给销售商，工程结束后再向茂益公司收款，并通过找到一些本地的资源参与设计和安装，还把价格降了下来。

一个供应润滑油贸易商还帮助车间将置换下来的废油回收，过去车间在维修保养时，更换润滑油常常将周边弄得很脏，这家贸易商回收废油的工作做得很专业，现场清理得干干净净，油还没有浪费。

还有没有任何理由的，只是原厂家不卖货，只有通过代理商才能与之交易。

领导看了这些交上来的报告，紧锁着眉头，思考对策。

讨论：

1. 以上采购员递交的报告中哪些贸易商需要整合，哪些需要剔除？
2. 如何将贸易商在供应商中进行分类？
3. 是否应该减少贸易商的比重？为什么？
4. "尽量直接与制造商打交道"如何实现？

点评：

在供应商管理中，贸易商是一个非常有分量的组成部分，简单地将供应商分为一大类型，属于粗放式管理。对于贸易商，也可以按照重要程度及采购额进行分类。对于贸易商来说，不仅仅要看商品的价格，正因为许多贸易商所涉及的商品本身采购总额并不高，所以考察整体成本TOC更为重要：订单成本、库存、服务、安装、维修、配套等。供应定位四象限如图6所示。

战略安全 （瓶颈物资）	战略关键 （战略物资）
战术获取 （一般物资）	战术利润 （杠杆物资）

图6　供应定位四象限

供应商选择

对于大金额的贸易商，显然是属于战略关键或战术利润象限，采购应该考虑和制造商要建立关系，如果属于战略关键，应该与制造厂家建立战略伙伴关系，若厂家对采购方不屑一顾，则显然我们选错了对象，或者是被逼无奈，采购方的物料的供应市场被卖家所控制。如果属于战术利润，则千方百计获取最低价格，无论是直接找制造商，还是通过贸易商。

有一家世界著名的公司 SMC，它的供应商大部分都是有贸易商组成的，由于公司的产品线特别长，物料种类非常庞大，而且大部分产品的产量不高，有许多产品年销售量不到一千，采用贸易商节约大量的人力物力，让供应商选择管理好每一个物料。

这种模式也催生了一些专门为产业提供透明高效一站式综合服务的采购平台。例如作为国内互联网 B2B 龙头企业的云汉芯城，其电子元器件物料均直接来自原厂或原厂授权代理商，从供应链源头上保证了原装正品，平台拥有超过 6000 万在线现货库存，物料种类齐全，更让中小企业采购享受到了平台集中采购模式带来的红利，为采购缩短了订货周期。采购模式在不断改变，越来越多的采购主动寻求高效透明的集约化采购渠道，以节约内部资源用于关键原材料的采购，减少采购费用支出，提升供应商服务水平，降低库存水平，压缩采购周期。现在，云汉芯城已拥有超过 25 万名企业用户，2017 年的业务额超过 10 亿元，成为国内互联网 B2B 创新服务模式的标杆企业，并基于多年积累的行业服务数据，为越来越多的电子产业中小企业客户提供精准的大数据服务。

"无商不奸"是后人杜撰的，原意为"无商不尖"。"无商不尖"，出典为旧时买米以升斗作量器，故有"升斗小民"之说。卖家在量米时会以一把红木戒尺之类削平升斗内隆起的米，以保证分量准足。银货两讫成交之后，商家会另外在米筐里夵点米加在米斗上，如是已抹平的米表面便会鼓成一撮"尖头"。量好米再加点添点，已成习俗，即但凡做生意，总给客人一点添头。这是老派生意人一种生意噱头，这一小撮"添头"，很让客人受用，故有"无商不尖"之说。"无商不尖"还体现在去布庄扯布，"足尺放三""加三放尺"；拷油拷酒（上海方言，过去的竹筒量器卖油卖酒）都有点添头；十里洋场的上海，在王家沙吃小笼馒头免费送蛋皮丝开洋清汤，"老大昌"称糖果奉送两根品牌三色棒头糖。

无论是贸易商还是制造商，采购在做供应商定位的同时，还要认识谁是奸商，谁是守信者，要坚守一个原则，不与不诚信的供应商做生意，无论是贸易商还是制造商,例如豪华跑车制造商阿斯顿·马丁宣布召回17590辆跑车,召回原因是一家次级供应商提供的油门零部件采用了伪劣塑料材料。

制造商并非就一定没有风险,贸易商并非就一定是奸商,采购要学会识别。

供应商在哪里

常常听到一句老话:"有钱还怕买不到东西",因此,采购员常常是坐在办公室等着销售上门推销,这句老话到了采购员那里便是"有钱还愁买不到东西"。采购员向老板抱怨说找不到供应商,老板非常漠然,也没有什么反应,就是一句话:"接着找"。偶尔销售员在一旁,气不打一处来,说如果销售向老板报告"不知道客户在哪里",老板会将这个销售踢出门外,老板风趣地说:"销售是龙头,龙头上的鼻子在最前方,就是用来寻找客户的,客户才是我们的衣食父母,没有客户我们吃什么?喝什么?"采购问"那供应商是什么?"销售抢着回答:"我们是供应商的客户,客户是衣食父母,你说供应商是什么吧?"

但不是所有的供应商都清楚地知道自己的位置,或者将自己放在正确的位置上。当采购员有一些项目需要寻找供应商,这时供应商百般挑剔,不是嫌弃价格低,就是嫌量太少,如果购置特殊设备或先期要做大力投入的时候,更没有人愿意投入。下面是一段我们的采购员和供应商的一段对话:

采购员:"这种产品你们能不能做?"

供应商:"有可能的,但有些风险,还需要技术、设备、人员及质量上的一些投入。"

采购员:"那你们就先做一些投入吧。"

供应商:"假如我们做了前期投入,生产出来的产品贵公司一定采购吗?还有年采购量多少?总量多少?是否能保证我们的投入能收回?"

采购员(心里想):"还没有开始做,就这么多要求!"

采购员:"你们不做出来,我们怎么知道你有能力?"

供应商(坚持):"那么如果我们做出来,你们一定要吗?"

采购员:"如果你们能做出来,我们还要进行供应商资质审核、样品测试、现场考察,哪一样不符合我们公司要求,都不能通过。"

供应商:"对不起。我们投入太多,风险太大。"

采购员："投资当然有风险，贵公司不愿意投资就没有投入合作的可能性，这一点我能保证，但我不能保证的是你们做出来的是否符合我们的要求。"

供应商："那我们再考虑一下。"

当然这是非常礼貌地回绝了。

采购员搬出一个古老的悖论：先有鸡还是先有蛋？在这种情况下，是采购方先做出承诺，还是等待供应商成熟了，再上山摘桃子？问题结论供应商没有承诺不肯投入。

有位高人为这位采购员点拨：采购必须运用战略采购的眼光。这位采购员问：那么请问什么是"战略采购"呢？高人回答："Make Supplier Available"，还给出了非常漂亮的中文翻译："使供应商触手可及"。还有一位高人指出，采购要做"反向营销（Reverse Marketing）"，应该向销售学习营销的方法。

讨论：

1. 如何理解"战略采购"？
2. 战略采购可以解决这位采购员的困境吗？
3. 是采购方先做出承诺，还是"等待供应商成熟了，再下山摘桃子"？
4. 采购为什么会找不到供应商？
5. 什么是"反向营销"？
6. 客户是我们的衣食父母吗？为什么？

点评：

什么是"战略采购"？最普遍的认识是"以最低的价格买到最好的东西"，所以企业对于采购的要求就是"价格最低"，但这几乎是不可能实现的任务，不仅如此，除了价格还要考虑采购产品的交付、供货可持续性及总成本。还有一些学者为了迎合企业对采购成本的诉求，提出战略采购是"以降低采购物资的总拥有成本及提高供应链竞争能力为目的的一系列计划、实施、控制战略性和操作性采购决策的过程，目的是指导采购部门的所有活动都围绕而提高企业能力展开，以实现企业远景计划"。

还有些公司将战略采购等同于寻源（souring），战略采购部专门负责供应商寻源任务，战略采购的使命是找到资源，找到合格的供应商，包括符合资质的新供应商和产品。

还有人认为,战略采购就是需要做一些战略性库存的战略性物资的采购。战略性物资是指企业的某些原材料市场价格波动较大或者未来价格预期会有较大的增长、预期未来供应紧缺的物资。战略性库存就是为应对此挑战而做的预先购买的战略性储备,以满足未来的生产运营。

上面的观点都没有全面地反映真正的"战略采购"。从公司战略的实施角度来说,战略采购是支持企业战略及供应链战略实施的重要举措,包含采购策略的计划、制订、实施及控制的整个 PDCA 过程,它不仅涉及战略性物资,还涉及所有采购的物资;它不仅涉及成本,还涉及所有采购的组织架构及采购的流程和方法,最重要的还有供应商的关系管理。

如果给战略采购下一个定义,可以简单地表述为:"创造和影响供应市场,使供应商触手可及"。

可以审视一下我们企业的采购活动和采购流程哪些能符合上述的描述。最著名的案例可以首推丰田公司对自己的供应基地的建设,为了改变过去传统的汽车生产模式,实现订单式生产,将供应商塑造成为快速响应的模式;为了实现 JIT,几乎所有重要的供应商都聚集在丰田工厂的周围;为了实现精益化生产,将其精益的哲学、理念、方法同时灌输给供应商,连供应商的生产规模、生产线布局和生产方式都受到丰田公司的影响。

可以看出,寻源只是战略采购的一部分,供应商不应该是"找"出了的,而是"创造"出了的。就如同客户的需求不单单是被发现、被满足,真正营销的意义在于创造客户的需求,"反向营销"的作用也在于此。

反向营销反映了供应商关系管理的一种新理念。反向营销的核心是要求企业如同对待自己的客户一样对待供应商,不是销售说服客户来采购他们的产品,而是买方主动向供应商提供机会。反向营销认为为了某件产品将过多的精力花费在合格的供应商的选择上是不明智的,企业应该将精力放在创造供应市场,影响供应商的能力与发展潜力上,而不仅仅是关注供应商现有的产品组合,这样,一旦企业有需求,供应商就能够提供任何企业所需要的产品。供应商关系管理是反向营销的核心,建立友好合作的供应商关系是企业反向营销战略成功的基础。反向营销不是一种技术,而是一种采购和供应管理的新理念,是供应商关系管理发展的趋势。

反向营销的战略制订与营销管理的战略制订步骤有许多共同之处，所不同的只是由于营销对象的差异而造成的管理步骤与方式上的差异。实施反向营销的四个阶段：分析企业采购战略、制订反向营销计划、执行反向营销计划和评估反向营销计划。

企业与客户是互惠互利的合作伙伴，客户是上帝，是企业赖以生存的根本保障，也是"衣食父母"。"始于客户需求，终于客户满意"，这是企业对客户应以遵循的宗旨。拥有客户就拥有市场和财富，企业应将客户永远放在首位，只有时刻为客户着想，客户才会忠于企业。会走进客户心里，建立长久的合作关系，进而留住客户，才能保住我们的饭碗。拥有客户企业才有立足之地，才能持续发展，员工生活才有保障，这三者的关系是紧密相连的。但如果客户不能为供应商创造利润，或是客户的唯一选择，不满意也只能不弃不离，它就不是"衣食父母"了。

防范更换供应商的风险

采购员温蒂负责公司服务类项目的采购，基本上每年都进行招标，再和供应商签订年度合同。一年合同结束后根据供应商的表现，再重新确定第二年的供应商，如果在合同期内供应商的服务和业绩不好，也可以随时更换，所以温蒂在平时还要跟踪供应商对合同的执行情况。

温蒂在这些采购流程中都还能应对自如，令她头疼的问题是在供应商转换过程中拖泥带水。为了节省公司办公及运行的场地费用，找了一家库房，将公司的设备、物品都放在外部的库房中，由供应商统一管理。在第二年，经过综合评估和考核，温蒂重新选择了一家新的供应商。而原来这家老供应商强调各种客观的理由，如认为评价太片面，招标不公平、不合理，供应商领导因为失去合同而归咎于下属在合同期间对客户的服务没有做好，在供应商交接时，老供应商设置了许多障碍，比如一些货架及专门为公司采购的一些物品，要求公司承担费用，或者让新供应商必须花钱买下来，而系统和系统中的数据，例如货物的进出和使用记录、维修维护状况等一年中的运营数据，执意不转移给新供应商。一些软性的经验的传输，例如物品使用频率、摆放位置合理化方式、已发生的错误和容易疏忽的问题等，新供应商需要花费大量资源，重新建立数据库，买设备，积累经验，使得用户在很长的一段时间内要与新供应商磨合、相互适应。

旧问题解决了，新问题出现了，老供应商在库房的招标中失利了，却获得了另一项合同：巡回路演。每次路演都需要到库房借设备、器材，管理库房的新供应商此时找到了"回敬"的机会，对老供应商百般刁难，领用时单据稍有纰漏，坚决拒绝出库，而返回归还时，若发现有些剐蹭的地方，则不肯接受。"城门失火，殃及池鱼"，最受罪的是使用者，被影响的是公司的整体利益。而市场部的同事不断地投诉温蒂，对其表示出极大的不满，认为其在选择和管理供应商上有漏洞，管理层也要求温蒂拿出改进方案。

> **讨论：**
>
> 1. 讨论本案例，采购在转换供应商时，缺少了哪些环节？
> 2. 在初始与供应商签订合同时，对合同结束时的转换应做哪些考虑？设定什么样的条款？可采取哪些措施？
> 3. 接上题，是否还有哪些因素是合同中不能涵盖的？
> 4. 如何使各个供应商在供应链运营中做好相互间的配合、协调？
> 5. 在更换供应商时，如何保障平稳顺利交接？在交接过程中有哪些风险、障碍和挑战？
> 6. 更换供应商有哪些风险？又如何防范？

点评：

更换供应商常常被视为解决供货问题的最有力武器，供应商绩效考核中没有达到采购方合格的要求，在整改无果的情况下，从合格供应商名录中删除，取消供货资格，是最常见的做法。采购方则需要寻找新的供应商以填补供货缺口，但并不是所有的产品都是竞争性非常充分的。即使替代供应商进入了合格供应商名录，也并不意味着问题的解决，更换后的风险、成本及所产生的影响都需要得到事先的评估。

1. 更换供应商的风险

（1）组织的核心活动陷于致命的停顿，因为新供应商根本无法交付，或质量不合格，不能发货至正确的地点；无法以满足所需求的发货方式。

（2）组织之间的接口部分出现系统或程序故障。

（3）学习曲线：与新的供应商合作会需要一些时间的磨合。

（4）关系问题：使用者于供应商的习惯及非正式默契。

（5）总持有成本：无法达到预期的成本，及没有预期的额外成本。

就风险而言，战术性采购合同对组织的影响显然小于战略性关键合同，但是出现问题的可能性却不一定会降低。

2. 更换供应商的成本

（1）寻找、选择、评估新供应商过程。

（2）引入／淘汰的成本。其具体成本可能涉及：①存货、工具和设备库存；②完成已订购的批次；③处理剩余产品及随后的被拒产品；④正在进行项目的详细移交。

（3）更换系统和接口。

（4）交易成本及文档工作。

（5）学习曲线成本。

3. 减小更换供应商的影响

采购需要制订详细策略以减小更换供应商所带来的影响。最理想情况是，采购组织应寻求将转换成本和风险转移给供应商。然而，并非总能这样做，而且共同分担成本和风险也许是次佳选择。因此，采购组织可以为此做出预算，以应对必须承担的成本和风险。

采购不仅仅要考虑在供应商表现不佳时更换供应商所产生的后续问题，还要警觉供应商的主动退出，最重要的行动就是全面了解现有合同与关系的详情。采购人员应设置预警，以便在事情发生之前早早地提醒，保障合同续签。了解需求在哪里，对于合同、与供应商的关系以及续签过程，供应定位与供应商偏好的分析尤为重要。与利益相关者就备选行动进行探讨，特别是考虑转换成本与风险。事先应急计划的制订也是必不可少的。在所有情况下都要考虑保持沟通是解决、预防问题的关键。

采购组织经常忘记的一项基本的合同条款就是：供应商同意在合同终止的情况下，为采购组织和新的供应商提供帮助。有些采购组织将这些条款具体化，甚至在合同条款中包括一部分保留金，旨在合理地促使第一家供应商在采购组织转换新供应商的工作中提供帮助。

对于新供应商，风险转移的重点是合同中反映过渡期的关键交付事项，并在关键绩效指标当中予以反映。建立新关系的同时非常专业地结束旧关系。

🛒 绩效与成本管理

> 你不能衡量它,就不能管理它。
>
> ——管理大师彼得·德鲁克
>
> 如果强调什么,你就检查什么;你不检查,就等于不重视。
>
> ——IBM公司前总裁郭士纳
>
> 在企业内部,只有成本。
>
> ——管理大师彼得·德鲁克
>
> 省钱就是挣钱。
>
> ——约翰·洛克菲勒

如果没有绩效考核,就谈不上管理,这观点对供应商管理同样适用,企业在供应商管理上可谓下足了功夫。而管理专家米契尔·拉伯福却给出了绩效考核的一个漏洞:"我们宣布讲究实绩、注重实效,却往往奖励了那些专会做表面文章、投机取巧的人。"有许多企业也开始摒弃这种指标化的绩效考核,有的企业希望能用"380度"的全面考核解决考什么做什么的弊端,还有的企业强调文化的力量和聚集人心。对于供应商的绩效考核同样需要解决这些问题。

考核并不是终点,而是为供应商发展提供依据,考核中发现长处,挖掘问题,从而制订供应商发展的规划,并落实执行,不断提升能力。

两股道上跑的车，走的不是一条路

伟桂公司是一个大型国有港口集团，每年需要采购大批设备，特别是货场运输设备车辆的采购更是频繁。集团管理层认为，采购部门是针对产品制造企业的，像港口这样的物流企业采购模式与生产企业完全不同，与大卖场超市也不一样，采购功能应该放在工程和项目部门，最终决策在管理层，财务负责资金，审计最终把关，这样的流程执行多年，至今也没有出过差错。集团各个分场工程项目自行负责，采购活动也由分场的分工主管领导负责。

最近国资委对各大央企狠抓管理提升，须做出一些具体的安排。在今年的年终高层管理会议上，其中西港和东港的领导分别向总部做了本公司管理改进的汇报。

西港在过去的一年中着重加强了对物资采购管理，对货场大型运输起重设备车辆进行招标和竞价，吸引了更多厂家竞争，在招标的基础上再细化管理，对每一个中标者再次约谈，将物资采购的同比价格下降了13%，有诸多竞争者的参与，服务水平也得到了提升。去年的招标总金额的比例达到了70%以上，对于今年的任务，西港的领导表示，由于大型运输起重设备车辆的品种增加，操作员工的培训还没有赶上，设备的利用率有待提升，维修困难，维修保养的队伍跟不上形势，维修库存压力加大，这是明年要着重解决的问题。

东港报告内容是关于项目管理中的问题，对货场的大型运输起重设备车辆进行了重新整合，改变了过去厂家多、品种杂、维修困难的局面。经过技术、财务、使用部门两年的考察和审核，选择了一家供应商作为合作伙伴，使得设备的通用性增强，操作统一，并实现了备品备件 VMI（Vendor Managed Inventory，对于供应商管理的库存），做到货场的大型运输起重设备车辆所有备品备件库库存为零，JIT 供货，而且将每年设备停车时间降低了近 74%。虽然经过三年的整合，取得了上述的成绩，但作业存在一些问题，已经列入了明年的计划中：供应商的价格优势不明显，需要找出降低价格的具体措施；进一步提升供应商的服务水平。对于一般性的物资，公司加强了招标的力度，将劳保用品、一些标准件（例如紧固件）、服务项目（如保洁、卫生、花木、印刷、培训等），凡是单次采购额大于 2000 元以上的项目进行三家比价，20000 元以上进行公开招标，按采购次数计算，去年公司的招标率（包括三家比价）达到了 68%。但由于人手不够，去年这些物资紧急采购数量太大，今年准备专门成立招标小组，计划将招标率达到 75% 以上。

管理层的领导们听完这两个报告，觉得他们是"两股道上跑的车，走的不是一条路"，也有人说更像是"一股道上跑的车但走的是反方向的路"。都在做管理提升，都有成绩，但用的相悖的思维和逻辑。究竟应该表扬谁，肯定谁，特别是推广谁的经验呢？更重要的，对于出现的问题，无论是东港还是西港，都没有拿出具体解决方案。

讨论：

1. 你赞同东港的方法还是西港？
2. 请帮助西港找出备品备件及维修、人员培训等问题的具体措施。
3. 请帮助东港找出降低价格的具体措施。
4. 招标率的计算方法你同意哪一种？
5. 案例中的这类型企业需要设立采购部门吗？为什么？
6. 在案例操作中，有没有违规之处？

点评：

国有企业的资产属于国家，其采购属于政府采购范畴，《工程建设项目招标范围和规模标准规定》第四条规定"使用国有资金投资项目的范围包括：

（一）使用各级财政预算资金的项目；

（二）使用纳入财政管理的各种政府性专项建设基金的项目；

（三）使用国有企业事业单位自有资金，并且国有资产投资者实际拥有控制权的项目。"

第七条规定"本规定第二条至第六条规定范围内的各类工程建设项目，包括项目的勘察、设计、施工、监理以及与工程建设有关的重要设备、材料等的采购，达到下列标准之一的，必须进行招标：

（一）施工单项合同估算价在 200 万元人民币以上的；

（二）重要设备、材料等货物的采购，单项合同估算价在 100 万元人民币以上的；

（三）勘察、设计、监理等服务的采购，单项合同估算价在50万元人民币以上的；

（四）单项合同估算价低于第（一）、（二）、（三）项规定的标准，但项目总投资额在3000万元人民币以上的。"

第九条规定"依法必须进行招标的项目，全部使用国有资金投资或者国有资金投资占控股或者主导地位的，应当公开招标。"

招标目的最充分地展示公开、公正、公平竞争的招标原则，有利于防范招标投标活动操作人员和监督人员的舞弊现象。

但作为一个企业的采购，招标不是唯一的手段，金额高低也并不是招标的唯一条件。纵观世界上的大公司很少将招标作为大金额采购的手段，采购已经成为企业战略的一个组成部分，供应商关系管理采购的先决条件，产品采购方式要符合于企业的战略发展和运营方式。但是国有企业的资金是国有资产，必须符合政府采购的法律要求，在所有制和产权改革未完成之前，没有办法让国有企业真正成为一个企业在运行。

第十条规定"省、自治区、直辖市人民政府根据实际情况，可以规定本地区必须进行招标的具体范围和规模标准，但不得缩小本规定确定的必须进行招标的范围。"

但正是因为有这一条，许多单位为了证明自己执行的力度，将招标的金额卡得更严，有规定20万的，还有规定2000元以上就必须招标的。招标有利于开展真正意义上的竞争，防止和克服垄断，降低造价，求得节约和效率，但所需行政费用高、花费时间长，由于竞争激烈，程序复杂，组织招标和参加投标需要做的准备工作和需要处理的实际事务比较多，特别是编制、审查有关招标投标文件的工作量十分浩繁。事实上，参加竞争的投标人越多，每个参加者中标的概率就越小，白白损失投标费用的风险也越大。

只有解决对采购战略认识的问题，并在体制上有所改革，才有对其他问题的解决。但有一点是肯定的，无论是私人组织还是国有企业，采购部门的建立表明一个组织对其支出的控制，而采购部门所采购的范围占整个组织所有支出的比例则反映了一个组织的采购成熟度。

作为一个组织的采购部门，其目标不是单一的，特别是国有企业，透明、公开、阳光的采购制度是必须的，在此基础上，整合资源、简化流程、降低采购成本，以达到各个目标协调一致。然而，做好采购考核指标体系也是组织的重要任务，不同的绩效指标考核会引导组织朝不同的方向前行。

小作坊式供应商管理

创欣公司的领导每年都会在质量提升上做一些大的动作，今年年初领导层给出的质量主题是："如何对待小作坊式的供应商，提高原材料质量"。质量部和采购部成为主要执行者，两个部门经过激烈的讨论分别给出了完全不同的方案。

质量部非常支持公司领导层的举措，认为小作坊式公司质量管理的诟病和毒瘤已经到了非根治不可的时候了，质量部的员工坚决拥护领导层的决定，个个摩拳擦掌，打算"该出手时就出手"，质量部迅速提交了方案，其主要内容为以下几方面：

（1）定义指标，逐年减少小作坊式供应商的比例。

（2）关键在于退回的不合格品全部做上不可去除的记号，退供方后只能报废，以提高其成本，逼迫其提高质量。

（3）加强来料检验，对所有的小作坊式供应商的产品实施全检，而检验费用由供应商承担，与财务协调好在货款中扣除。

（4）要与财务部协调好，结合质量决定付款的多少和先后。

（5）要求统一供应商衡量标准，不达标就淘汰或更换。

（6）对不合格品苛以重罚。

（7）每年进行招标。

而采购部给出的回应则是非常消极的。

公司供应商的注册资金在准入时就进行过调查和考核，公司的规定是：小于2千万，得0分；2千万～5千万，得1分；5千万～1亿，得2分；1亿～50亿，得3分；50亿～100亿，得4分；大于100亿，得5分。公司对于质量的要求更是比较严格，在供应商评审时，质量分占60%，价格占15%，交期10%，供应商的规模和资质及财务状况占10%，服务占5%。但最终决定因素还是价格，小作坊式企业最大的特点是价格低、反应速度快、灵活性高，愿意帮助客户完成紧急订单，服务及态度好，这些都是大供应商无法比拟的，大多数大供应商都要求先付款后发货，绝不接受赊账。综合考虑，最后被选中的还是这些小供应商，如果将他们都换了，我们产品的成本会加大，采购部也愿意选择大企业

品牌作为供应商。有很多产品，之所以选择这些小作坊式企业，是因为规模大的供应商会因为量太小、特殊要求、非标产品而不愿意合作。只有这些小作坊式企业能做，选择小作坊式企业实属无奈之举。所有的质量问题不能全部归咎于小作坊式企业。我们坚决支持领导层的决策，对现有供应商进行筛选、过滤，尽力减少小作坊式企业在供应商数量中的比例。公司过去多年的发展，这些小作坊式企业做出了巨大贡献，与供应商的关系都非常好，公司现在壮大了，不能就此卸磨杀驴，这也不符合供应商关系管理的原则。

管理层将报告看了一遍，总经理给采购部的观点贴了一个标签："且行且珍惜"。

公司的管理层显然对质量部的方案更情有独钟，但采购部门的意见似乎也很有道理，并非完全消极。质量是企业的生命，成本则是永恒的主题。

讨论：

1. 你赞同哪一种观点？或者有自己的意见？
2. 有一种说法叫"一招就灵"，招标是否是解决质量问题的灵丹妙药？
3. 对产生不合格品的供应商苛以重罚是否是好方法？如果不是，取而代之的有哪些方法和手段？
4. 公司对于供应商评审的标准，你有何评价和建议？
5. 供应商的关系好与供应商关系管理一致吗？有何差异？
6. 对于小作坊式供应商的管控手段：①维持现状；②逐步淘汰；③整合壮大；④辅导提升；⑤加严控制……你支持哪一种手段？或提出你的想法。
7. 对于领导层提出的质量主题——"如何对待小作坊式的供应商，提高原材料质量"，你有何评价？

点评：

供应商寻源和供应商选择中，有一种司空见惯的现象，不管是什么类型的供应商，我们的供应商管理者都拿着一份厚厚的超过五十页的检查表，从质量方针查到校准报告，从组织机构图翻到培训记录。对一个大企业，这种审核当然是合理的，但对于一个小微企业，也拿同样的方法，是否恰当？大家都清楚对于不同的对象应该施展不同的管理工具，为什么在这里就失灵了呢？

"如何对待小作坊式的供应商,提高原材料质量"这个命题本身就是错误的,"小作坊式供应商"并不等于"低质量"。任何企业离不开中小供应商。并不是所有"小作坊式供应商"都生产"低质量"的产品,但我们的惯性思维驱使我们一旦发现某个小企业出了质量问题,就将众多小的企业都涂上了相同的颜色、贴上了同一个标签——"质量低下"。

作为供应商,中小企业有非常明显的优势,灵活、响应速度快,特别是对于小批量、多品种的产品,更是中小供应商的强项;中小供应商各种运营成本,包括管理费用等比较低;战略上容易与采购方达成一致;在组成供应链体系中,中小供应商也易于融入。中小供应商的缺点也非常突出:长期战略不稳定、融资困难,这是目前中小企业面对的最大难题之一。资金缺乏,设备、人员与质量的投入显得相形见绌。而且大多数采购方对于中小企业的付款条件和付款周期非常苛刻,还常常拖延货款,使这些供应商雪上加霜。有些采购方的管理者会说:"没有钱就不要做生意"。但没有考虑到造成供应商资金匮乏的罪魁祸首正是采购方。市场需要竞争,但还需要道德的约束,讲信用按时付款是做生意的底线。

从某种意义上来说,帮助中小供应商也是帮助自己,试想一下,如果采购方都以一些巨头作为自己的供应商,局面是否会很被动?反之,如果身边聚集着广大的中小供应商的辅佐,又是怎样的情境?当然,采购的重要任务不仅仅是买到质量好价格低的产品,更重要的是保障组织能够得到持续的供应。为此,发展供应商,特别是发展有潜力的中小供应商,提升他们的质量水平,才能够完成"保障供应"这一项采购最重要的使命。

当供应商来料不合格时,扣款、惩罚性措施是最容易的解决方案,但这并不能从根本上解决问题,解决供应商的质量问题,帮扶、提升质量水平是治本之道。

用招标来选择供应商并不是长久的方法,与有潜力、有能力的供应商建立互信,建立长久的战略伙伴关系,共同成长,共同发展,共同进步,实现共赢。不停的招标,不仅仅耗费大量资源,造成成本上升,供应商也不可能有意愿为采购方进行长期投入,大家都追求短期利益,互损、双输。

中小企业是国民经济最重要的组成部分,也是最活跃的要素,据统计,中小型企业占整个企业总数98%以上,并且为超过60%的劳动力人口提供了就业机会。这么庞大的一个群体,想要避开小供应商几乎是不可能的。从社会责任的角度来说,扶植中小供应商不仅仅是政府的任务,也是大企业的社会责任。

绩效考核中的投机取巧

感觉和事实往往有差距，有一家供应商年年被公司评为优秀供应商，在供应商大会上登台领奖状，代表供应商发言，与公司领导坐在前排，有说有笑，十分亲热，公司领导对这家供应商非常满意。公司采用一套非常科学的供应商评估体系，每一次的采购记录，包括供应商的来料质量合格率、准时交付率、合同完成情况、成本等都会非常详细地指标输入系统。每个月小评一次，季度中考，每年给供应商做总结，再根据不同的分数给供应商定级，并依据此系统评选年度优秀供应商。年终对优秀供应商给予奖励，不仅是发一个"优秀供应商"牌匾，在来年的采购份额分配中，包括新产品采购、付款等都给予优先考虑，最主要是供应商在公司领导层中的印象得到了巩固，在再加上平时供应商常常到公司走访，与领导层的关系非常融洽，也得到了公司上下的一致赞扬。同时，公司更加认定这套供应商管理系统是非常有效的。公司只有一个人对这家供应商不满意，那就是具体操作执行跟单的采购员。

采购员与这家供应商的关系融洽，供应商服务热情，但她觉得这家供应商的领导非常滑头、不实在，关键时刻不给力，缺少为朋友两肋插刀的劲头。不如某些评分低的供应商"急你所急"，能够为对方着想，紧急订单可以优先帮忙安排。采购员和老板反映过自己的想法，老板说，需要有力证据说明供应商存在的问题，不能凭感觉，更不要对供应商有成见，要以客观的态度和有力的数据说话，采购员就此作罢。

后来这位采购员辞职离开了公司。在一次朋友聚会中，她碰巧遇到了也已经离开那家供应商的一位计划员，两位故友碰杯问好，采购员开玩笑道，我怎么就对你过去那家公司喜欢不起来呢？那位计划员说："那就对了，你们公司只有你最明白了，因为你是具体操办人，你能喜欢才怪呢？"采购员问道："为什么呢？"计划员说："我们老板太精明了。"采购员说："说来听听？"

计划员讲起了故事：大多数大客户都有一套完备的供应商评估体系，就拿交付准时率来说，这是客户最关注的指标之一，但这个指标的被运作空间是很大的，我们完全可以做得很漂亮，而且还不费劲。客户往往只追求一个指标：准时交付订单的百分比，但订单和订单就像五根手指头伸出来，是不一样的，我们在订单

评审中，对容易完成的订单在计划和资源分配上绝对保证完成，而对于难度较大的订单则应该为容易的订单让路；如果一个客户要求 100 个，另一个要求 80 个，我们只有 80 个的产能，那么就优先完成 80 个的订单，而将 100 个的订单往后推；许多客户要求供应商先做紧急订单，还催得死去活来的，还常常声称能早一天就早一天，早一个小时都是好的，能先发一部分就先发一部分，但考评中对紧急订单和普通订单一样的考核，而紧急订单晚交的可能性极大，只要晚了，哪怕一天也是晚，而且对于考核指标来说，晚一天和晚十天没有区别，少一个和一个都没有发是一样的结果。所以，我们排产的目标不是客户着急的程度，而是以客户服务水平最大化为目标，也就是"完美订单履约率"，这样交付准时率一定会上去。

接着，这位计划员抿了一口小酒，继续说：这只是冰山一角，这么多年的工作经验，公司在应对客户的考核指标方面总结了许许多多的招数。我们的宗旨是一定要让客户满意，不是被客户逼得要死要活把事情做好了，客户就一定满意，相反，可能结果是客户和老板都不满意。一定要让客户的数据漂亮，更重要的是让客户的感觉也很好，将他们培养成为忠诚客户。事实上，你过去的那家公司就是一个忠诚客户"最佳实践"的范例。

采购员问道，还有什么招数呀？计划员戛然而止：天色不早啦，明天你我都还要上班，反正你也不在那家公司做事了，不在其位不谋其政，聚会也快结束了，喝完这杯酒，回家睡觉去吧。

讨论：

1. 什么是客户服务水平，客户满意及忠诚客户？
2. 这个局面，是采购方执行的问题，还是供应商的狡诈，还是考核系统的毛病？
3. 对应客户的考核指标有许许多多的招数，你知道多少？还能列出一些吗？
4. 相应地，采购方的对策是什么？
5. 对供应商的考核，感觉成分能作为考核内容吗？为什么？如果能，如何实施？
6. 如果供应商产能不够，有些采购员的方法是将原来的订货量提升，逼迫供应商能部分交货以满足需要，你同意这种方式吗？为什么？

7. 就交期来说，按时交付百分比的指标是否能完全反映供应商的交付绩效？如果不能，应该再追加哪些指标？

点评：

先解一道关于服务水平的题目。

路人甲和路人乙同时需要10件产品，价格相同，你手中也正好只有10件产品，那么你的选择是：

A. 谁也不给。

B. 路人甲2件；路人乙8件。

C. 路人甲和路人乙各5件。

D. 路人甲10件；路人乙0件。

正确答案是D。心理学和客户满意度调查研究发现，与其让两个客户都有一些不满意，还不如满足一个客户，彻底放弃另一个客户。但往往采购方只站在自己的角度想问题，我缺一个，供应商不给，我订单下十个，他总该给我五个吧，可结果常常是适得其反，如果你下五个，供应商可能满足你，但下十个，干脆一个也拿不到。

客户服务水平定义为完美订单满足率。完美订单满足是指百分之百地按时、保量提供客户所订的产品。许多采购方是以客户服务水平来衡量供应商的绩效。从理论上说，客户服务水平没有任何问题，不满足客户的需求，哪怕是数量一万个只差一个，交期10个月多了一天，客户都是不满意的。但在这种绩效考核模式下，供应商少发一个货和一个货都不发在客户方的绩效结果是一样的。但对于采购方的运营结果可能影响巨大。这样的围绕着客户的绩效指挥棒转的结果是伤害到客户的利益。著名管理专家米契尔·拉伯福写道："我们宣布讲究实绩、注重实效，却往往奖励了那些专会做表面文章、投机取巧的人。"

有一则现代寓言：刘翔成功之后，专家学者们从不同角度进行了研究分析，特别提出平时训练中，计时不准确影响了对技术的及时评价。而对刘翔的所向披靡起到关键作用的是"卓越计时方法"，并开发出了一套"360度雷达测速法"。这套方法的好处在于能够精确测定运动员的速度（误差在0.01秒以下），并且能够在跑步者之间比较接近的时候进行有效辨识，保障对跑步者公平的评价和奖罚。

专家们认为，通过运用这套方法并辅之以相应的奖罚，将极大地提高中国各短跑运动队的水平。这时各运动队纷纷花钱请专家帮助引进360度雷达测速法，可是一年两年过后，发现运动队的成绩并没有因此提高，至今还没有培养出可以与刘翔一较高低的运动员。引进这套方法的运动队管理者开始议论纷纷，但至今还没有搞清楚，到底是专家忽悠了自己，还是自己没有用好这套方法。

把以上寓言套用在许多企业的绩效考核上，大概就会明白，我们为什么在绩效考核方面花费了巨大的精力，却在经营绩效提升方面收效甚微。

企业有没有绩效考核系统已经成为一座围城，没有做的企业看到"供应商绩效考核系统"被一些人描绘得很美，有几分羡慕；做了的企业才知道导入这一套系统确实"方便"了采购部门的工作，考核有了可操作的量化指标，但经营绩效并没有因此得到提升，更坏的情况是各方抱怨不断，又有几分困惑。

将绩效管理简化为绩效考核的企业绝对不在少数，这些企业做绩效管理的模式大致是这样的：①年初决定目标（数字分解）；②年底评价绩效，并根据评价结果决定奖罚。

这样做绩效管理，对经营绩效提升的帮助相当有限。这与寓言中的情况十分相似，即便测速人如何努力和测速方法如何改进，选手的成绩也不会因此轻易提高。要提高选手的比赛成绩，关键点不在于测速方法，而在于是否有优秀教练采用各种有效的方法进行严格甚至残酷的训练。

同样，企业绩效管理的重点不在绩效考核，而在绩效经营和绩效改善两个方面。

（1）绩效经营是企业高层通过运行方针目标管理来实现的，内容包括：①确定企业经营目标，定义重点经营课题；②制作年度经营计划，并指导部门具体落实经营计划；③开展部门月度质询和诊断活动，具体指导和协调部门计划的执行等。

（2）绩效改善是企业管理层通过开展各种形式的改善活动来实现的，内容包括：①选择基于公司目标的重点改善课题；②开展部门内或跨部门大课题改善活动；③以绩效提升为目标大力推进全员参与改善活动等。

绩效考核是一个绩效管理的补充机制，我们不应把提升绩效的愿望寄托在绩效考核上。要提高企业经营绩效，必须开展有效的绩效经营和绩效改善活动。

绩效管理实际上是一个动态、过程管理。考核充其量是一个辅助工具，是一把尺子。没有考核则没有动力和压力，但如果一味地依靠考核来达到绩效管理的目标，将会是"亡羊补牢"。绩效管理的手段应包括事前预防（要有前瞻性）、事中控制（要有现实性）、事后总结（要有及时性、针对性）。绩效目标也应按半年/季度/月/周/天进行分解、按工厂/车间/班组/员工进行落实，并及时根据已完成情况及实际具有的能力进行相应的调整，以使之更趋合理，更易操作。关键更在于应通过已运作的实际情况及预分析，找出存在的问题（困难/瓶颈）以及仍可进一步发掘的潜力，通过一个专门/专业的（管理）团队（或CIP项目组）进行针对性的解决，必要时可进行攻关。如果没有绩效考核，一个企业管理水平要上台阶，是不可想象的；如果仅仅只有绩效考核，而无视实际运作的情况，生产经营环境大气候的变化，视问题如虚有，不思进取，不想更进一步发掘潜力，则将会是为了考核而考核。

广种薄收

兆飚公司的领导要求降低采购成本，采购部经过分析，挑选出个别供应商逐个约谈，要求他们降价，但供应商都给出了无降价空间的理由，无奈之下，兆飚公司决定对这些产品进行招标以达到降低价格的目的，进行了一段时间后效果还不错，但随着时间的推移，产品质量却不断下滑，价格反而逐步提高。兆飚公司内部员工工作量增加，每次招标程序复杂，投入人力成本很多，新的供应商不熟悉情况，后续订单、交付都存在计划、物流和仓库等方面的不必要的麻烦，造成货单错误以及拖延交货时间，兆飚公司运作的障碍越来越大。

采购员决定去供应商那里考察，看看问题在哪里，为什么价格越来越高，质量反而越来越差。采购员来到一家比较熟悉的供应商，销售袒露真言：自从经济危机以来客户都要求降价，不降就换，或者招标，像我们这样的公司遍地都是，竞争相当惨烈，不像过去还有些长期客户，现在搞得我们精疲力尽。其实这种方法成本比过去要高得多，看起来需求比过去旺盛，每天都能接到许多询价单，但真正到手的订单很少，所有的招标都像是鸡肋：做吧，要下很大工夫，还不一定能拿到订单。现在公司将最强的力量都放在做应标上，计划、技术、工程、质量、财务、采购都忙于客户的招标上，接到的订单都是着急的。计划不起作用，采购、生产刻不容缓。订单的起伏大，无法预测，有时无标中，着急；有时同时中了几个标，生产能力无法满足，质量、交期管理都疲于应付。公司的招标力量不断增强，逐渐总结出一些经验：如果招标的产品供应商比较少，大家就需要团结，不能自相残杀；反之如果招标产品供应商比较多，沟通没有意义，但中标的不一定是最好的或最便宜的，中标越成为一件小概率事件，中标者往往越觉得自己中得莫名其妙。对于这种竞争者特别多的案子，方法是广种薄收，多去投，投中就算中彩票，投不中也不奢望，再往前发展一步，因为招标的力量比较强，不管是不是自己擅长的领域都去投，万一投中了，自己能做则自己做，做不了就给别人做，还能赚些利润，这样做对公司的招标能力也是一种提升，中标主要靠文件做得漂亮，符合客户的需求，多实践就能找出各个客户的喜好。公司进行了分析，认为虽然经济形式有好转，但客户还多是热衷于招标，这种局面目前没有改善的迹象。采购员认为，这也不能全归咎于采购方，如果当年供货方同意降价了，也就不会出现今天的局面。供货方坦率地说：即使我们同意降价，客户的要求也会不断升级，最终还会把我们逼到无路可走的境地。

采购员又去考察了其他几家供应商，发现供应商的战略都随着客户的战略在转移，以"以客户为中心"为名加强了招标的应对工作，还有一些供应商专门聘请咨询公司帮助做标书。这些供应商从以生产为中心变成了以招标为中心，忽视了对质量和技术的投入。

了解到这些情况，采购员回到公司，感到有些无奈，向领导做了一个书面汇报，按照公司的惯例，交给领导的报告最后一部分是对策和解决方案……

讨论：

1. 帮助这位采购员完成报告中的最后一部分——对策和解决方案。
2. 如何对保持长期关系的供应商进行成本降低？
3. 在高度竞争的市场上，如何促使供应商进行质量提升，并保障供应及时？
4. 招标中如何防止供应商的勾结及串标？
5. 在大量供应商的情况下，如何才能得到最佳的结果？

------ **点评:** --

采购及供应链管理部门正面临越来越大的压力,降低成本,提供达到自己组织成本降低的底线。一般来说,降低成本有两种不同类型:"硬性成本"降低和"软性成本"规避。

成本降低:

(1)与去年同期相比基于恒定量购买产品/服务的节约。

(2)以直接追溯到损益的行动。

(3)直接减少支出或可以直接减少支出的过程/技术/政策的改变。

(4)程序的改进,产生实际的可衡量的成本或资产的减少。

(5)评估现有产品或服务的合同协议或程序,以确定潜在的可以降低成本的变化。

(6)与前12个月采购项目相比的净减少价格支付,或使用了成本较低的替代品,如:(旧价格-新价格)×采购数量。

成本规避。成本规避是一个比较难定义的类别,其常见的定义有以下几点:

(1)成本规避是这样一种成本降低,对于基于历史结果没有降低成本的产品/服务,它尽量减少或避免了可能的价格上涨而对公司底线的影响。

(2)当增加产量/产能而没有增加资源的开支,一般而言,成本规避节省的费用都用在了处理日益增加的数量/产出。

(3)成本规避包括不立即降低成本或资产的流程改进,但所提供的好处是通过改善流程效率和员工生产力,改善客户满意度,增强竞争力等。随着时间的推移,成本规避往往就是成本节省。

采购需要对企业所采购的物品进行分类,对不同供应商,不同市场竞争状况,物料的可获得性,物料对企业的重要性等要素进行分析,找出成本降低的方式。

"如何对保持长期关系的供应商进行成本降低"及"在高度竞争的市场上,如何促使供应商进行质量提升,并保障及时供应"是两大难题。一般来说,竞争可以降低成本,而竞争也会使供应商追求短期利益。实际上,竞争的结果导致采购方追求短期利益最大化。要在这两者之间做好平衡,是采购的战略规划,也是针对不同供应商的管理技巧。对于长期供货的供应商,采购应该与供应商一起制订长期战略,建立共享的愿景,制订共同的目标,包括成本降低的目标,并形成行动计划,再对照目标定期审核,利用 PDCA 的方法,持续改进。促使供应商有危机意识,培养一些潜在的竞争对手,对现有供应商造成压力,促使其不断降低成本。

而对于高度竞争的产品,一则每次招标并不一定是最佳方案,供应商自己也非常清楚其地位并不稳固,随时有可能被替换。对供应商的绩效评估,并根据交付的质量、成本、及时性等绩效水平决定后续的合作。总之,应该多管齐下。

参加竞争的投标人越多,每个参加者中标的概率将越小,白白损失投标费用的风险也越大;对于招投标双方都存在不定性,应该先过滤掉一些水平差或者与企业要求差距远一些的候选者,以提高招标的效率,不过这仅仅是邀请招标的方法。

避重就轻的汇报

奥斯拉公司是世界领先的智能卡研发、生产和销售为一体的公司,十几年前进入中国市场,建立了智能卡生产制造基地,并发展为公司最大的工厂。随着智能卡市场销售价格越来越低,公司面临巨大的成本压力。

在公司管理年度总结会上,采购经理就本年度采购成本控制做汇报。包装材料和 MRO(Maintenance 维护、Repair 维修、Operation 运行)物料都做了超过 10%的成本降低,但是主材料塑胶卡由于市场价格已经相当透明且已经低于供应商赢利底线,成本降低不到 5%,这使整体成本没有达到下降 10%的目标,采购部门成本降低的计算方法是:(今年价格—去年底价格)×今年采购量。但是采购经理在汇报中指出了今年完成的几个重要的成本控制的工作。

(1)开发了两个新的塑胶卡生产厂的原材料供应商。一直以来,塑胶卡生产厂的原材料本地供应商只有一家,其在原材料供应价格谈判中处于强势地位,限制了塑胶卡成本的进一步涨价。

(2)将常用 MRO 物料的采购集中于一家代理供应商,简化了采购流程,在降低了采购成本的同时也降低了管理和运作成本。

(3)在所有的塑胶卡供应商中实施了新的价值控制管理流程。通过改善流程,提高工作效率,降低管理和运营成本;控制各个环节的质量和报废工作,提高了塑胶卡的生产成品率。

（4）改善内部供应链管理流程，简化物料和供应商管理流程，加快新物料和新供应商开发速度。

（5）由于国际石油价格上涨，导致塑胶卡和包装材料供应商原材料价格上涨，供应商多次提出要求上涨价格，采购部通过艰苦和强硬的谈判，抵制住了供应商的要求。

对于每年的成本降低，采购经理的展望是价格将不可避免地要上涨，但还有以下工作可以做。

（1）奥斯拉公司目前正在于与爱克伦公司进行合并，爱克伦公司现在有三家制造基地在中国，其中有一家在本地。可以进行供应商的重新整合，以获得成本的节约。

（2）奥斯拉公司后勤和营运都相当分散。采购部门希望通过集中采购及非生产性物料采购将行政采购纳入采购部门进行管理以求得服务和行政费用的降低。

采购经理的汇报话音刚落，财务经理就站起来批评道："一切要以数据说话，但你所有成功的事例都没有数据的支持，所有的数据都指向负面，而成本降低是你作为采购经理放在第一位的最重要的指标。"总经理对采购经理的汇报也不太满意："首先没有达到年度成本降低的目标；其次，上述的成本控制工作无法进行正确评估，没有相关数据支持，结果不可预测；再有，抵制供应商价格上涨是理所当然的；最后，对明年工作计划不具体；而成本降低的目标不可讨价还价。"

这份汇报在总经理那里显然没有过关。

讨论：

1. 案例反映了采购成本管理中存在的哪些问题和冲突？
2. 采购经理在工作中存在哪些不足和失误？
3. 应该如何应对总经理的不满和质疑？请你提出成本节约绩效评估和执行验证的建议。
4. 请你为奥斯拉公司明年公司成本降低和成本规避的方法提出建议。

点评：

成本控制是采购管理中最重要的一个环节，管理层对采购的最重要的要求就是降低成本，而且要拿出成绩。再一种趋势，所有的成绩都要用数据说话，特别是像采购成本这种本质就是数据的指标。

但应该注意到采购成本不等于采购价格，在整个采购流程中，除了价格，还有许多因素对采购的成本产生影响，包括整体成本 TOC、生命周期总成本、订单成本、库存、服务、运输、安装、维修、配套等，再有是对供应商的整合，对运输方式、库存方式、生产方式的优化，供应商早期设计的参与，消除浪费，进行价值工程/价值分析，对质量工具的应用等，都能产生巨大的效益，虽然这些数据难以量化，但在"数据会说话"的大环境下，必须进行统计，得出节约的费用。否则，领导看不到成绩，员工的工作得不到认可，挫伤积极性，也得不到管理层的支持，难以持续，采购部不能将自己划入价格降低的狭隘小怪圈而不能自拔。

采购成本是一座冰山，价格是冰面上的一角，深入成本深层次的手段除了上面的工具外，还要进行成本分析，产品的典型成本包括劳动力（人工）、材料、设备、管理费用和利润。产品成本分解如图7所示。越往上游，越接近初级原材料，其价格更多地受市场的影响，因而市场和经济环境分析是采购的必修课，劳动力市场受地域、政治、国家、人口、收入水平等因素的影响，劳动力价格不可能是采购谈判出来的，寻求低成本地区和国家是一些国际大公司的重大成本战略，我国东西部地区差异较大，存在很多的开发可能性。例如相同产品的生产，不同的供应商可以在不同的设备下实现，供应商的组织结构及方式也造成管理费用的巨大差异，这些都是采购可以大有作为之处。

图7　产品成本分解

对于价格降低的指标设计，也有不同的形式，除了考虑单纯的价格降低指标外，通过采购的努力产生的非成本因素也要用量化的数据显示。还有就是价格指标，也不仅仅是同去年的价格相比，价格的起落，一部分是采购人员的努力，大部分是由于市场的波动所引起。为此，一些企业采用采购价格与市场公开价格之差作为指标，另有一些企业更加主动，采用采购价格与目标价格之差作为指标。但无论哪种方法都有优缺点，有一些产品是特制的，找不到公开市场价格，而目标价格是企业自己制订的，主观性太强。

采购管理不等于采购成本管理，虽然说成本管理在采购中占有重要的地位，但并不是采购的全部。正如案例中所说，现在许多公司都面临成本的巨大压力，最简单的方法是将价格压力转嫁给供应商，但还有一个趋势是初级原材料和能源的价格却在不断地上涨，也在不断地向下游的客户即采购方传导着。必须依赖创新和流程再造，扩展客户和供应商两个市场来寻求出路，而不能仅仅依赖于降价解决燃眉之急。

对采购的绩效考核，是一个非常复杂的项目，所有的绩效考核都有优缺点，你追求什么，则考核什么；领导考核什么，则员工只做什么。如同此案例，许多管理者追求完全客观的量化的指标体系来考核员工及部门，在目前的条件下，还无法实现。从采购经理来说，显然要针对领导的要求，KPI指标来部署本部门的重点工作及达到管理层的要求。更重要的是大部分指标是来自基层自己的目标。采购经理的任务不是完全顺应领导，而是根据公司的战略，找到采购的目标，引导管理层接受采购的战略和整体成本的思想，让整体成本成为领导者的战略，而不是让领导认为这是采购不务正业的"旁门左道"。

无论是采购人员还是管理者，更上一层楼的高瞻远瞩是"采购增值服务"，降价是做减法，有限的活动；增值是做加法，无限的可能。现在许多采购管理者和实践者都在寻求如何增加采购价值，例如手机制造商中，比起压低显示屏的价格，提高显示屏的分辨率和尺寸，给公司带来的收益更大，这称之为"前瞻性采购开拓"，增值是一项创造性工作，没有具体的限定，有着无限的领域。采购离供应市场最近，要成为外部价值向企业的传递者及促使变革的动力驱动器。

留一手的顺风顺水老采购

伊根金做采购员很多年了，他为人正直，多年秉持自己的原则，例如，做事认真负责，绝不弄虚作假，他眼里容不下半颗沙子，忠诚于公司，发现问题就直接说出来，毫不留情。

在职场上，伊根金看不惯的现象太多了。例如公司规定采购员每年都有一个降价目标，伊根金认为对待供应商应该一视同仁，公平、公正。所以他根据公司下达的指标，平均分配到每一个供应商，逐个落实，例如公司要求降5%，伊根金会要求6%~7%，有些供应商非常配合，就答应了，但还有一些顽固者需要反复做工作，最终有一些坚持不降，还有一些讨价还价少降一些，最终达成5%或超额一点点，这也是业界各个公司的普遍做法。

这样做虽然完成了公司的降价任务，但质量却不断受到威胁和侵蚀。供应商接受降价也是出于无奈，利润下降，无力质量的投入，后劲不足，提供的产品质量问题有时得不到及时解决。使用部门抱怨声不断，供应商则有气无力。

但公司里其他采购员的做法却大不相同，一般会在采购新产品或刚开始采购时，给供应商留足利润空间，还在谈判中提示供应商，在报价时必须考虑到公司未来的年度降价要求。这些采购员开始给供应商价格高一些，然后按年度降价的策略得到了皆大欢喜的结果：公司管理层年度降价的目标实现了；各级领导都很开心，采购员不太费力就完成了任务；供应商也不会有抱怨，质量改进易于推动，供应商也愿意配合，也没有理由不配合；更重要的是使用部门也满意，使用者不关心价格，认为这是采购的事，他的要求是及时供货、产品质量过关、服务好、契合度高。采购员们的理由是在产品生产初期，要给供应商留出足够的资源进行工艺、生产、质量的不断改进，产品不断成熟之后，这部分投入逐渐转化为生产能力，就不需要这么高的利润了。

而伊根金不以为然，认为这些采购员是拿公司的利益做自己的好人好事，这是投机取巧，是不诚实的表现。如果一切都可以拿来做交易，还有没有原则，有没有底线？虽然做得顺风顺水，但在这些经验丰富的采购眼里，这件事可以，其他事呢？

绩效与成本管理

> **讨论：**
> 1. 你支持供应商的年度降价措施吗？为什么？
> 2. 针对于供应商年度降价后引发质量下滑，你有什么好的建议？有哪些对应措施？
> 3. 你同意供应商降价应该公平地分配吗？如果不同意，如何反驳"分别对待不公平"的观点？又以什么原则来决定供应商应该降多少呢？
> 4. 你支持"开始给供应商价格高一些，然后按年度降价"的做法吗？为什么？

点评：

许许多多的企业都有各种各样的关键绩效指标——KPI，考核采购部的指标一定跑不了的是年度降价，或者采购部领导会下达一定的降价指标来考核下面的采购员和采购工程师。完成指标是必须的，可能有些奖励，任务没达标日子就不太好过了。硬性的降价指标的僵化做法危害性极大。

最大的危害是可能在采购降价的威胁下，供应商牺牲质量，或企业不惜采购质量差的物料。虽然说大多数企业都有技术部和质量部对来料质量进行把关，企业也指望通过来料检验把住质量关。可是，事实上，质量不是检验出来的，无论是测试样品还是来料检验，许多指标都不能完全试出来，可靠性更不能依赖检验，或是检验的成本更高。但这些成本没有反映在价格和财务的采购成本中，或最终呈现在客户端使用一段时间之后发生了问题，造成不可弥补的灾难。为了实现降价指标，采购只能舍弃质量，更会不断地寻找价格低但是质量差的产品。采购选择可靠的供应商非常关键，不断降价，使得供应商无利可图，不可能培养出高忠诚度的供应商。降低成本更应该考虑技术上的手段，通过标准化、改善工艺、改进流程、库存和计划、改进物流路线、精益生产、消除各种浪费、创新和革新等方法，增效、挖潜、降本。而不是粗暴地将指标包产到户，下发给每一个采购员，每一个供应商。在降本努力中，团队协作，包括各部门及供应商的共同参与是成功的关键要素之一，不能只盯住价格，更应关注整体成本，关注增值。

追求物料降价空间的最大化，根本上要将去除采购的私心杂念，培养正直的价值观。随着采购的更加正规化，供应商的正规化及利润的合理化，物料的降价空间将会越来越小。随着时间的推移，产品生产和工艺更加成熟，学习曲线也更加平缓，价格达到业界合理水平时，价格的空间就不是取决于采购的能力了，这时原材料价格波动、市场产能等因素成为了主要的决定因素，采购更应该对市场风向和趋势有所把握，但往往这些很难用几个KPI指标来涵盖。如果采购员不是将自己聚焦于专业素质提升、市场分析、供应商管理，而是一心为私，考虑如何完成指标、获得好的绩效，完不成指标同样可以以上述理由为自己辩护，真假难辨！最终损害的是希望通过KPI获利的雇主自身的利益。

正如案例所描述，指标的数据也很容易做假。上有政策下有对策，简单的降价指标会遭到许多方法阻击。与其说像猫捉老鼠游戏一样不断筑牢KPI的科学性，增加各种约束，还不如加强企业文化的建设，培养员工正直的价值观，一切从实际出发，做老实人、办老实事、说老实话，员工可以在降价的KPI上做手脚，也可以在其他事情上玩游戏，最终腐蚀的是企业的文化，摧毁的是正义的价值观。

采购的贡献绝不仅仅是价格这个因素。最高境界的采购，对整个企业及整个供应链的运作成本、产品可靠性、客户满意度都能做出巨大的贡献。增值比降价的道路更为宽广。选择更合适的采购人员，同时公司设立更好的监督机制，比粗暴单纯的降价指标更有效，更有利于企业的长远发展。

除此之外，有些企业要求所有的采购都必须有三家以上的报价做比较；绝对不能接受供应商的第一次报价；必须按照合同条款严格执行；将拖延供应商的货款作为采购的绩效之一；完全以系统中数据来考核供应商的绩效；对供应商以罚代管，供应商管理依赖于质量保证金等，举不胜举。可惜的是，许多采购还认为上述行为都是控制供应商的高招呢。

合同与风险管理

> 丈夫一言许人，千金不易。
> ——《资治通鉴》
>
> 失去信用而赚的钱应结算在损失里。
> ——约·克拉克
>
> 没有危机感是最大的危机。
> ——哈佛商学院教授理查德·帕斯卡尔

合同是平等的当事人之间设立、变更、终止民事权利义务关系的协议。合同作为一种民事法律行为，是当事人协商一致的产物，是两个以上的意思表示相一致的协议。只有当事人所作出的意思表示合法，合同才具有法律约束力。

合同是先小人后君子，成就真君子；先君子后小人，难免真小人，而遇到"要钱没有，要命一条"的人，再完善的合同文本都没用。作为防范合同风险最有效的办法就是与诚信的人做买卖，而远离试图欺骗你的人。

"黑天鹅"降临后的企业危机

瓯冉公司规模很小,没有品牌,名气不大,产量也不高,但追求高质量,因而在客户中的口碑非常好。瓯冉公司的高质量源于对工艺、材料严格的筛选,对供应商的严格要求;来自从上到下,每一位员工对工作的认真细致的态度。所有的问题都基本解决在生产线上,"一次开箱合格率"多年来一直保持在100%。瓯冉公司做到了客户零投诉,同时瓯冉公司也为自己的高质量产品而感到无比自豪。

瓯冉公司的一个紧固件来自某个供应商,这个供应商的表现一直也非常好,有一次,这家供应商在淬火中突然停电了,几分钟后立刻恢复了供电,但炉子的温度有些下降,在供应商的操作流程中没有对停电处理做出规定,炉子的温度不够,影响紧固件的硬度。操作工人没有把这几个温度低的紧固件挑出来。这几个紧固件的其中一个随着批量送到了瓯冉公司,并装上了瓯冉公司的产品,这个产品是一个止动控制器,当工件移动碰到这个止动件,控制开关打开,工件再往回运动,周而复始,这个工件需要通过最终的压力测试才能合格出厂。这一天当班检验员正在认真地做着最终的产品检测,有一个员工递给他一个报表,他起身时不经意间碰到刻度把手,不小心把压力调下一个档次,这个"带病"的止动控制器通过了检验台,也顺利地通过测试。他坐下了时又碰到了刻度把手,把压力调了回来,一切恢复了正常,他还是没有注意到。这只止动控制器出厂来到另一家工厂,装到了设备上,到了终端客户,一个军工厂,正在为军队开发一个新式火炮,遇到一个军方的高级领导到厂里调研。这台机器在关键时刻生产的产品怎么调也还是超差,领导非常生气,认为是工人操作有问题,大发雷霆,要求现场办公,立刻解决问题,全厂上下齐动员,围着机器找问题,终于发现,这个止动控制器的紧固件有点软,在工件不断碰撞下,一点一点地弯曲,造成了误差。领导眼里无小事,追责的工作开始由生产厂厂长到瓯冉公司老板,愤怒在蔓延。但瓯冉公司的老板在外面出差正在参加招标会,不能开手机,这使领导怒火更加燃烧,不但对瓯冉公司连赔带罚,还把瓯冉公司的供应商资格取消了,并将其拉入黑名单。

随后发生的事情一发不可收拾,客户一传十,十传百(本来就没多少客户),

"好事不出门，坏事传千里"，许多客户都要求退货、取消订单，不退货的也要求瓯冉公司的每一批货都要附上第三方的检测报告，这小小的启动控制器，本来就没有多少利润，一份检测报告要花费上万元，一个产品还达不到几十元，批量又小，瓯冉公司起初还硬撑着，但客户对报告的要求已经成为常态，瓯冉公司终于支撑不住倒闭破产了。客户也不得不高价向外国采购。而那家军工厂，虽然试制成功，但因为没有后续产品而不得不推迟交付。当然那个领导对此浑然不知，认为他的现场办公是非常有效的。然而，军工厂却不得不自己开模制造这个启动控制器，火炮装备没有赶上一次重要的军事演习，军工厂管理层受到通报批评，几位主要人员被降职处分，这些事皆因一次几分钟的断电。

长尾效应还在不断地发酵着……

这时瓯冉公司的老板回顾着所有发生的一切，泣不成声："这只紧固件就像一只黑天鹅，在所有的偶然中，只要有一个没有发生，都不会有今天的下场！过去所有对质量的努力都付之一炬，显得毫无意义，谋事在人成事在天，人之命天注定呀。"

讨论：

1. 请解释"黑天鹅"现象。
2. 如何进行危机处理？
3. 瓯冉公司在质量控制中有什么问题吗？

点评：

"黑天鹅事件"（Black swan event）指非常难以预测，且不寻常的事件，通常会引起市场连锁负面反应甚至颠覆。从次贷危机到东南亚海啸，从"9·11"事件到"泰坦尼克号"的沉没，"黑天鹅"存在于各个领域，无论金融市场、商业、经济还是个人生活，都逃不过它的控制。

在发现澳大利亚的黑天鹅之前，17世纪之前的欧洲人认为天鹅都是白色的。但随着第一只黑天鹅的出现，这个不可动摇的信念崩溃了。黑天鹅的存在寓意着不可预测的重大稀有事件，在意料之外，却又改变一切。人类总是过度相信经验，而不知道一只黑天鹅的出现就足以颠覆一切。

统计学认为世上诸事的状态服从正态分布，我们只需要关注平均的状态，因为特定个体不足以对平均状态产生大幅扰动。比如，随机挑选10000个人，测出他们的平均身高或平均体重，这时再加入另一个新人对平均身高或体重的影响将微乎其微。因为，即使这个新人的身高或体重是平均身高或体重的5倍（这是多么不可能的事啊），那么它对平均身高或体重的影响也不到万分之五，可以忽略不计。

塔勒布把这种特定事件对总体的平均状态影响很小的世界，称为平均斯坦。对应于平均斯坦，他提出了极端斯坦这个术语来表示另一个与此对立的世界。在极端斯坦中，特定的事件将极大地影响总体的平均状态，或者说个体可轻易地以不成比例的方式影响整体。比如收入的平均量常常就来自极端斯坦，你可以对刚才挑选的10000个人计算出他们的平均收入，然后加入一个新人。假设这个新人就是比尔·盖茨，那么我们就会发现平均收入发生了巨大的变化。因为，收入分布并不是正态的，那10000个人财富仅占1%，而比尔·盖茨一个人的财富占了99%，这是一种非常极端的分布。

世界上的事件和现象，大都可以归入平均斯坦或者极端斯坦这两种模式。体重、身高、卡路里摄入量、餐馆老板的收入等，它们来自平均斯坦；而财富、收入、单个作者图书销量、名人的名气、城市人口、特定词汇的使用频率、地震的损失、金融市场、商品价格、通胀率等，则来自极端斯坦。极端斯坦的清单将比平均斯坦长得多。而越来越复杂的世界，也正越来越多地遭遇来自极端斯坦的问题。既然如此，人们惯于以其偏好的平均斯坦观念去处理来自极端斯坦的问题，必然会麻烦重重。

"黑天鹅事件"的逻辑是：你不知道的事比你知道的事更有意义。在人类社会发展的进程中，对我们的历史和社会产生重大影响的，通常都不是我们已知或可以预见的东西。股市会突然崩盘，美国地产泡沫会引发谁都没有预料到的次贷危机，一场突如其来的大雪会使得大半个中国陷入瘫痪状态，带来上千亿的损失……我们其实每一天都被"黑天鹅"环绕着。即使你足不出户，认识到黑天鹅事件的影响力也并不难。审视一下你自己的生存环境，数一数自你出生以来，周围发生的重大事件、技术变革和发明，它们有多少在你预料之中？看看你自己的生活，你的职业选择、与爱人的邂逅、朋友的背叛、暴富或潦倒、股市大涨或崩盘……这些事有多少是按照计划发生的？

纳西姆·尼古拉斯·塔勒布在《黑天鹅》一书中提出了"黑天鹅事件"的定义。塔勒布称具有以下三个特点的事件为"黑天鹅事件"：首先它具有意外性，即它在通常的预期之外，也就是在过去没有任何能够确定它发生的可能性的证据；其次它会产生极端效果；最后，虽然具有意外性，但人的本性促使我们在事后为它的发生编造理由，并且或多或少地认为它是可解释和可预测的。简而言之，这三点概括起来就是：稀有性、冲击性和事后（而不是事前）预测性。塔勒布关于"黑天鹅事件"的重大影响有两个总结："生活只是少数重大事件的累积结果"，"历史和社会不会爬行，它们会跳跃，它们从一个断层跃上另一个断层，其间只有很少的摇摆。而我们（以及历史学家）喜欢相信我们能够预测小的逐步演变。"回顾过去，极少数根本无法预料却影响巨大的"黑天鹅事件"，决定了我们一生的命运，甚至决定一个国家的命运。

能够成为"黑天鹅事件"，还需要有一个要素，就是放大效应，如果没有澳大利亚人的好奇心，将那几只黑天鹅繁殖，贩卖到全球各地，我们可能还是看不到黑天鹅。

"黑天鹅事件"还提示我们危机管理的重要性，在"黑天鹅"出现时，需要有应急机制的响应措施。

美国危机管理专家罗伯特·希斯在《危机管理》提出危机管理 4R 模式，即缩减力（Reduction）、预备力（Readiness）、反应力（Response）、恢复力（Recovery）四个阶段组成。企业管理者需要主动将危机工作任务按 4R 模式划分为四类——减少危机情境的攻击力和影响力，使企业做好处理危机情况的准备，尽力应对已发生的危机，以及从中恢复。

危机缩减管理是危机管理的核心内容。对于任何有效的危机管理而言，危机缩减管理是其核心内容。因为降低风险，避免浪费时间，摊薄不善的资源管理，可以大大缩减危机的发生及冲击力。就缩减危机管理策略，主要从环境、结构、系统和人员几个方面去着手。

预备力表示预警和监视系统在危机管理中是一个整体。它们监视一个特定的环境，从而对每个细节的不良变化都会有所反应，并发出信号给其他系统或者负责人。完善的企业危机预警系统可以很直观地评估和模拟出事故可能造成的灾难，以警示相关者做出快速和必要的反应。劳伦斯·巴顿先生给我们带来了他的"危机预防和反应：计划模型"。该模型显示出，小组是怎样从评估各种可能影响人员安全和运作的危机开始，继而运用各种技能和资源来降低此类危机发生的概率。

反应力是企业应对危机时的管理策略，一般可以分为四个步骤：确认危机，隔离危机，处理危机，总结危机。在处理危机时，合理地运用沟通管理、媒体管理、企业形象管理等方法可以收到事半功倍的效果。

恢复力指在危机发生并得到控制后着手后续形象恢复和提升；二是指在危机管理结束后的总结阶段，为今后的危机管理提供经验和支持，避免重蹈历史覆辙。

严格执行合同

刚到采购部的严歌请教她的师傅，采购员最主要的责任和能力是什么？师傅回答："熟悉并遵守与采购相关的法律与规范，恪守契约精神，维护合同双方的权利和义务。"师傅好像是在背课文，严歌佩服不已，抬头一看，这句话印在墙上呢。关于师傅对合同的敬仰，这里还有一个严肃而深刻沉重的故事。

公司的副董事长因受贿被双规，接着被判了无期徒刑。新的领导班子痛定思痛，下决心改变局面，建设一个廉洁、正直的管理层。大家认为过去犯错误的漏洞在于合同执行不严格、设定条款不严密，造成与供应商的合同签订之后，还有许多可以变更的条款，造成资金的追加，往往容易失去控制。因而新的管理层决定狠抓合同管理和合同的执行环节。合同在谈判和签订时要将所有细节都写到书面上，执行时要严格遵守合同。这样的举措受到了上级主管单位的肯定和赞扬，并作为反腐倡廉的典型在电视、电台、报纸等媒体上宣传，当然，公司管理层也更加积极地推行合同管理。

在师傅的教导下，严歌也把合同放在首要位置，严格执行合同，无论大项目还是小订单，都一丝不苟，毫不留情。公司管理的是公共场所，厕所环境卫生外包给一家保洁公司，与保洁公司签订的厕所清扫服务合同中要求厕所里不能有苍蝇，地上不能有水。但有时候旅客携带了味道较重的食品，招引了远方的苍蝇，或是跟着食品一起进来的苍蝇，被发现后，立刻按合同要求罚款，有些旅客洗完手既不拿纸巾也不烘干，而是习惯性地往地上甩手，被检查到地上有水又要罚款。保洁公司的规定很严格，公司收到罚款通知，直接扣当事人的工资，保洁员怨声载道，但又控制不了局面。

有一次，公司场地大迁移，当时没有旅客，所以厕所也没有使用，严歌看到大家忙得不可开交，而保洁员却无所事事，就和保洁员商量，要求他们帮着搬东西，但保洁员异口同声地说："合同上没有这一条呀。"都不动手，在一旁当观众看热闹，严歌既生气又无奈，心想：怎么当时签合同时没有把这一条写进去！

公司有许多传送带，产品来自一家世界级著名的公司，传送带是运动机械产品，经常野蛮装卸，出问题是常事，公司和厂家签订了维保合同，合同要求响应时间不能超过2小时，因为有许多传送带同时工作，一条出故障调度稍作改变也不影响大局，一般情况下工程师都能在一个小时内就到场。但特殊情况也偶尔发生，有一天道路戒严，这个时候传送带出问题了，工程师被堵在路上。领导又在，真是屋漏偏逢连夜雨。严歌看到姗姗来迟的工程师，当即开出一张罚单，领导在一旁看了频频点头，表示赞许。据说，工程师回到单位，无论与领导如何解释，领导就是一句话，"带回了罚单就表示客户不满意，你的任务就是让客户满意，一切理由都是借口"，最后工程师的奖金也被扣了。

后来传送带坏了，工程师像往常一样到了现场，而不一样的是，他坐在门外抽烟，时常看看表，离2小时差3～5分钟，这才迈着方步进来。严歌看到此情此景，非常生气，但也无奈，工程师并没有违反合同呀，也没有理由投诉他。严歌无可奈何，这合同该如何签得再严密一些？

严歌陷入沉思，合同如何才能约束这些调皮、不听话的供应商呢？

讨论：

1. 你认为采购最重要的任务是什么？
2. 合同管理是解决腐败的有效方法吗？为什么？还有哪些更有效的方法？
3. 你认同严歌的合同管理方法吗？为什么？
4. 如何才能严加管理利用合同瑕疵作挡箭牌的供应商呢？
5. 如何规范采购合同，不给供应商留有可乘之机？

点评：

合同中的一个重要的项目是规格书，但规格书更适合于那些详细而精确的合同，例如货物采购合同，但是许多商业合同不属于这种性质的合同：①工程和材料合同，例如建设合同。②设计合同，例如科研、市场服务、设备设施等方面的合同。③雇佣合同（或租赁合同），例如计算机硬件、财产、交通、植物品种等方面的合同。④专业建议方面的合同，例如信息技术服务、会计／财务、市场营销或服务等方面的合同。⑤外包服务合同，例如保洁、食堂、环境花木，设备维护保养合同等。

对于上述规格书有两项基本功能：沟通和比较。

（1）沟通。清楚而不含糊的规格不仅使买方组织与供应市场之间容易沟通，而且也使采购人员与内部用户之间容易沟通。如果在合同开始时，所有当事人都能清楚理解规格书中的要求，那么以后发生争议的可能性就很小。例如，当医院外包清洁服务时，有必要规定"一间清洁的病房"的含义。就这一问题，医院的管理者与清洁合同的服务方已经发生多起争执，因为在许多案例中合同双方对"什么是清洁"持各自不同的观点。

（2）比较。清楚而不含糊的规格使供应商的合同报价容易得到公正和更加准确的比较，因为所有的报价是基于同一基础进行比较的。回到前面的例子，当邀请潜在的供应商对一个清洁服务合同进行报价时，互相竞争的供应商们对清洁的理解不同，制订报价的基础也就不同。因此，在更多细节上对"清洁"进行定义是必要的。

规格有两种形式，输出规格和输入规格。如果你感到饥饿，去一家以食物鲜美而闻名的饭店吃饭，你的基本需要和目标是什么？让我们把问题看得简单一些，假设简单地解决你的饥饿，你有两种选择：

（1）可以准确告诉厨师你想吃的东西并从菜单上选定。

（2）仅仅告诉店员你饿了，让他们解决你的饥饿问题，由他们替你决定你应该吃什么。

在第一种情形下，你有效地使用了一个输入规格，告诉了供应商应如何满足你的要求。他们必须准确按照你的要求去做，但是可能在吃完饭后你感到不满意，如果是这种情况，那不是供应商的责任。使用输入规格强调了输入，限制了供应商自由。然而，在许多情况下输入规格是必需的，例如，为了你的健康、宗教信仰或其他个人喜好而有特殊饮食要求时，你可能在饭店点菜时需要使用一个输入规格。

在第二种情形下，你有效地使用了一个输出规格（性能或功能规格，Performance

specification/functional specification），告诉了供应商你的需要，由他们决定应如何更好地满足你的要求。这种方法的优点是能鼓励供应商创新，而且他们必须保证使你的饥饿要求得到解决。

使用输出规格时，要求传递给潜在的供应商买方期望提供的原料或服务的目的、功能、应用及性能，这就给了供应商一个机会，使他们能提出自己最适合的供应方法。利用输出规格的优点是：

（1）容易起草：当采购人员对所购产品的技术知识了解甚少的时候，尤为重要。

（2）把责任转嫁给供应商：如果所提供产品不能发挥正常功能，买方有权要求供应商改正。

（3）拓宽了潜在供应商的基础：如果计划是要求供应某种发挥特殊功能的东西，不同供应商的创新和专家意见能够潜在地提出广阔范围的可能的解决方案。

使用输入规格时，买方详细规定什么是所需要的以及所需要的东西应该是什么样子，至于它们的用途，供应商将永远不可能知道。

在许多情况下，采用输出规格和输入规格的混合形式可能更适当。例如，如果你正寻找一个供应商来经营工厂的食堂，你可能想要确保他们提供的服务从早7点开始到晚7点结束，并且他们要达到规定的卫生标准。但菜单设计和食品供应要留给供应商去做。

有些组织的采购职能部门在规格形成过程中的作用很小，采购人员只是从用户那里得到规格，然后去寻找规定的产品或服务。然而，在大多数技术和生产导向的环境中，这个方法可能有误，可能导致浪费、供应商绩效水平低劣以及成本增加。下面四点论据说明了为什么在设计和制订规格阶段就应当让采购职能部门参与。

（1）采购合同中都包含技术要求和商业要求。在技术要求高的采购中，比如石油公司专用的钻井设备，商业条款如维修、配件可得性、保修期、用户培训都是很好的规格组成部分。所有的这些问题，采购职能部门都能帮助解决。

（2）采购的早期介入可以帮助识别潜在的和现实的供应问题。如果用户指定的产品或原料很难找到，或者是供应不可靠，那么产品或质量就可能出现问题。如果在制订规格阶段加以关注，这些问题就能避免或将出现的可能性降到最低。

（3）降低成本、避免不必要成本的最佳时机是在设计和制订规格阶段。确保产品在最初阶段不被过分限定。与以后阶段相比，在这个阶段更容易降低成本、避免浪费。例如，许多组织处置供货包装材料的成本很高。比起应付这个问题以及试图寻求更便宜的方式处置包装材料，更合理的是在最初指定更小的包装或采用可回收或可循环使用的包装材料。

（4）从客户的角度看，质量不仅仅是技术问题。例如，在采购计算机硬件时，供应商对于维修服务要求的反馈时间对内部客户的满意度非常重要。高技术设备系统失灵或遭到破坏时，需要花很长时间修理，客户对此关注却很少。

因为大多数服务是无形的，所以许多时候，制订服务规格比制订产品规格更困难。服务质量特征的衡量尺度见表4。

表4　服务质量衡量标准

指标	描述
可靠性	服务效果的一贯性和可信赖性，它表示供应商在第一时间提供正确的服务，也表示供应商信守诺言
反应	员工乐意或准备就绪来提供服务，它涉及服务的及时性
能力	提供服务所需技能和知识的掌握情况
接近	容易接近，容易接触
礼仪	与人接触时礼貌、尊重、体贴、友好（包括接待员、电话接线员）
沟通	以客户所理解的语言与他们沟通，善于倾听客户意见。这意味着供应商要根据不同的客户来调整沟通的语言，对新手说话简单平实，对受过良好教育的客户说话要增加复杂程度
可信性	这包括值得信赖、可信性、诚实，它意味着要时刻记住客户的利益
安全性	要避免危险、风险、怀疑
理解	努力去理解客户的需求
形象	服务有形的证据

服务规格通常称为SLA（Service level agreement，服务水平协议），这些协议是服务提供者和客户之间签订的，规定客户所能接受的最低的服务水平。它通过一系列衡量尺度KPI（Key Performance Indicator，关键绩效指标法）进行衡量，当然，这些衡量尺度会随所签订合同的服务性质不同而变化。

例如，在快递服务公司与邮购公司签订的合同中，可能用到的衡量指标见表5。

表 5　衡量指标范例

衡量尺度	目标水平	可接受水平	如何衡量
送达时间	次日 100%送达	次日 95%送达	每月进行客户调查
来电反应 / 占用时间	95% / 一小时内	90% / 一小时内	接受 / 签字
包裹破损	0%	2%	每月进行客户调查
包裹丢失	0%	0%	合同当事人的数据

SLA 经常被建立在输出规格的基础上，在鼓励合同承包人（供应商）提高绩效水平的创新定价公式中，这些衡量尺度得到大量使用。在快递服务协议的例子中，快递员所有符合可接受的 SLA 标准的送达将被按照协议比率支付；该标准由 KPI 做出规定。超过这个标准的业绩会得到额外的奖励，而低于这个标准则不付款。如果绩效仍然持续很低，将会引发更严重的行为，比如买方有权终止合同。服务水平协议作为可操作性文件，比合同文本更有优势。

（1）合同经常被放在抽屉里，问题发生后才想起来查看。

（2）对于客户与服务商之间的日常关系，合同可能并没有太大关联。

（3）完成合同谈判的人是那些并不扮演继续管理合同关系角色的高级或法律员工。

（4）成功的当事人关系要靠建立，并不是靠合同中说了什么。

（5）敌对的法律程序能够否定许多成功的服务合同应具备的伙伴合作精神，留下一个很难建立友好合作关系的平台。

服务水平协议像实体产品的规格一样变化多端。在有效的 SLA 中，经常看到下列特征：

（1）技术和专业支持。

（2）客户账户管理安排。

（3）问题升级解决程序。

（4）对变更的安排（如果适用的话）。

（5）服务水平衡量和衡量程序——KPI。

（6）服务水平报告。

（7）失效成本和预防。

（8）服务审查会议的安排。

（9）联系/帮助/指定的人员。

（10）重新谈判的安排。

对于道德和腐败问题，利用合同解决只是一个方面，还需要从教育、惩罚、流程、法规、举报及审计等六个方面一起管。

严格审查合同，防止"被诚信"

一位同行向采购员小贾介绍了一家叫乾福公司的供应商，这是一家刚刚成立不久的小型贸易商。据同行介绍，这家公司的服务和信誉都非常好，小贾向乾福公司发出了 RFI（Request for information，信息索取书），获得了乾福公司的基本情况，包括营业执照、营业范围、注册资金、法人代表及主要客户，虽然一切都比较满意，为谨慎起见，小贾还在其主要客户中挑选了几家大公司做了调查，反馈良好。小贾启动了供应商选择流程，公司组织了多部门考察，质量部、技术部、财务部和小贾来到乾福公司的办公室进行现场审核。审核通过之后，领导批准将其列入了公司的合格供应商名录。乾福公司的主要业务是帮助各大公司采购一种特殊的化工产品，产品是由国外的厂商生产，属于 MSDS（Material Safety Data Sheet，化学品安全说明书），在国内没有工厂与分公司，通过贸易商交易，曾经合作的贸易商要求先付款再下订单，他们自己既不占用资金，也不承担风险，但因为这几家贸易商有化工产品的批文，生意容易掌握，才显强势与傲慢的态度，小贾及其他公司的采购们一直想找机会换掉。

乾福公司供货两年来，绩效一直不错，订单响应迅速快，服务优质，乾福公司的老板常常到公司拜访，了解工作需求，跟进服务等。他为人谦虚和蔼，彬彬有礼，公司的技术人员、财务人员和计划员都非常认可他，小贾也对他颇有好感。重要的是与乾福公司做生意，都是先下订单，交货使用之后再付款，公司承担的风险最小。

时间久了，合作关系不错，乾福公司老板经常来公司，表明自己公司的资金紧张，成堆的订单需要大量现金流，乾福公司的产品都是来自原厂家，质量没有什么问题，公司及时付款，财务也认为没有理由压着乾福公司的款，乾福公司的老板很热情，经常帮公司解决一些其他贸易问题，比如有哪家供应商坚持要预付款才发货，乾福公司也会主动承担中间商的角色，帮着先下订单，先垫资，等货到后才收款，帮助公司承担了风险，小贾为此非常感谢乾福公司，乾福公司的老板理解大公司规矩多，觉得小公司灵活，能帮忙何乐而不为呢。久而久之，乾福公司的口碑越来越好，客户们都称赞乾福公司的老板够仗义、够哥们。

有一次，乾福公司的老板到公司表示自己公司的资金非常紧张，希望这次订单能打预付款，小贾和领导做了汇报，基于过去几年乾福公司的表现和乾福公司老板的人品，公司领导也同意为这笔订单做预付款。但不幸的是，这唯一的信任竟是一场悲剧，乾福公司的老板开始将订单信息都反馈给小贾，但过了些日子便没有音讯了，到了交货的时候，既不见货物到达，也没有乾福公司老板的身影，小贾预感不妙，给乾福公司打电话没有回应。这时接到另一家公司采购的电话，寻问乾福公司的消息，大家交换信息后，发现故事情节都一样，交了预付款，货物没有到，奇怪的是曾经都是货到付款，第一次预付款就出事了，乾福公司的老板失踪了！几个人到乾福公司的办公室，已经没有人了。业主说，乾福公司到期没有再续租了，还欠着几个月的房租没有付。这时，乾福公司的几个合作伙伴也来要债了，一群受害者坐在这空荡荡的办公室，猜想并回忆着乾福公司老板这两年多潜伏的故事：

乾福公司的老板先找到了原来的一家代理商的员工，以合作分成的名义与这位员工一起，复制了整个渠道，包括这二十多家客户资源，并逐一攻克，在MSDS的批文上打通了审批人员，并承诺与之分成。再利用这层关系，拉来小微企业的政策贷款，这两年来对于客户和贷款方及合作伙伴都展现了一个踏实做生意的诚信商人的形象，每一笔交易都满足客户的要求，先到货再付款，把风险留给自己，对于贷款，准时还款，给债主们也留下了诚信的记录。经过两年多的磨练，大家对他的好印象都已经建立起来，他最后一次合作时把债主、客户、合伙人的钱全部卷跑了。乾福公司把所有人都给骗了！

> **讨论：**
> 1. 在这个过程中反思采购方有哪些可以改进的？
> 2. 采购方的流程中风险控制有漏洞吗？
> 3. 如何防范交易中的欺诈风险？
> 4. 如何有效地选择、考察、评估贸易商？

点评：

在日常的经营活动中，要积极地提升对风险的认知能力，时刻保持风险防控的头脑。一方面，公司决策者要诚信经营，不能采取诈骗或欺诈方式对外开展业务。另一方面，公司决策者也要加强风险防范意识，不要让自己的公司成为诈骗或欺诈行为的受害者。应至少注意以下几方面。

在合同签订前要注意对对方合法身份的鉴定和审查。这是防止合同诈骗案件发生的关键和有效方法。要认真审查对方签约人的代表资格和履约能力，了解对方的隶属关系、所有制性质、生产经营方式、业务范围、人员、资金及物资来源、生产能力、技术状况等情况，核准对方提供的相关文件、材料。涉及数额较大的经济往来或未充分掌握对方情况的，用电话或派人前去对方的上级主管部门、工商行政管理机构等查询，确切掌握其资信和经营情况。通过对对方的主体资格、注册资金、经营状况、合同履约能力等方面的调查和认证，确定是否与对方签订合同。这样就可排除因假公司、假证件、假合同、假货源等引起的诈骗。

加强公司内部管理。要建立健全的公司内部管理制度，通过严格的管理制度协调和控制公司的生产、销售、财务、供应等主要职能部门的活动，使其各司其职、各负其责，以免因内部各环节管理的混乱和相互脱节，给诈骗者以可乘之机。其次，要提高公司人员的整体素质，特别是要加强对供销人员的法律和业务素质的培养，使其廉洁奉公，以防内外勾结合伙作案。对供销队伍，要定期整顿和考核，对不称职者及时撤换。对因不负责任而使公司上当受骗，造成经济损失的有关人员，要追究其法律责任。

对合同的主要条款如标的、数量、质量、价金，履行的期限、地点、方式，违约责任等一定要力求准确、具体、齐全，尽量避免使用含有歧义的词句（如"定金"写成"押金"或"预付金"）和模糊的词句（如"尽早交付""争取完成"），以防止对方玩弄文字游戏，利用合同条款中的歧义和疏漏行骗。签订合同时可以请法律顾问或律师严格把关。

在与对方商谈合作项目前，详细了解对方的经营范围。如果对方在合作项目中的行为超出其工商登记核准的经营范围，则对方的行为至少是违法的，应引起高度重视，必要时可向法律专业人士咨询。切忌脑子一热，一掷千金的行为。

认清合同公证和见证的内容。一般而言，公证和见证的内容，只是可以证明双方在合同上的签名是真实的。签名的真实并不一定是合同本身内容的真实。因此，签订合同时应多留个心眼，不要轻易被合同外在形式所蒙蔽。

核实对方人员、单位的真实性。对于首次交易的对象，厂商们应通过查验身份证或前往工商局查询资料来核实对方人员、单位的真实性，防止不法分子利用虚假身份和单位行骗。

注意交易过程中的反常现象。虽然不法分子想出了不少较为隐蔽的诈骗方法，但在实施过程中并非无迹可寻，这就需要商家们在交易过程中认真仔细，注意一些反常现象，例如几次交易后突然增加交易量、交接货物时拖延时间、对方人员提供情况相互不符、频繁变换联系方式等。

最大限度避免出现人货分离的情况。不法分子如想骗取货物，绝大多数情况下都会想方设法让送货人与货物分离，在拖住送货人的同时，其同伙将货物暂时藏匿。所以，供货方在送货时，如未收到足够的货款，应避免人货分离，给不法分子以可乘之机。

充分利用政府职能部门及金融系统资源，及时核实用于抵押物品、票据的真实性。在交易过程中，如果碰到对方以房产、货物、票据作为抵押的情况，应该尽快通过房产、银行等部门核实用来抵押物品的真实性及是否重复抵押，降低受骗概率。

对那些不熟悉的购货人，尽量避免收取其开出的"远期支票"。因为利用空头期票实施诈骗是犯罪分子的惯用手法，他们往往利用支付货款的"档期"，转移货物后逃匿或者将货物销售一空后潜逃。

精明的对策

金明公司使用的铸铁管由本地的一家规模很小的铸管厂供货。这种非常普通的铸铁管长度和内径外径都是非标的，使用量不大，大型铸管厂不愿意接单。公司按照流程，经过跨部门团队的选择和现场考核、试样，最终确定与这家本地供应商合作。自从合作起，这家本地供应商供货的质量和交付都没有问题，因此双方合作比较愉快。

合同中规定，生铁由金明公司从一家大钢铁厂直接采购，价格也由金明公司和钢铁厂协商，铸管厂向钢铁厂下单，铸管厂不承担生铁的价格波动收益和损失风险，只赚加工费。公司跟踪检查质量指标如沙眼、裂缝的测量，抽查管壁及长度，对每一批铸铁管都过磅称重，做出重量单据，交予财务作为付款依据。

偶有一次，工艺部进行产品分析，对铸铁管进行了详细的分析，发现铸铁管的重量比理论值偏高，究其原因，是铸铁管中间的壁厚要比两边多一些（图7A）。显然，供应商在利用金明公司的数量计量方式提高单位产品的产量，增加加工费，虽然只是蝇头小利，但架不住日积月累。

于是，金明公司给供应商下了整改通知书，供应商的解释是铸造工艺中模具制造过程的问题造成的壁厚差别，但并不影响产品的质量、使用效能和外观，但承诺一定改进工艺，提高质量。

而金明公司也改变了计量方式，来料检验中增加测量铸铁管的长度和边缘的内径外径。计算体积，根据每根铸铁管的体积乘以生铁的比重（7.85吨/立方米）得出重量，做出单据交给财务，照此数据付款。虽然麻烦一些，财务也认为以这种计量方法好，吃亏的是供应商。

经过一段时间，精细的检验员发现，每根铸铁管的长度和外径几乎都紧贴在正公差（大一些），而内径在则差不多要成为负公差（小一些）。检验员终于发现了问题，显然，供应商仍然利用金明公司的计量方式，赚取更多利润。更有甚者，工程师的进一步检查发现，管壁的中间部分比两边薄（图 7B），虽然没有超差，但显然是供应商偷工减料，获取额外利润，真可谓 "道高一尺魔高一丈"。

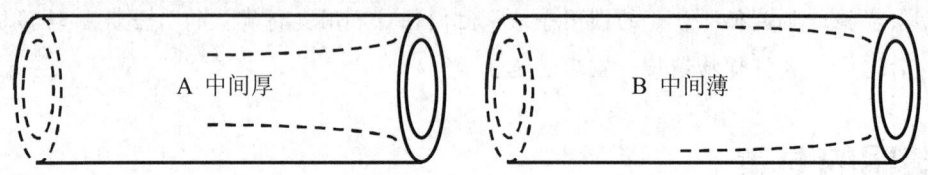

图7 变形的铸铁管

于是，金明公司再次给供应商下了整改通知书，供应商的解释是上次的纠正措施矫枉过正了，依然是模具制造的问题，但也并不影响产品的质量、使用效能和外观，而且承诺一定改进工艺。

从合同上追究，供应商并没有违约，对产品也没有造成质量问题，交付也非常按时，但是金明公司的检验员、采购、质量、工艺人员、财务都觉得有问题。他们坐在一起，正在想办法，用什么手段能制止，至少是减少供应商的这种不太光明磊落的勾当。也有人提出，要将这家供应商剔除出去，更换新的供应商。许多人支持这样的观点,并进一步地提出,再找新的供应商时必须加一条,不实在的供应商不要。更有人说,我们要举一反三,审核所有的产品,检查是否还有哪家供应商用这种方法欺骗我们,获取不义之财。一旦发现,严加打击,绝不姑息纵容,大家个个义愤填膺,摩拳擦掌。

讨论:
1. 供应商还有哪些手法获取额外收益?
2. 用什么手段能制止,至少是减少供应商的这种不太光明磊落的勾当?
3. 如何挑选,特别是有什么方法识别"实在"的供应商?

点评:

商品的名称和质量、数量是国际货物买卖合同中的主要条款之一,商品数量条款的意义在于决定成交规模,是交货的依据。《公约》的规定是少交货物,卖方补交,买方要求损害赔偿,解除合同;多交货物,则买方可拒绝多交部分的货物,买方可收取全部或部分货物,按合同价款支付商品的数量是指一定的度量衡单位表示的商品的重量、数量、长度、面积、体积、容积等。

数量条款的规定

基本内容:主要由交货数量和计量单位组成,按重量计算的货物应规定重量计算方法(未规定时按净重)。

计量单位包括:重量计量、数量计量、长度计量、面积计量、体积计量、容积计量。计算重量的方法有:按毛重计算、按净重计算、按公量计算、按理论重量计算、按法定重量计算。

(1)按毛重计算 商品本身重量+内外包装重量。适用单位价值较低、包装价值同商品价值相差不大的商品买卖。

(2)按净重计算 货物本身的实际重量。按数量成交的货物,大多以净重计价。货物买卖合同以净重作为默认计价方式。

$$净重=毛重-皮重$$

皮重即为包装的重量。

皮重的计量方法:

1)实际皮重法 对商品包装逐件称量,再加总。耗时又麻烦。

2）平均皮重法 对于包装材料和包装规格较为统一的商品，通常只称量一件商品的包装重量，将其作为这批货物的平均皮重，然后再乘以货物数量。

3）习惯皮重法 商品包装一直以来都比较固定，被业界所公认，此时以公认的皮重作为计量标准。

4）约定皮重法 买卖双方协商约定包装的重量。

（3）按公量计算 用科学方法抽出货物中的实际杂质（如水分），再加上买卖双方在合同中约定的标准杂质含量（例如含水量），即得商品重量：

公量=实际重量（1+标准回潮率）/（1+实际回潮率）

适用于计量经济价值较高，但含水量不稳定的货物，如羊毛、生丝。

（4）按理论重量计算 对于一些规格和尺寸比较固定、每件重量也大致相等的商品，通过单件商品重量与交易的总件数来推算商品的总重量。例如，钢板、马口铁。

（5）按法定重量计算 商品本身的重量与直接接触商品的包装物料的重量之和。

针对不同商品，寻求对双方都是科学、公平、合理的数量计量方法，制订一份可执行的合同，减少合同执行中可能出现的漏洞。

标准混乱引发的麻烦

虽然彪准公司是一家著名的大企业，在供应链的上下游中都处于主导地位，下游是消费者，其设计开发部门根据市场需求和客户偏好进行产品更新和新产品设计。设计工程师个个都是精英，毕竟不是精英都进不了彪准公司，设计部可谓是精英中的战斗机，但设计工作涉及范围广，工程师并不可能在所有专业都是专家，产品包含各种零件，设计部不可能包罗万象，保障专业的全覆盖，免不了会有设计工程师不熟悉的领域，在此情况下就会找来供应商的产品说明书或者标准，如果能用上最好，不能用上则要求供应商改标准或者换一个厂家。刚才说到，彪准公司气势强大，所以供应商一般都会比较听话地照着做。

一直以来，一切相安无事。只是许多年来，供应商的数量及其物料的种类在不断增长。作为采购部，按照标准采购是天经地义，买回来的物料质量部按照标准检验无可厚非，生产按照物料号领料使用理所应当，谁也没有问题。可细心的人发现，供应商也指出，许多物料是类似的，标准、指标都差不多，但因物料号不同，指标不完全吻合，采购只能分别采购，质量检验的工作量也有所增加，批次多造成取样次数增加，检验任务加大。在不缺料的情况下，生产正常取货也照常操作，倘若某种物料缺货，虽然类似物料堆积如山，但仓库不敢发料，生产不敢领，谁也不敢冒这个风险，这不没事往自己头上找事吗？

但缺货在公司也不是小事，上下动员，调整生产排程，采购则催促供应商发货。当然起因来自客户和市场的不确定，先期预测的不准确，但这种预测什么时候也无法做到百分之百准确。客户不能丢，市场不能放，压力留给仓库，只能将安全库存水平提升。

而这一良药不仅苦口，副作用还很大，库存水平的推高，显然触动了财务的神经，资金占用、库存周转率攀升，财务报表不好看，管理层又要求降库存。计划的反馈只能适当调整，降幅有限。另一个苦果是后续积累的呆滞物料的攀升，这是几个月以后才发现的问题。可呆滞物料形成之后，处理方法非常有限，绝大多数只能报废，这又是财务报表的一大忌。

这时才想起来细心人和供应商的建议。但接下来该怎么做呢？产品标准可以变吗？新产品设计中应该提什么样的要求？而设计工程师却不以为然地认为：你们工作没有做好，反过来找设计的毛病，这是有毛病！

讨论：

1. 你同意问题的根源出在设计吗？为什么？
2. 如果问题出在设计，如何在先期设计中考虑物料通用性的问题？
3. 如果问题不是出在设计，那么问题的根源又在哪里？
4. 如果公司希望通过项目任务组方式（task force）解决这一问题，谁作为项目牵头人比较合适？
5. 这显然是一个跨部门协作问题？跨部门协作的难点和解决之道是什么？

点评：

彪准公司的案例呈现的表面现象是物料号不同，造成物料积压和短缺问题同时存在。核心问题是企业的标准化的理念、认识、制订、执行、贯彻、落实等环节。

在标准化工作中，常常听到一个词，叫"采标"，意思是在产品设计中采用特定的标准，我们的原则是，有国际标准的采纳国际标准；退一步有国家标准的采纳国家标准；最次才考虑企业标准或自己制订标准。这样做有利于标准的统一，以防止造成案例中出现的混乱局面，这也是推动标准化的重要原因之一。无论是国际范围内，还是在国内，或是行业内，许多有识之士一再呼吁推动标准化的建设、认知和广泛应用。但还是没有引起一些企业的足够重视，他们将标准化工作的推进视为外部标准化专业机构的事情，认为与自己的企业没有关系。或者在短期内看不到标准化能给自己带来哪些快速的、立刻实现的效益，反之，推动标准化倒是给企业增添了不少麻烦及额外的工作，占用企业资源。确实，短期看，没有收益，只有付出。从这个案例也能说明，不进行标准化的危害是潜在的、长期的。

标准的混乱还来自许多人的"自以为是"。标准是严肃的，明明有国际标准、国家标准或行业标准，但还是有些企业喜欢自说自话，到处吹嘘："我们的标准高于国际标准，高于欧盟标准"，应该注意到，这显然是一种营销手段，在市场形态中，有完全竞争、垄断竞争、寡头和完全垄断。垄断竞争的特点是造成产品的差异化，厂商利用这种差异化获得竞争优势。但如果产品没有差异化怎么办？有句话叫"没有条件创造条件也要上"，标准的差异正是厂商将自己的产品从完全竞争的市场泥潭中拖出来，标新立异，形成自己独树一帜的特点，获得客户，获得价格差异，获取更高利润。

从推动市场的良性发展角度，鼓励厂商创新产品，给客户提供更好的产品，但又反对利用标准造就垄断，阻碍公平的市场竞争。能看到各国政府在这两方面都会有所作为，创新交给市场，鼓励厂商为市场和客户提供更高的标准和更好的产品。政府则更注重标准化推广和制定法律抑制、打击垄断。

当每个企业都制订出自己的标准，在整个供应链上就会造成如案例中的混乱情景。供应商倒是能从乱中取胜，因为标准及性能指标造就了只是选择唯一的供应商，产品无法互换，俗话说被"套牢"，这是采购在给自己上枷锁，是采购的悲哀。所以在不影响产品质量及客户感受的条件下，促进供应市场的标准化，鼓励竞争，促进产品朝同质化方向发展，使得采购处于更有利的地位，而非相反。

标准化的地位不言而喻，认识是第一步，行动才有意义，在企业中推动标准化建设的保障手段是组织结构保障。在组织建立的基础上，流程的建立和实施是规范化、持续化的保障。如果一家大企业中没有标准化的组织机构保障，很难按照预期把工作长期、稳定、有序地推进。对于中小企业，未必苛求建立标准化的部门，但需要有人负责这项工作，并植入企业管理者的考核内容中。

企业的标准化工作可以包括：①执行国家有关标准化的法律法规。遵纪守法是企业开展标准化工作的法律依据。②实施国家标准、行业标准和地方标准。不符合强制性标准的产品，禁止生产、销售和进口，这是《中华人民共和国标准化法》的明确规定。全面、正确、认真地实施国家标准、行业标准、地方标准是企业标准化的一项基本任务，也是保障产品质量的重要措施。③制订和实施企业标准。在没有或不宜制订国家标准、行业标准和地方标准时，应该主动制订企业标准，并在企业内部组织实施推动，在订货合同采用企业标准时，该企业标准对买卖双方都具有法律约束力。在法律法规有要求时，标准在企业之外亦起作用。④标准实施的监督检查。企业建立内部监督、自我约束的机制，以确保正确、持久推动标准的实施，保证和提高产品质量。标准化实施的检查手段有标准化审查、产品检验、体系和流程审核等。

总的来说，制订标准、贯彻实施标准和对标准的实施进行监督是企业标准化工作的三大任务。在标准化推动的过程中，需要进行大量的人员培训、组织协调、信息传递、物资准备、资料编写等工作，需要调动、协同企业各方人员参与，团队合作，才能达到既定目标。这也就回答了案例的最后两个问题。

谈判与招标

> 在交谈中，判断比雄辩更重要。
>
> ——格拉西安
>
> "辩才"是一种将真理转化为语言的能力，而所使用的语言又能让聆听者完全理解。
>
> ——艾默生

谈判是有关方面在一起相互通报或协商以便对某重大问题找出解决办法，或通过讨论对某事取得某种程度的一致或妥协的行为或过程。而招标则是通过正式的渠道，公开、公平、公正地选择供应商。人们赋予谈判和招标以太多的责任，希望通过谈判可以买到好东西，希望通过谈判使得自己的利益得到最大化。因而，谈判者往往希望掌控谈判过程；洞察对方在谈判中的思考方式和底线设定；通过沟通来润滑各方关系以实现谈判目标；有效运用有策略性的让步逐渐锁定谈判结果；综合运用各种力量来达到谈判目标。着重于谈判的准备、建立策略技巧、结合心理学剖析对方的性格。学会在谈判中搜集信息，学会通过沟通找信息，学会用路线图武装自己，学会价格谈判系统策略，学会在谈判中掌握主动。但更重要的是满足对方的需求，否则，谈判的结果也是不可靠的。

而招标则是希望"一招就灵"，但实际上并没有这么容易实现。

砍价专家

在上海陆家嘴金茂大厦88层高度为340.1米的顶楼餐厅里,一位装修业的巨头正在这里与朋友悠闲地吃午饭、聊天。席间,这位朋友郁闷地说,前几天,他在上海的一家装修市场看中一款意大利进口吊灯,开价50万,砍价后降到42万,卖家不肯再让了。行内人都知道底细,一般从意大利进口的吊灯,加价都在60%以上,也就是说,这盏吊灯的进价应该在20万上下。他非常喜欢这个灯的款式,钱多少不重要,但明知被宰,却降不下了价,心里不痛快。

这位老板沉思了片刻,微微一笑,拿起了手机,给自己公司的采购总监打了一个电话:"你在哪里啊?""我在杭州的办公室呢,老总有什么指示?""忙吗?不忙就到上海来一趟。"采购总监立刻放下手中的工作,驱车赶往上海。"老总,什么任务?""到建材市场买一盏吊灯。"采购总监一脸茫然,老板亲切地拍了拍他的肩膀,说了原委,我相信你一定能拿下这盏吊灯,采购总监坚定地挺了挺胸膛,点了点头。

他来到建材市场,很快找到了那家灯具店,先慢慢悠悠、不紧不慢地看了各种型号的灯,问了问价格,顺便打听了一下他所要的那盏灯的价格,但先着重于低一档次的灯,但对此表示不满意,看不上眼,慢慢地转到目标灯。灯具店老板的开价还是50万,一番讨价还价,最终与前者一样,锁定在42万对方就再也不肯让步了。

无奈之下,采购总监掏出来自己的名片。亮出了自己的身份,灯具店老板马上改变了口气,脸上堆满了灿烂的笑容:"有眼不识泰山,这位是全球最有名的装修公司的采购总监呀,请坐,请喝茶,请抽烟。"

二人坐下,灯具店老板问:"采购总监亲自出马,光临小店,请问有何等重要的事情呀?"

采购总监说:"先买个灯回去做样品,老板能不能开一个最低价呀?"

老板试探道:"未来的需求有多少呀?"

"一二百台吧。"

"这么多呀?哪里的项目呀?"

"浦东的一个新楼。"

"这么大的项目,我们业界怎么一点动静都没有呢?"

显然采购总监露出了破绽。老板很大方:"这个意大利牌子的灯具全世界都认可,品质高,富贵华丽,高端大气上档次,如果你有 100 台的订单,这台送给你了。"

采购总监只是忽悠而已,哪里有第二台的订单呀!"这么着吧,我们都是在业内混迹多年的老手,这种意大利灯具的进价我也略知一二,你给我一个底价吧"

老板说:"当然,当然,在 42 万的基础上再降 5 万就到底线了,为了您,为了这份交情,我一分钱不挣。"

采购总监自然不答应:"你的底价应该在 20 万上下吧?"

"我骗谁也不敢骗您呐,那都是过去的行情,现在竞争激烈,没有这么多利润可挣了。"

再一番搏杀,那台吊灯最终以 34 万的价格成交。

采购总监知道,这是老板对他的又一次临场考试。

讨论:

1. 找出整个过程中,采购总监的正确方法技巧及值得改进之处。
2. 这个情形中,有两个已知条件:低价及过去的成交价。如果这两个条件未知,谈判策略需要变化吗?在现实社会中,又如何获取这两个重要的信息?
3. 你赞同公司老板考核采购管理者的这种方法吗?为什么?还有哪些考核方法?
4. 采购总监可以亮出自己的身份吗?为什么?

点评:

许多的管理者将采购员的任务定位在价格谈判上,更有甚者,判断一名采购经理的能力,也用谈判技巧来衡量。应该注意到采购不仅仅是价格谈判,价格也不仅仅是谈判所能决定的,价格变化更多地来自市场的力量,来自宏观经济和微观经济的变化。所以作为一名采购员,更应该了解市场,了解竞争优势,了解产品的成本构成。而作为一名采购高层管理者,更重要的在于对采购战略的把握及组织领导才能。例如,一名典型的采购总监的工作是全面负责采购部的各项工作,努力达成公司的库存和利润目标，确保公司各项生产活动的有序进行。他的职责是：一、参与企业发展战略管理，包括协助决策层制订公司发展战略，负责其职能领域内短、中、长期目标制订，确保公司目标达成；根据公司总体发展战略制订符合市场需求的运营策略、供应商管理策略等。二、采购业务管理，包括组织实施市场调研、预测，跟踪公司采购需求，编制采购计划并组织实施；监督采购计划执行情况，对公司采购物资的质量负有全面责任；监督并参与大批量产品订货的业务洽谈工作，检查合同的执行和落实情况。三、采购产品管理，包括规划采购预算，控制采购成本，实现年度成本消减目标；紧密跟踪采购物资价格的市场走向和变化趋势，及时管控采购成本。四、供应商管理，包括组织并开发新的供应渠道和供应商，积极开拓货源市场；建立并完善供应商的动态评估机制。五、部门内部管理，包括完善采购部对内和对外的工作流程和规范；指导并监督下属开展业务，帮助其不断提高业务技能；负责监督及检查各采购部门执行岗位工作职责和行为规范的情况。

在这个案例中，采购总监的谈判技巧还是有提升空间的。价格虽然不是谈判的全部，但毫无疑问，有关价格的讨论依然是谈判的主要组成部分，在任何一次商务谈判中，价格的协商通常会占据70%以上的时间，很多没有结局的谈判也是因为双方价格上的分歧而最终导致不欢而散。谈判中的开价是一个重要的策略和技巧，当采购方已经知道对方的开价和底价，还明知故问地去询价，岂不是上一次谈判的重演？让对方先开价只适用于对所购买的产品不了解的情况下，不得已而为之的下策。销售一定会在开价时报出高价，理由是为了留有一定的谈判空间。你可以降价，但不能涨价；你可能侥幸得到这个价格（在当今这个资讯发达社会，可能性愈来愈小，但试试又何妨）；这将提高产品或服务的价值（尤其是对不专业的客户）。除非你很了解你的谈判对手，在无法更多地了解你的谈判对手的情况下，开价高一定是最安全的选择。设想，如果这位采购总监开始就把价格定位在20万再加10%左右的利润，那么谈判就会围绕着20万而不是50万展开。

在讨价还价上，还有很多技巧可以施展，有许多的方法，在此不多做讨论。但请注意到一点，如果双方都将焦点聚集于价格的让步上，那么，这个谈判会变得非常艰难，应该找出更多的可谈点，但在寻找可谈点上，这位采购总监有些话说得太大了，让自己收不了场。如果采购总监早一些直接和对方讨论吊灯的成本、原价、运费、损耗、利润等细节，这个谈判会是另一番场景。

在采购活动中要注意到职业道德,如果是为私人采购,则不能用公司的招牌,不能利用公司的职位为个人谋利益,这是道德问题,不能含糊,在和供应商交流中,不能用不存在的虚假信息诱骗供应商,这也是违反职业道德的行为。

底价还能谈吗

大公司也会有小产品,纳步公司是一家专注于运动跑鞋的著名制造商。但时常也困惑于小批量产品。这次公司研发了一种高端超轻跑鞋,是专门为著名的中长距离跑的专业运动员所定制的,总量只有2000双。经过市场调查后确定的目标成本为140美元。虽然量不大,但其重要性不言而喻。

纳步公司的制造完全外包,设计过程中由一级供应商(也被称为制造厂)估价,再进行设计或工艺改造,以达到目标成本。这次制造厂给出的报价比目标价高出了7美元。设计中用到一种高弹力面料,由橡胶和尼龙手工编织而成,这也是这款产品的核心之一。面料的报价为45美元,占到整个产品成本的30%以上。

纳步公司与制造厂谈判要求降价,制造厂将成本摊开了分析,大家一致认为只有这编织面料还有机会谈判。纳步公司要求制造厂与二级供应商(也就是编织厂)商谈价格,谈判中编织厂的销售员拒绝降价,制造厂坚持要求降价,但编织厂坚持底价。制造厂索要面料的构成成本,但编织厂的销售员以"公司机密,不能外泄"为由回绝了。

制造厂了解编织厂与自己都是纳步公司的战略加核心供应商,轻易换不了。但制造厂还是到其他编织厂询价,均给出了35~40美元的价格,基本可以满足目标成本。制造厂得到这些信息后与纳步公司商谈,纳步公司的设计人员认为这几家都没有得到公司的认证,不在公司的合格供应商名录中,重新审批认证流程太复杂,市场上的质量表现也不如原来的供应商稳定,作为公司的核心战略合作伙伴,不要轻易放弃。此时制造厂面临双重压迫,的确无能为力了。

纳步公司的设计和采购人员也备感压力,既担心编织厂放弃又担心申请新的供应商面临更多问题,比如流程长、风险大。大家犹豫徘徊之际,纳步公司的一位资深设计人员说:"我去试试吧,我了解这种面料的工艺,其中人工占了很大一部分,价格应该还有些弹性。"出发之前他认真了解了工艺及加工流程,基于他自己的计算，成本在30美元左右。

面对强手，编织厂的销售员毫不畏惧，依然坚持："45美元是底价，没有谈判的余地。各个公司都有自己的成本体系，有自己的实际情况，但具体成本分解属于保密。"纳步公司的资深设计人员并没有放弃，说："是否介意我同您的上级谈谈呢？"

设计人员找到编织厂老板，按自己的成本分解结构，逐项和老板分析、追问，老板推说自己不了解具体情况，设计人员要求请编织厂的财务和工程师一起参加讨论，研究是否有可能降低成本，财务和工程师面对这一招也很无奈，他们提出尼龙和橡胶都是来自马来西亚，价格和运费都比较高，而人工占比达70%，工人精耕细作，进度慢。设计人员提出越南相同品牌产品也非常好，工装夹具可以减少人员的差错，提升效率，并表示愿意帮助参与改进。

坚冰终于融化了，编织厂老板答应重新计算和估价，过后老板亲自来到纳步公司递交了新的报价书，将价格降到了37美元，再三强调这样是赔钱在做，但一定不会由此降低质量要求，同时重申，他所做的一切都是为了维护双方的长期合作关系，客户的困难就是自己的困难，为客户排忧解难是自己义不容辞的责任。编织厂老板拜访了纳步公司管理层及各个相关部门的干部和群众，表达编织厂对各位的感谢，并和设计部一起庆祝设计成功，特别是达到并低于了目标成本。大家也都为这位资深设计工程师高超的谈判能力而举杯庆祝。

讨论：

1. 分析整个案例，列举纳步公司在谈判中使用的一些策略及成功的主要原因。
2. 谁是真正的赢家？为什么？
3. 你认为是否还有降价的空间？为什么？应如何做？
4. 纳步公司在谈判中，面对哪些真正的压力？
5. 当对手说："这是最低价，否则就不做了"，你的对策有哪些？当对手说："成本结构保密，不能提供给你"，你的对策又有哪些？
6. 你是否能从这个谈判中挖掘出一些深层次的问题？

------ **点评：** --

这是一次三方都赢的谈判，纳步公司达到了预期的目标价格，制造厂承接了项目，编织厂赢得了订单，而且并没有损失利润，更重要的是老板赢得了客户的心，实现了销售的最高境界：帮助客户成功，自己获得利润。

而这是建立在纳步公司对所设计产品成本的精确了解之上。成本测算需要有大量的知识积累，需要对产品市场非常了解，对原材料的价格、走势、需求和供给非常了解，对产品结构及工艺制造过程非常了解。在成本测算时，还要注意到以下几点：

（1）首先有明确成本测算的对象和用途。投资开发一个项目需要从项目的角度去进行成本测算，需要根据时点原则，结合项目所在地的实际情况。成本测算时，需要掌握与项目有关的法律法规、同时要充分考虑各种不可预见因素，结合项目开发情况考虑资金成本；需要了解项目所在地的市场情况，考虑公司自身各种资源的优势和紧张程度。

（2）关注原材料单位的成本测算，制造工艺流程、设备造成的间接成本影响。

（3）成本测算需要有历史数据支撑。施工经验和施工能力，需要形成具体的可反复使用的信息。

（4）成本测算前，对项目所在地的人、材和机市场要做比较充分得调查；对项目所在地的法规和规定要进行了解。

（5）除了掌握常规工艺，要注意特殊工艺、专项方案所涉及的费用。

（6）要考虑市场风险以及与工程有关的资金成本。

同时还要充分利用软件工具，进行数据积累和统计。

在这个案例中目标成本也是要素之一，它是一种全过程、全方位、全人员的成本管理方法。全过程是指供应链产品生产到售后服务的一切活动，包括供应商、制造商、分销商在内的各个环节；全方位是指从生产过程管理到后勤保障、质量控制、企业战略、员工培训、财务监督等企业内部各职能部门各方面的工作以及企业竞争环境的评估、内外部价值链、供应链管理、知识管理等；全人员是指从高层经理人员到中层管理人员、基层服务人员、一线生产员工。目标成本法在作业成本法的基础上来考察作业的效率、人员的业绩、产品的成本，弄清楚每一项资源的来龙去脉，每一项作业对整体目标的贡献。总之，传统成本法局限于事后的成本反映，而没有对成本形成的全过程进行监控；作业成本法局限于对现有作业的成本监控，没有将供应链的作业环节与客户的需求紧密结合。而目标成本法则保证供应链成员企业的产品以特定的功能、成本及质量生产，然后以特定的价格销售，并获得令人满意的利润。用公式表示是：

产品目标成本=售价-利润

一旦建立了目标成本，供应链企业就应想方设法来实现目标成本。为此，要应用 VE（Value Engineering，价值工程，又称价值分析）等方法，重新设计产品及其制造工艺与分销物流服务体系。一旦供应链企业寻找到在目标成本点满足客户需求的方法，或者企业产品被淘汰以后，目标成本法的工作流程也就宣告结束。

目标成本法将客户需求置于供应链企业制订和实施产品战略的中心地位，将满足和超越在产品品质、功能和价格等方面的客户需求作为实现和保持产品竞争优势的关键。

在这个案例，还有几个观点是可以讨论的，在谈判中，当对方把话讲到底，把路给堵死了，怎么办？在这个案例中是一个非常聪明的方法：是否可以同其他人或者他的上级谈谈。或许他的上级站得位置更高而愿意做出一些让步，或者掌握更多不同的资源，能够给出不同角度的解决方案。谈判者不愿意让步，也许是对其个人业绩的考虑，也许是授权不够的原因，也许是怕让步太多回去无法交代……作为谈判者，不要害怕对方的拒绝，试着以不同的方法解决问题。

这次谈判是成功了，但如果从另一个角度考虑：是否可以不用谈判就达成目标呢？有句名言："我们是同一条战壕的战友"，供应商将采购方当自己人、友方，还是博弈的对手？采购与供应商关系管理的境界之一是共同合作降低成本。

再有，在这个案例中，项目小组是否有从战略的高度去考虑这个问题，这次谈判是成功了，但如果换一个场景，供应商无法满足要求，那么这个项目还能进行吗？如果因为目标成本达不到而造成项目夭折，对公司的影响是什么？另外动用这么多资源，从总额上对公司的贡献是否合算，也就是说，TC（Total Cost，总成本）是否最低，可以将大目标考虑清楚再进行战术上的排兵布阵。而这也正是目标成本法的不足之处：目标成本须服从组织的整体目标。

"除了价格，什么都好谈！"

两家公司正在进行设备购销的谈判。卖家是世界级的设备制造商，买家是国内的运营商巨头。虽然卖家很有实力，但它不是唯一的卖家，另外两家中一家是与之相当的世界级企业，另外一家国内制造商。显然在这场谈判中买家运营商掌握着谈判的主动权。三家卖家都希望能达成这笔大生意。而且，这个设备安装以后，还会涉及未来运营中的备品备件、软件服务，甚至左右着今后用哪家系统的系列产品，三家都很努力，希望取获得订单。

运营商也非常重视这次谈判，不仅采购金额高，而且技术性太强，邀请了这个领域的权威专家孙教授作为技术专家以主谈身份参与谈判小组，孙教授参加过多次类似项目的可行性研究，还带着学生主导过项目中的系统集成工作，可以说对这个项目了如指掌。

在谈判中，运营商就对方的报价做了回应，阐述的主要观点是报价太高，我方不能接受，明确指出这台机器的购买对整个中国市场有着示范作用，要求对方重新考虑市场环境，不能以一个普通的设备采购来衡量这个项目。对方的一位年轻工程师突然站起来说："除了价格，什么都好谈"，孙教授听了非常生气，拍案而起："我们就是来谈价格的！你这种态度，我们还有什么可谈的！"说完，拂袖而去。这场谈判不欢而散。

对方的主谈散会后见到运营商的主谈领导解释，又私下带着这位工程师到孙教授下榻宾馆住处赔礼道歉，表示工程师年轻，说话欠考虑，原意是我们还有很多的可谈点。工程师也表示，面对学术泰斗，是自己有眼不识泰山，今后还有许多地方要请教孙教授。为此，这家制造商还表示聘请孙教授为公司的技术总顾问，总部CTO（Chief Technical Officer，首席技术官）专程从欧洲赶到谈判现场，举行了一个特别的仪式，为孙教授颁发公司的镶金证书。还在现场举行了一场技术研讨会，由孙教授和CTO做讲演，制造商的在国内的技术部全体成员在台下聆听孙教授的讲演，也邀请了运营商的相关人员一起参加了研讨会，整个场面很是红火。

最后的结果是，经过艰苦卓绝的谈判，这家制造商战胜了竞争对手，获得了合同，而运营商也拿到了想要的价格。

讨论：

1. 总结买卖双方在谈判中的各种策略、优点及失误？
2. 你如何诠释"除了价格，什么都好谈"这句话？
3. 运营商（买方）给制造商（卖方）画了一个大饼。可无论买哪家设备，未来真有可能被对方套住。又如何解套呢？

点评：

"除了价格，什么都好谈"，这是谈判中常常听到的一句话，听话听声，弹琴听音。一种解释是，价格容不得商量，这是强势出击，居高临下，不给对方以还手的机会。另一种解释是，我们之间除了价格之外，还有许多的可谈点，这是温和的、释放善意的讯号。前者是竞争性的谈判策略，后者是合作性的谈判策略。

如果这位教授的拍案而起是真的生气发火，则是导致谈判被对方牵着鼻子走的开端。如同这场谈判后面的走势一样，制造商利用了教授的发火，给教授道歉、发牌等活动，都给足了教授的面子，让对方觉得自己是一个胜利者，是站在谈判的制高点上。

在谈判中绝对，也没有必要动怒、发火。愤怒会降低你的智商，生气会使你失去判断力，而且很容易被对方抓住弱点，被利用。但只有一个例外，那就是假装发火，增加谈判的气势。对实质性问题采取强硬态度会增加压力，促使双方找到有效解决的方案；支持对方则可增进双方的关系，加大达成共识的可能性。支持与进攻结合起来能发挥作用，两者缺一不可。

除了价格，还谈什么？在这则案例中，确实还有许多可谈之处，设备买回去，不是合同的结束，而是运作的开端，买方不仅仅只是考虑价格，还要计算"LCC（Life Cycle Cost，生命周期总成本）"。在许多情况下，设备价格只占LCC的一小部分，LCC还包括了动力、人工、运营产出的结果、维修、最后的残值等，人、机、料、发、环、测，不仅仅只是机器设备。在谈判中，尽可能将未来可能出现的问题摆出来，作为谈判的议题，而不仅仅是聚焦于设备本身的价格。

谈判中要认识到双方都有多重利益。在几乎所有的谈判中，每一方都有多种利益，而不只是一种。比如，在这个设备采购的案例中，也许你既想获得一份对自己有利的价格，又想要不费力气尽快达成协议，还想和制造商保持良好的合作关系。你的利益不仅在于影响达成的合同，而且在于未来设备的良好运行，并产生效益。你追求的利益中既有公司的利益，也有双方共同的利益。还有作为一个谈判者或采购者职业生涯不断提升的个人利益。

每一位谈判者都要对某些人负责，这些人可能是他的老板、客户、雇员、同事、亲戚或者是他的妻子，这些人的利益是他所关心的。理解这位谈判者的利益就是要理解他需要考虑的方方面面的利益。

最重要的利益是人的基本需求。在寻找公开立场背后潜在的基本利益时，特别要注意人类最根本的需求。如果你能照顾到这些基本需求，你就能增加双方达成协议的机会，或增加达成协议后对方遵守协议的可能性。人类的基本需求包括：①安全感；②经济利益；③归属感；④获得他人认同；⑤能主宰自己的生活。

尽管这些需求是最根本的，但它们经常被忽略。在许多谈判中，我们习惯性地认为金钱是唯一的利益所在。一个有用的经验法则是，不仅要全力对付问题，而且要全力支持对方。这看似矛盾，而且从心理学角度而言，这的确是一组矛盾，但正是这种矛盾促使问题得以解决。

对问题要强硬，对人要温和。就像一些谈判者坚持自己的立场一样，你也可以坚持要求对方满足自己的利益。事实上，采取强硬的态度是可取的。死抱着立场不放是不明智的，但努力争取自己的利益是明智之举。谈判中，你需要主动出击，捍卫自己的利益。对方关注他们自己的利益，往往对达成协议有过分乐观的估计。只有努力捍卫自己的利益，谈判才能取得明智的结果，也就是自己获益最大、对方损失最小。谈判双方都力主自己的利益，这往往会激发创造性，找出对双方都有利的方案。

诚实的卖家引向柳暗花明的又一村

成石公司开拓了一家知名客户的新业务，但成石公司缺少客户所需产品的关键设备。在现场审核中，成石公司承诺客户按需采购，签下了合同，客户给出了设备的建议厂家及型号。

设备由一家国际大公司生产制造，由代理承担销售，成石公司只能与代理商谈判，曾经多次与代理商打交道，比较熟悉。但这是一笔金额很大的业务，为此成石公司组成了专门的谈判团队。代理商至少要赚 5%~10%的利润。谈判团队进行了仔细的调研,掌握了其他企业开价、谈判的讨价还价过程及最终成交价的范围。谈判团队制订了目标,一定要拿到比其他人更低的价格。雄心勃勃的目标就是压力与动力。

谈判开始了,代理商痛快地给出了接近目标价的底价。代理商表示,都是老客户,折扣一次性给到位,包括来自制造商的折扣,代理商事先与制造商进行了沟通,获得了厂家折扣并直接让利成石公司。

事出意外,反而打乱了成石公司谈判团队的阵脚,原先准备的方案都失效了,但离目标仍然有点距离,成石公司不甘心就此收场,团队继续提出了降价要求,代理商非常为难,认为无法实现,没有再让步的空间,谈判瞬时陷入了僵局。

几天后,代理商的技术团队到成石公司进行了几次调研,出乎意料地给出了一个全新的方案:以国产设备代替原来的方案,新的价格只有原报价的 47%,成石公司对国产设备能否满足要求提出质疑。代理商又拿出了另一份方案书,原设备制造商,不同的型号,区别是单一功能,价格是原报价的 56%;而单一功能的国产设备价格更低,只是原价的 23%。成石公司依然对便宜的设备能否满足要求而质疑。代理商信心满满地表示,这三个方案都经过了充分的论证,他们充分研究了成石公司的项目,与国产设备制造商和原设备制造商都进行了仔细分析,拿出了报告,同时走访了其他类似的使用方,还讨教了成石公司的客户,认为原方案的设备超出使用需求,单一功能正好满足产品生产的需求。两个新方案都得到了成石公司客户的首肯。

成石公司谈判团队拿回方案,细细阅读,认为无可挑剔,最终接受了方案。但谈判团队的一些成员还是抱着怀疑态度:卖家有这么好?放着贵的不卖,为我们着想?

讨论:

1. 有替你着想的卖家吗?为什么?
2. 在谈判中,你喜欢直接给出低价的对手吗?为什么?
3. 谈判的准备工作有哪些?

点评:

如果发现市场上存在比买方更便宜的方案,卖方会不会提出?就这一话题进行了小范围问卷调查,图 8 所示为分类统计结果。

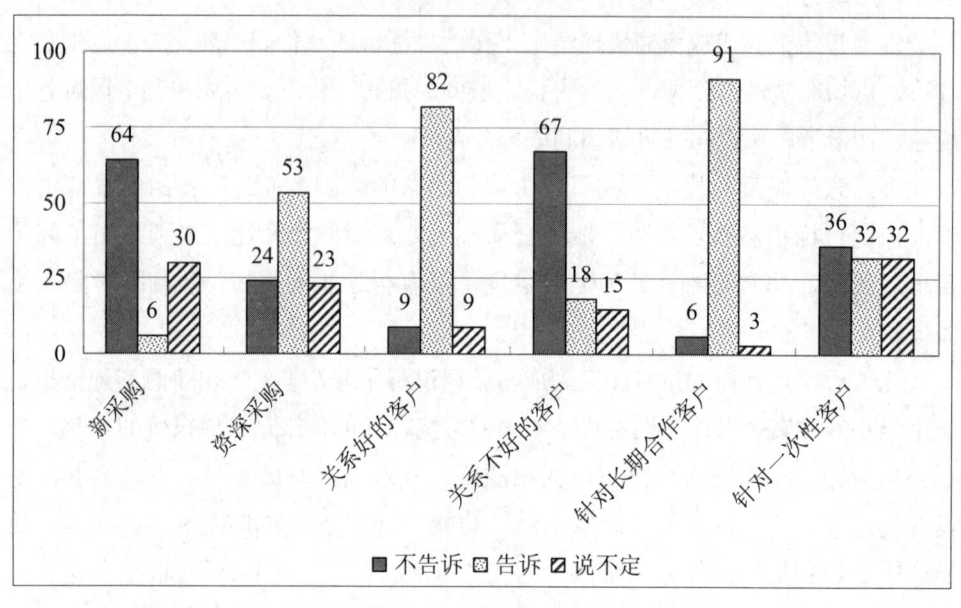

图 8　调研结果

调查分为几个群体,采购方尤其是任期不到一年的新采购人员,选择卖方不会告知的比例非常高,而资深采购人员给出的结论是反过来的,认为大部分卖方会将实情告知自己。这也印证了采购人员经过长期的努力建立与供方信任的关系。对于销售端,分类复杂一些,关系不好的客户,一次性买卖的客户,不告知的比例高;而长期合作的客户,告知的比例在所有的类别里占比最高,而关系好的再加上长期合作客户,几乎告知比例达到百分之百。一位销售员说:如果是一次性买卖,能够高价谈成何乐而不为?但如果是长期客户,不告诉,以后客户知道了实情,无论是不是你销售的原因,都会怪罪你,说都说不清楚。关系好的客户是我们一点点积累起来的,告诉他也是在维护良好关系。

一般情况下,谈判双方都会就价格进行讨价还价,这一过程让双方的谈判技巧、策略都得到了充分的发挥和施展,狭路相逢智者胜,特别在竞争性谈判中,会得到更好的效果。然而在合作性谈判中,双方更多的是交换信息,找到共同点,提出解决方案，坦诚相见置于策略之上，过多的技巧会削弱互相的信任度。所以卖方为了加强与买方的互信，抛弃讨价还价，追求最大程度地达成共识，但不可否认，代理商在谈判技巧上值得进一步提升。

在谈判中，并不是"实际上除了价格也没有什么好谈的"，而是尽可能地提出"提议"，如果谈判能有价格以外的更多选择项，谈判成功的概率更大，所以在谈判中，需要多准备几套方案，称之为 BATNA（Best Alternative to a Negotiated Agreement，最佳替代方案），甚至可以说，没有BATNA不要上谈判桌。

谈判，不只是谈价格，所以谈判的准备也不仅仅是围绕着价格，正如上面所说，BATNA是最重要的准备项目之一，除此之外，谈判需要的项目还包括收集信息、提供资料、拟定谈判计划和设计谈判方案。

商务谈判的成败，往往取决于对信息资料的掌握程度。更多地掌握信息资料，在谈判中越容易驾驭谈判的进程，获得优势。通过信息资料分析，了解双方在谈判中所处的地位，各自最大的需求和让步的范围、幅度、谈判的时限等。这样，有利于制订谈判策略，并能够审时度势、进退自如。对方个人情况，如年龄、学历、资历、爱好、个性、价值观、风俗习惯等都是需要了解的信息。拟定谈判方案包括确定谈判团队、确定谈判时间、确定谈判地点、确定谈判主题、确定谈判事项日程表。古语云："知彼知己，百战不殆""磨刀不误砍柴工"。

直接对话

在与对手谈判时，采购员曾楠楠总是感到很无奈，她是一个非常坚持原则的人，做事认真仔细，对工作精益求精，信奉的理念是：一定要将工作做到极致，也相信只要通过努力，一定能够将工作做到最好。

曾楠楠的一项工作是与供应商进行合同谈判。在原材料市场变化无常、人工费用持续上涨的压力之下，公司还要求采购的合同价格必须不断降低，而曾楠楠的工作作风也是在谈判中要求对手降价的驱动力。但供应商也不甘示弱，几乎在每一次的合同续约谈判中，都会寻找各种理由要求涨价，双方的谈判像是一场旷日持久、永无止境的拉锯战，曾楠楠则像一名永不言败的战斗勇士。

但这位在前线作战的斗士时不时地遭到暗箭的射伤。曾楠楠觉得十分无助，感觉没有人帮助她。曾楠楠就职于一家世界级的著名企业，在行业中首屈一指，她所管理的供应商与之相比，都是一些无名小卒，不在一个数量级别上。但这些供应商制度灵活、多变。

曾楠楠在每次谈判之前，都会进行充分的准备工作。其中最重要工作之一就是设定自己的底线，并探测对方的底线。将谈判的产品成本分解，材料和人工费用的当前市场价格，以前的历史数据，历次的降价或涨价幅度，产品在市场的竞争压力及对成本的要求，成本会计的核算，再加上为自己所设立的目标，综合起来，考虑形成一个目标价。

但是对方的目标和底价实在是难以估计，到底多少钱？什么样的条件才能接受？曾楠楠不可能直接问对手："您的底线是多少？"但在她的心里不知多少遍地反问自己，"知彼知己，百战不殆"。但用什么技巧和方法了解对方底线呢？似乎没有人给出答案。

比这个还要更悲催的是对方在谈判时，供应商将我方的底线摸得一清二楚，所以在谈判桌上占尽天机和主动权。供应商对公司的情况非常了解，各个领导的权利职责甚至性格等了如指掌，就和清水池塘中的金鱼一样，一览无余。几乎所有的供应商与公司内部的技术人员、工程师的关系融洽。谈判前更是接洽频频，假借各种名堂进行摸底活动。谈判桌上供应商拿出数据，态度比曾楠楠还强势，曾楠楠很是无助，根本不是他们的对手。

曾楠楠无奈之下表示，不降就不签合同。这时供应商却直接找总部的人申诉，这家公司曾经因为"血汗工厂"的事情被媒体报道，现在正在推行"社会责任"，所以处理起来非常慎重。供应商了解公司内部情况，搬出公司关键人物调和并提出申诉词"如果再降价，质量和工艺投入就难保障了"之类的陈词滥调。但这类说辞非常管用，总部很快就松口了，曾楠楠所做的一切努力和坚持付之东流，功亏一篑。反过来，总部的领导又迁怒于曾楠楠，认为是她没有做好供应商管理工作，导致供应商经常向上投诉，而曾楠楠的直接上司也因同样的理由对她不满意，认为降价目标未达到，谈判不得力，也是曾楠楠的过错。

曾楠楠很要强，但她更觉得非常委屈，似乎所有的人都站在了自己的对立面，所有的人都在帮供应商，自己则是在孤军奋战，并落下个吃力不讨好的境地。

讨论：

1. 供应商绕过自己，寻求上司和总部的帮助，使谈判者处于腹背受敌的境地。如何解决曾楠楠这样的难题？
2. 如何探测对方底线，又如何防止对手探得我方的底线？请提出具体措施帮助曾楠楠解决这个问题。
3. 如何设定谈判的底线，底线的设定根据哪些要素？
4. 在谈判前，是否应该避免内部人员与对方接触？
5. 对于谈判准备、过程、技巧等各方面，你还有哪些建议给曾楠楠，使她可以改进提高。

点评：

很多人对这位谈判者提出了许多建议，我们的底线被对方获知而我们却不了解对方的底线，是因为对方深入到我司内部，通过各种手段接触我司的工程师及管理层，了解情况收集信息，而我们却指望仅仅通过谈判桌上应用技巧，去强迫供应商就犯。这种办法当然不如对方的手段有效。通过这个案例也能看到，欲想了解对方底线，极其有效的方法是绕过直接谈判人，而与对方技术人员，甚至管理层请教，会获得意想不到的结果。原因有三：一、在正式谈判桌之外，人的心态比较放松，没有戒心，不经意就透露了实情。二、大多数技术人员比较实在，也不一定有这种警惕的意识，在受到请教时有教人的欲望。三、人们都有掌控别人不知的内部消息的优越感。

作为一名采购员，我们应该问自己一个问题：为什么供应商会绕过自己，找自己的上级甚至总部。只因为供应商认为，采购员不能解决问题，是一个障碍，对采购员缺乏信任。找到原因，解决方案也就非常明确了。在商业谈判中始终将供应商置于对立的地位，势必产生上述的结果。采购与销售一样，应该时不时地站在对方的立场，为对方着想。在市场营销中有一个有用的工具："为客户的成功提供解决之道"。这个工具放在采购方同样也适用。只有帮助对方解决问题，才能与对方产生共鸣。但不是说同意对方的高价才是解决问题之道。无论谈判的哪一方，聚焦了价格是一个低劣的谈判者。把蛋糕做大，提升双方价值，找到更多的合作机会，才是谈判者的智慧，创造力和艺术才能体现。不但不能将自己作为障碍，还要成为供应商的朋友，只有建立起信任，才能发展畅通的沟通渠道。信任是交易之本，信任会消除高筑的障碍之墙。让供应商体会到我们是在帮助供应商，也只有通过我们才能解决对方的问题。

供应商在公司内如鱼得水，采购不能坐视不管，更不能坐以待毙。要积极行动起来，在公司内部做好沟通，协调各利益相关方的诉求，了解他们对项目的影响力及项目对其的重要性，做出相应的行动。

采购的利益相关方分析是用来识别与采购过程存在利益关系的个人或群体。通过对每个利益相关方的利益、影响和重要性的评估，设计行动方案以改变那些评估或者据此工作来确保项目或计划的成功实行，如图9所示。

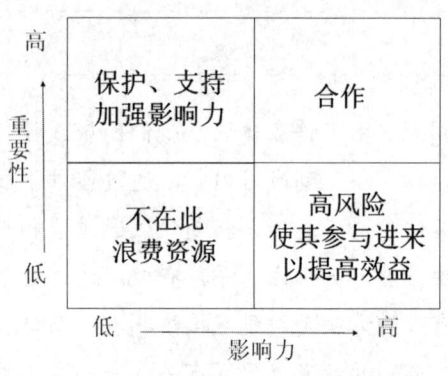

图9　利益相关方分析矩阵

如果更进一步，将内部各方力量形成统一战线，不仅不会将底牌等各种情报透露给供应商，还可以布置成为一个迷局传递给供应商我们所要发出的信息。例如，远远高于设定值的虚假低价，或者我们正在开发一个不存在的新货源等，诱惑对方努力侦探，却获得一系列的错误信息还如获至宝。任何人都不太相信对手，会怀疑告诉他的任何消息，而对自己努力获得的非公开的，特别是从非正常渠道得来的信息却深信不疑。这是一个系统化的工程，需要公司内部各方协同一致，设好局，而且不能有破绽。这也是智慧和能力的体现。

而作为公司的管理层，也应对采购活动有统筹的规划，一是充分授权，项目负责制。项目应由项目经理负责，包括各种资源的分配，各部门努力支持项目的开展。二是设立上下一致的目标，在企业中，特别强调同步协调一致。各部门为了公司总体的目标，一致行动，而不是各自为政，只考虑自己部门和个人的小目标。这不仅仅体现在某一次谈判中，而应该贯彻于整个公司的运营中，称为"系统化思维"方式。

无论是卖方还是买方，在谈判中都热切地希望能够了解对方的底线，例如，对方所能接受的最低扣点是多少、租金最低是多少、账期最长是多少等。但不太可能像《无间道》里演的一样在敌方阵营放一个卧底，也不能暴力严刑拷打逼问对方相关人，也就是说，如果不使用卧底或下三烂手段，没有太多办法了解对方的底线，当然也不应该这么做。那么只能通过一些办法来揣摩推测对方底线在哪里。典型的方法有以下三种：

（1）通过对方的报价和还价来推断。在谈判中，无论是谁先出牌，那么出牌的条件就可能为底线提供一个参考。而对方的还价则是另一个参考值。通过了解对方过去讨价还价的习惯做法，推断其底线，但这只是推算和估计。

（2）试一试，看反应。在谈判中，往往存在讨价还价的情况，不论谁先出牌，对方一定会还价或者升价。此时，不断地用不同的价格去试探，观察对方的反应。如果还可以谈，就可以接着继续。

（3）从对方的言语、表情、情绪中听懂话中话，有经验的谈判者往往能从各种迹象中"嗅"到对方的话中话，能够体会到对方说话的深层含意。从而了解对方的底线在哪里，但这确实需要功力和阅历。

其实谈判中，了解对方底线并不都像这么轻描淡写，非常轻易地就将合同搞定。许多时候都是前期有艰苦的资料收集过程，后期有频繁的工作联络函。没有说谈判轻而易举就能把合同拿下的。谈判是一个前前后后相连的过程，不修炼一段时间，你是无法真正了解谈判的来龙去脉，也就无法了解对方的底线。总之，与世间万物一样，需要不断地学习、总结、实践、修炼，不断完善自己，成为一个谈判达人。

诡计与反制，见招拆招

瑰济公司是一家工程承包商主要承接水处理工程建设项目。受国家环保政策的影响及城镇化进程的推动，最近项目的数量和工程如日中天，蓬勃发展。

在常用的水处理装置中，瑰济公司一直和帆智公司进行长期密切的合作，如处理设备与配套产品都由帆智公司负责，随着业务量的增大，瑰济公司开始重视成本核算，假如将设备及外围配套分开采购，交给不同的公司，择优录取，可以节约成本。帆智公司在核心部件——离心机具有优势，受到业主青睐，甚至是指定品牌，而其他部分，本质上的技术含量并不高。帆智公司规模大，管理成本高，品牌优势更使得价格居高不下，瑰济公司认为全套都用帆智公司的产品，有些"奢侈"。虽然离心机是客户指定产品，经过这些分析，最终研究决定对整套设备采用招标的形式，标书指定离心机必须采购帆智公司的产品。

　　帆智公司谈的合同价格在600万上下的项目，经过成本核算和市场调查及各方询价，帆智公司的离心机价格为350万，如果与其他公司采购整套设备，总价在500万以下就可以轻松拿下来了，一是招标起的作用，二是品牌不大的小公司成本也低得多。

　　该领域的市场并不大，可以满足生产条件并参与招标的也就四五家企业，但从竞争性来说也足够了，而且这些企业的参与积极性也很高，过去就与瑰济公司谈过合作的事情，但由于帆智公司除了成本以外，其他合作都还顺利，因此没有机会，而今听说瑰济公司要招标，都非常兴奋，跃跃欲试。各家企业的竞争渐渐地进入了白热化。

　　看到竞争如此激烈，瑰济公司暗中窃喜，更坚定降价的决心，瑰济公司做出决策，进行公开招标，实际上，公开招标和邀请招标也没有太多的区别，能参加招标的也就这四五家。为了公平起见及增加竞争性，也给帆智公司发了通知，帆智公司随即表示愿意参加招标。

　　几家公司都按时交付了投标文件。但打开各家的标书，却让瑰济公司大失所望，意料之中的是帆智公司的报价比过去提高了，理由也充分，人工材料成本都在涨价；但始料未及的是其他几家公司的报价并不像招标前市场调查和摸底寻价那么低，只是比帆智公司的报价稍稍低一些，并不是瑰济公司开始的预期和希望。

　　看着眼前的标书，瑰济公司陷入了深思，为什么会产生这种局面？第一个冒出来的原因就是这些公司是否在窜标，但也不像呀，不久前还是信誓旦旦地在摩拳擦掌搞竞争呢，怎么没多久就联合起来了呢？瑰济公司决定将这次作废标处理，教训一下这些狂妄分子。给他们点颜色看看。但转而一想，还是先调查一番吧。

正在这时，供应商先登门造访了，瑰济公司抑制不住火气，说："为什么报这么高的价，这演的是哪一出戏？"

供应商耐心地等待瑰济公司的人发完火，才怯生生地解释道："我也没有料到是这个结果呀，过去我们询价时，帆智公司都是说得好好的，但这次正式报价时，帆智公司的离心机突然涨价，闹得我们也措手不及。为此，我公司已经不赚钱了，还是不行，只能咬着牙报这个价，挨你们的骂。"来者无奈地摊开了双手，好像要证明自己确实没有钱赚了。

赶走了这家供应商，瑰济公司的招标者之无名火气还是没有降下来，为什么帆智公司的离心机突然涨价了？他拿起电话，又给另一家供应商打电话询问了事由，居然给出的是相同的原因：帆智公司的离心机价格暴涨。蹊跷的是，所有供应商给出的答案是完全一致的！

事情水落石出了，显然是帆智公司在其中作梗。瑰济公司立刻去见了帆智公司的销售代表，这位销售代表是一位年纪不大的小姑娘，坚决否认："帆智公司本着公平竞争的原则，绝不做低级趣味之事，你可以自己看嘛，无论是否招标，我们都根据成本的计算，开出合理的价格，我们也不会阻碍竞争对手招标，再说他们也不是我们的竞争对手。"小姑娘说话声音不高，不卑不亢，没有争辩，但每句话都掷地有声，滴水不漏。瑰济公司的招标负责人找不到可反辨的理由。

工程日期临近了，瑰济公司已经没有太多时间可以周旋了，在其中找了一家最具性价比的公司，签订了合同。

但这个案子并没有结束，以后的每一次招标都是这种情形。然而瑰济公司对帆智公司这种做法又无可奈何。

讨论：

1. 分析描述帆智公司在招标中所使用的策略和诡计。
2. 面对这种局面，瑰济公司有什么反制行动可以实施吗？

点评：

对于指定品牌，是一个既复杂又常见的问题，从流程上和合规性考虑，需要注意下面的情况。

招标采购项目，拟采购货物组成中次要或非关键部件，应当可以采用指定品

牌，尤其是该类部件品牌差异性较大或占据优势地位的，如计算机的中央处理器。但是如果指定品牌直接影响中标人的选择，则不允许指定品牌。法律也未就这种情况明文禁止，可以参考以下规定。

从法律法规上找依据，例如，对于建设项目，根据《工程建设项目货物招标投标办法》规定：

"第二十五条 招标文件规定的各项技术规格应当符合国家技术法规的规定。

招标文件中规定的各项技术规格均不得要求或标明某一特定的专利技术、商标、名称、设计、原产地或供应者等，不得含有倾向或者排斥潜在投标人的其他内容。如果必须引用某一供应者的技术规格才能准确或清楚地说明拟招标货物的技术规格时，则应当在参照后面加上'或相当于'的字样。"

在招标中，经常会碰到招标人在招标文件中指定一些主要材料、设备（如建筑中的钢材、水泥、装饰材料及安装工程中的主材、设备）的价格，要求投标人按照指定价格计入投标报价并不得变动的情况。

按照我国目前的法律法规（如《中华人民共和国建筑法》）规定，在施工图纸中设计单位不得指定工程材料、设备，招标文件中也不允许指定某一特定品牌的材料、设备。但是不同品牌的材料、设备的价格差异可能很大，如果允许投标人自行采购这些工程所需的主要材料设备，投标人就有可能采购价格较低的材料设备，以次充好，从而不利于保证工程质量。再有在招标文件中仅仅通过对技术指标进行描述来达到控制工程所需主要材料、设备质量的目的是远远不够的，必须承认，在同样满足国家技术标准要求的前提下，不同厂家、不同品牌的材料设备其质量和价格仍然可能存在较大的差异。三是按照我国现行的工程造价体系，即使由招标人负责供应，工程总价中也必须包含主要材料设备的费用。所以招标人在招标文件中指定这些材料、设备的价格，一方面保证了投标价格（工程造价）的完整性，另一方面也保证了投标人的投标报价建立在一个共同的基础之上，否则投标人的报价差异过大，也不便于对投标报价进行评审，有违招标活动公开、公平、公正的原则。所以，在招标文件中指定一些工程主要材料、设备的价格是必要的，在很多情况下也是不得已而为之。

但是，在施工招标中一旦指定了主要材料、设备的价格，就必然带来一些新的问题。比如，对于这些招标人指定价格的材料设备应当如何采购供应呢？如果由招标人负责供应，那么对于这部分材料设备的保管、下力费等相关费用应当如何处理？在工程结算中对于指定价格的材料设备应当如何从合同价款中扣回？……例如以下几方面。

（1）对于招标文件中既指定了价格又规定了数量的材料设备的处理。

（2）对于招标文件中仅指定了价格的材料设备的处理。

（3）对于招标人负责供应材料设备的保管、处理费、二次搬运费等相关费用的处理。

（4）对于招标文件中指定价格的材料设备处理中的税费问题。

对于施工招标中招标人指定价格的材料设备的处理问题还是十分复杂的，在实践中经常碰到诸如此类的矛盾纠纷。所以必须从完善招标文件入手，必须在招标文件中明确投标报价中应当包括的费用和不包括的费用，明确招标人供应材料设备的品种、规格、数量、计量方法、价款扣回办法等事项，将发包人和承包人的权利、义务、责任分清楚。

当然，从根本上说，我们不应当鼓励招标人负责供应过多的材料设备，除特殊的材料设备外，要尽可能减少"甲供"。因为过多的甲供材料设备极易导致在招标人和中标人之间产生责任不清、相互推诿扯皮的问题，特别体现在工程质量和施工进度两个方面，从而不利于中标人发挥自身专业优势，充分利用自己所掌握的材料设备采购供应渠道，合理调配资源，对工程质量和进度负全责。

独家供应商的招标

曾有人说，国有企业的招标是出于无奈，大于一定金额的采购必须进行公开招标。虽然很多管理者质疑招标的有效性，这是必须执行的法律规定，而另一方面，招标在一些民营和私营企业却热情高涨，他们对招标是发自内心地认可，这种热爱是来自最高管理者或老板们的偏好，认为招标是降价的不二选择。

案例来自一家内地的民营公司，公司由一位辞职下海的前政府官员创办。创业伊始，老板是万事亲力亲为，无论是市场、销售、生产、人事，还是财务及采购，每一张单子都要具体过问。公司的发展非常迅速，老板已经感到力不从心，不可能事事都由自己经手。他经过仔细考虑认为销售是赚钱的部门，可以放手，但对采购放手有一定难度的。过去在政府工作的经验告诉他，招标是采购最有力的工具,他也听说过一些关于招标的反面意见。虽然曾经工作时没有直接参与招标工作,但直觉告诉他,各国政府都在采用招标,联合国也在招标,招标虽然有些问题,但一定不是招标方法的问题,而是执行不到位。因而他在自己创办的企业引入招标的工具,由此也可将自己从繁杂的事务性工作中解脱出来,做一些战略方面的功课。在此指导思想下,老板的要求是,一定要严格按照招标流程实施。

公司发展快,设备投入是公司很重要的工作。通常认为设备的采购非常适合招标,金额高,重复性又不是非常强。但事实并非如此简单。设备采购每一次都招标,公司里相同功能的设备,则来自不同的厂家,虽然价格压下来了,但备品备件不一致,维修维护不相同,操作不相同,在公司里要为不同的设备培训配备不同的操作工和维修工,而交叉工作的可能性小。生产部门极为反感,认为采购部在瞎胡闹,有人戏称,车间可以开办万国设备博览会了。

更糟糕的是有些关键设备都是唯一供应商,招标时找不到第二家供应商,老板说,你们会不会动点脑子呀?谈判技巧没有学过呀?创造竞争才能引起价格的下落。执行招标不可讲条件,不可妥协。

于是采购部主动找方法进行招标,例如,设备一般都是经过代理商销售的,所以公司先定下设备的原厂家,再和不同的代理商谈判,在不同的代理商之间进行招标,但这里遇到两个障碍,一是许多世界级大公司代理商是定点的,互相之间不竞争,往往来参加招标的都不是授权代理商。即便如此,就是非授权代理商之间的招标,幅度也都不大,在1%~3%之间就算不错了,而老板对这个方法也非常不满,老板说,有一句名言:"不要找代理商采购,要直接找原厂家",但找原厂家,又变成独家供应商了;还有一种方法是给独家供应商找两个类似的供应商进行招标,但这个方法并不奏效,供应商知道他是唯一供应商,所以把标书的的价格抬得更高,最终还不得不选择它。生产部又嘲笑采购部:招标还能越招越高,实在是怪事。采购部认为,原因是供应商太知道我们的内情了,所以,希望在设备选型时,公司人员不能和供应商接触,这又遭到技术人员的坚决反对:"不接触供应商,如何进行设备选型?"

采购部在独家供应商的招标问题上,遇到的不是两难,而是多重困难的境地。

讨论：

1. 在上述案例中，有哪些方法和观点是值得发扬的？哪些是值得商榷的？
2. 独家供应商采购，有哪些有效的手段？

点评：

很奇怪的是，在公开场合很少有人批评"招标"这种采购方法，就是有问题也会说是执行过程中不规范的原因。而在私下讨论时，真正做招标的人都明白，招标并不能得到最好的结果，甚至得不到自己所想要的结果。

在一些论文中，讨论到招标的优劣势分析时，认为优点主要是：有利于开展真正意义上的竞争，最充分地展示公开、公正、公平竞争的招标原则，防止和克服垄断；能有效地促使承包商增强竞争实力修炼内功，努力提高工程质量，缩短工期，降低造价，求得节约和效率，创造最合理的利益回报；有利于防范招标投标活动操作人员和监督人员的舞弊现象。

它的缺点主要是：参加竞争的投标人越多，每个参加者中标的概率将越小，白白损失投标费用的风险也越大；招标人审查投标人资格、招标文件的工作量比较大，耗费的时间长，招标费用支出也比较多。特别是，招标所需费用高、花费时间长。由于竞争激烈，程序复杂，组织招标和参加投标需要做的准备工作和需要处理的实际事务比较多，特别是编制、审查有关招标投标文件的工作量十分繁杂。

他们总结下来，认为招标虽然有利有弊，但优越性十分明显。优点是主要的，缺点则是次要的，还要在实践中，大力提倡招标。

但整个分析只基于招标流程本身，就招标去谈招标的优劣势分析，而没有看到招标后产生的结果和影响，案例中给出的情形并不是个案。

招标能最充分地展示公开、公正、公平竞争的原则，所以在需要公开、公正、公平时，招标的作用就能发挥出来。而开展竞争，防止和克服垄断，如果市场上没有足够的供应商，没有足够的资源，不可能开展真正意义上的竞争。而在招标过程中，要努力防止舞弊现象发生，但不能保证只要采用招标就能够防止舞弊现象发生。

降低成本的手段中，招标并不是唯一的方法，价格越招越高的例子不在少数。招标本身产生的费用，以及后续使用、配套、维护产生的成本都需要综合考虑。应该对采购的物料进行分类，找出其中满足招标条件的产品进行招标，而不是像有些公司主张的：凡是大金额的项目都要招标。

在许多论文中，讨论招标的优劣势，完全从采购方角度出发，而没有从供应商的角度考虑，供应商是否参加招标，一方面是考察自己是否有能力完成项目的标的，再有是否值得去投标。参加竞争的投标人越多，中标的概率就越小，损失投标费用的风险也越大，有时候中标和中彩票一样，并不是全靠实力，而是凭运气。许多公司都有这样的经历，不管什么项目，都去投一标，说不定哪个项目就投中了，许多中标项目为什么中标都莫名其妙的，公司的强项没有中标，中标的自己公司还做不了，再发包给别人做。还有一些公司对这样的招标采取另一个态度，谨慎小心，很少参与招标。因为依靠招标得到项目不稳定、不确定，如同靠天收，生产、计划、产能都无法控制，只有找到长期合作的供应商才是稳定的保障，也是质量的前提，打一枪换一个地方，这种游击战的作风不可能保障企业的持续发展，至少不是企业的主流客户。

常常有人拿"国际惯例"来说事，各种论文都把招标吹捧为"国际惯例"，招标主要使用于政府采购与公共采购项目，其原因是，政府的资金来源是公共资产，透明、公开、公正、公平竞争是最重要的目标，而招标是最能体现这一原则的唯一方法。谈到"国际惯例"，世界著名大公司在采购活动中稀有采用招标，丰田公司几乎所有的供应商都是长期的合作伙伴，世界上没有哪家汽车公司敢对汽车发动机每一次都用招标采购。这些大公司也在不断地寻求降低采购成本的方法，但很少用招标的办法。招标采购的质量、供货风险都不可控，案例本身的结果是最好的诠释。

在经常性采购活动中，不断地招标，而供应市场又非常有限时，围标的产生往往不可避免，当每次招标都是这几家供应商时，供应商不会不思考：我们几家公司打得头破血流，为什么？联合才是必由之路。

有一位长期从事招标的专家私下这样定义道：除非政府和公共采购，招标的使用条件是：对标的、市场不熟悉，也不可能熟悉，或熟悉的成本太高，对过程也不了解，自己只知道要什么样的结果，招标才是最好的方法。一位采购经理对招标的总结是：

（1）产品的招标成功取决于标书编制水平、取决于程序执行过程是否体现公开、公平、公正三原则、取决于事先约定的评标原则。

（2）如果各方面具有诚信，一般来说，价格与性能成正比。但采购对性能应该有一个底线，以此来接受低价的性能稍逊的产品。

（3）以价格作为唯一标准的招标，可能合法，但不是一个合理的方法。

（4）对于一个招投双方均是逢场作戏的过程，最终得益的不一定是个人，损失的一定是企业。

满足太多的要求

善尔重型机器公司近年来在市场不断扩大的同时，由于竞争激烈，销售价格不断降低，而原材料价格却不断上涨，因而内部挖潜成为公司的目标之一。为此，公司对采购做了一些大的动作，其中两个大的变革，一是将非生产物料也纳入采购部管理范围，二是推行了集中采购，目的都是为了降低成本。

善尔重型机器公司的售后服务部门分布于全国各地及海外。各地维修部的车原来都是在本地由各个维修点自行采购，公司认为，各地自行采购的量小价格高，再说，公司也希望统一形象，将所有的车做成一个模样，让人一眼就能看出是善尔的logo。这个任务就交到了采购部门。

采购员统计下来，全国需要约近百辆车，相信集中采购会取得一个好的效果。公司准备做一个维修用车的公开招标，在做供应商摸底时，许多供应商认为这是一个好项目，都跃跃欲试，但采购再找来一些行家深入下来做方案时，发现这个项目并不简单，首先是车的容量，善尔公司是重型机器的制造商，备品配件很多是大块头，小车装不下这些备件，各地要想统一车型，就要以最大的为标准，但还有一个问题是有些城市禁止货车进入城区。那么车型只能是二十座左右的商用客车，需将车座拆卸改装。另外，许多城市对企业购车有一些规定，要办一些手续，如果当地采购，4S店会处理一些后续的服务工作。过去是本地采购，就几辆车，合同订的不是非常严格，有些事4S店能帮忙的就顺手帮了，但如果是全国统一采购，还没有几家供应商能做到这一点，能覆盖全国范围的供应商就已经寥寥数家了，他们还只是说车可以供，但上牌及文件的准备，只能是协助，招标书上不做承诺，理由是如果公司的文件不齐或有瑕疵，办不了车牌，谁该承担责任？而且，使用商务车装货有违规的嫌疑，销售商不敢承诺。一位比较熟悉这个项目的行家说，曾经有公司尝试，但最终的结果是扯皮结束，自己花一笔费用派人去办手续，主要出在销售方"协助"办证上。这协助力量有轻重之分。什么程度算不"协助"？最大的问题是，销售商大多数在某地，或某几地比较熟悉。

采购摸底下来，如果统一采购并招标，要满足这么多的要求，虽然每个要求都不高，但可能会造成供应商少、价格高的局面。但回到过去，好像也不是一条好的出路。

讨论：

1. 请你帮助善尔公司设计一个采购方案。
2. 你赞同将这种非生产性采购划归采购部吗？为什么？

点评：

集中采购的优点：可以使采购的数量增加，提高与卖方的谈判力度；较容易获得价格折扣和良好的服务；较容易统一实施采购方针，可统筹安排采购物料；采购功能集中，减少人力浪费；便于采购人才培养与训练；推行分工专业性，使采购作业成本降低，效率提升；有利于提高绩效，降低成本；可综合利用各种信息，形成信息优势；建立各部门共同物料的标准规格，可以简化种类，互通有无，亦可节省检验工作；可以统筹规划供需数量，避免各自为政，产生过多的存货，各部门过剩物料，亦可相互转用。

集中采购的缺点：采购流程过长，时效性差；难以适应零星采购、地域采购、紧急情况采购；采购与需求分开，有时难以准确了解内部需求，降低采购绩效；非共同性物料集中采购，并无数量折扣利益；规格确认，物料转运等费事耗时。

分散采购的优点：采购流程短，时效性好；适应零星采购、地域采购、紧急情况采购；采购与需求能较好地结合；采购绩效好。

分散采购的缺点：响应性不强，采购过程的控制和库存的控制较差，特殊要求会因采购人员无相应专长而有所偏差。

集中采购是经营控制型集团对集团内部采购商品的控制方式，是集团内部采购管理的必然趋势。在集团层面中，需要进行统一集中的供应商管理与评估、采购价格管理、采购招投标管理，负责汇集子公司采购申请进行调整汇总，形成集团采购计划，并进行货物的集中订购业务和集中结算业务。子公司需要根据需求向总部提出采购申请，并根据总部收货指令进行收货入库，反馈收货状况给总部。

为实现集团采购业务集中管控的业务需求，集中采购包括以下几种典型模式的应用：集中定价、分开采购；集中订货、分开收货付款；集中订货、分开收货、集中付款；集中采购后调拨等运作模式。采用哪种模式，取决于集团对下属公司的股权控制、税收、物料特性、进出口业绩统计等因素，一个集团内可能同时存在几种集中采购模式。

（1）集中订货、分开收货、分开付款模式。集团总部或采购公司负责管理供应商及制订采购价格等采购政策，并且负责采购订货工作。分支机构提出采购申请，前者进行汇总、调整，并根据调整结果下达采购订单，发收货通知单给分支机构；分支机构根据收货通知单或采购订单进行收货及入库，并根据入库单进行外部货款结算。

（2）集中订货、分开收货、集中付款模式。集团总部或采购公司负责管理供应商及制订采购价格等采购政策，并且负责采购订货工作。分支机构提出采购申请，前者进行汇总、调整，并根据调整结果下达采购订单，发收货通知单给分支机构；分支机构根据收货通知单或采购订单进行收货及入库；前者汇集后者的入库单进行与外部供应商货款结算，并根据各分支机构的入库单与分支机构分别进行内部结算。

（3）集中采购后调拨模式。集团总部或采购公司负责管理供应商及制订采购价格等采购政策，并且负责采购订货工作。分支机构提出采购申请，前者进行汇总、调整，并根据调整结果下达采购订单，前者完成后续的收货、入库、外部货款结算处理。之后，根据各分支机构的采购申请，前者启动内部调拨流程，制订调拨订单并做调拨出库，后者根据调拨订单做入库处理，两者最后做内部结算处理。

（4）中心化结构模式。由企业总部统一管理，采购组织形成矩阵化构架。由本地和总部双重领导，主要由组织总部在战略上统一管理。

显然，在本案例中可以从上面不同的结构中选取合适的集中采购模式。

"低价中标，后来提刀"

刚刚经历了一场洪水，将城市变成了一片汪洋，大水退去之后，城市管理者看海之余，决心对城市的下水系统进行改造，准备采用 PPP 模式（Public—Private—Partnership，是指政府与私人组织之间，为了合作建设城市基础设施项目）。

在一次招标评标会上，一切都很顺利，技术方案审核即将结束，一位细心的专家发现，在招标文件中没有标示出地下管道铺设之前要加一层防漏层，如果不加，万一管道泄漏就会造成无法收拾的后果，而所有投标人中，只有沙茂公司将防漏层放到投标文件中，但评标标准中并没有这一项，无法给沙茂公司加技术分，因为沙茂公司考虑到防漏层的成本，价格自然比其他公司高，有人估计，其他公司是故意将错就错，等着签合同时再提出来，趁机将招标的低价用防漏层的加价补回来，这在投标技巧中称为"低价中标，后来提刀"法。大概是沙茂公司在投标方面经验不足，但也不排除他们没有考虑到这个因素，或完全按照采购方的招标文件要求投标。

在商务标评比中，沙茂公司的报价为826万元，排名第三，大家做了一个估算，如果去掉防漏层的成本，沙茂公司的报价为796万元，比现在排名第一的报价低9万元。

现在要做出决策的是：

（1）要求沙茂公司以外的投标人做出澄清，加上防漏层的报价。

（2）要求沙茂公司做出澄清，减去防漏层的报价。

（3）将错就错，只能让现在排名第一的投标人中标，然后再增加防漏层的加项。

（4）中标者为沙茂公司。

（5）废标，重新制订招标文件，再次招标。

（6）考虑还有什么其他方法。

问题：

1. 为了符合招标法律法规，正确的方法是什么？
2. 如何区分投标人是疏忽还是恶意？处理方式一致吗？
3. 如何避免今后再次发生这种尴尬的状况，你有哪些建议？

点评：

这是一项公共采购，所以要遵守中华人民共和国《招投标法》的规定。

评标办法在招标文件发出后是否可修改？依据是什么？开标前可以做出修改，但修改后要将开标时间延期，具体依据如下：

《中华人民共和国招标投标法》第二十三条　招标人对已发出的招标文件进行必要的澄清或者修改的，应当在招标文件要求提交投标文件截止时间至少十五日前，以书面形式通知所有招标文件收受人。该澄清或者修改的内容为招标文件的组成部分。

第二十四条　招标人应当确定投标人编制投标文件所需要的合理时间；但是，依法必须进行招标的项目，自招标文件开始发出之日起至投标人提交投标文件截止之日止，最短不得少于二十日。

因而，在评标时发现招标文件的问题是不可以修改的。

切实遵循PPP合同管理的核心原则：

依法治理。在依法治国、依法行政的框架下，充分发挥市场在资源配置中的决定性作用，允许政府和社会资本依法自由选择合作伙伴，充分尊重双方在合同订立和履行过程中的契约自由，依法保护PPP项目各参与方的合法权益，共同维护法律权威和公平正义。

平等合作。在PPP模式下，政府与社会资本是基于PPP项目合同的平等法律主体，双方法律地位平等、权利义务对等，应在充分协商、互利互惠的基础上订立合同，并依法平等地主张合同权利、履行合同义务。

诚实守信。政府和社会资本应在PPP项目合同中明确界定双方在项目融资、建设、运营、移交等全生命周期内的权利义务，并在合同管理的全过程中真实表达意思表示，认真恪守合同约定，妥善履行合同义务，依法承担违约责任。

总结项目经验，规范合同条款。各级财政部门要会同行业主管部门结合PPP项目试点工作，抓好合同管理的贯彻落实，不断细化、完善合同条款，及时总结经验，逐步形成一批科学合理、全面规范、切实可行的合同文本，以供参考示范。财政部将在总结各地实践的基础上，逐步出台主要行业领域和主要运作方式的PPP项目合同标准示范文本，以进一步规范合同内容、统一合同共识、缩短合同准备和谈判周期，加快PPP模式推广应用。

先告状的是否是恶人

有一家国企需要做一个很大的工程项目，必须依法招标，企业将招标委托给某家有资质的招标代理公司。有超过 5 家公司投标，评标专家经过评审，推荐了候选人，定出一、二、三名。按规定第一名中标。招标结果公布出来若干天之后，排名第二的头坎公司提出上诉，投诉中标的欣云公司业绩作假，用头坎公司的业绩报告贴图 PS 而成。并递交了头坎公司的业绩报告的原件。

招标代理的员工经过仔细检查和调查，证实欣云公司业绩报告存在作假嫌疑。有人质疑招标代理公司审查不严，但具体操作员工表示不可能每一个细节都能核实到，只能根据投标人递交的文件审查符合性，而对其真实性无法深入确认。

招标代理公司特别奇怪，业绩的具体形式并没有公开，但头坎公司如何知道得这么详细、准确？

这家国企看到第二名的价格比中标的第一名高许多，认为递交的业绩报告虽然有问题，其他条件是符合的，当然非常不愿意废掉第一名，而去让价高的第二名中标。

问题：
1. 在整个案情中，还有哪些问题需要了解清楚？
2. 根据此案例，你的一系列行动和决策是什么？

点评：

根据《中华人民共和国合同法》，"第四十三条　当事人在订立合同过程中知悉的商业秘密，无论合同是否成立，不得泄露或者不正当地使用。泄露或者不正当地使用该商业秘密给对方造成损失的，应当承担损害赔偿责任。"，"第六十条　当事人应当按照约定全面履行自己的义务。当事人应当遵循诚实信用原则，根据合同的性质、目的和交易习惯履行通知、协助、保密等义务。"，"第九十二条　合同的权利义务终止后，当事人应当遵循诚实信用原则，根据交易习惯履行通知、协助、保密等义务。"

由于招标投标属于合同订立过程，所属情况与合同法的第四十三条关系更为密切。

按照合同订立过程的定义：招标文件属于要约邀请，投标文件属于要约，中标通知书属于承诺。所以投标文件属于订立合同过程中文件。一般招标项目中，招标和投标双方很少注意到（或明确要求）对招标文件和投标文件的保密（对无关人员保密）。其实，这也是在中国现状下，许多厂商保密意识比较淡漠的反映。

目前不少招标项目中，招标文件明确规定，有关各方必须对相关文件进行保密（参与方和监管方除外）；许多保密意识强的投标人（尤其是外商），明确要求投标文件对无关方进行保密（甚至要求收回投标文件或签署保密协议）。

根据《中华人民共和国招标投标法》，"第五十条　招标代理机构违反本法规定，泄露应当保密的与招标投标活动有关的情况和资料的，或者与招标人、投标人串通损害国家利益、社会公共利益或者他人合法权益的，处五万元以上二十五万元以下的罚款；对单位直接负责的主管人员和其他直接责任人员处单位罚款数额百分之五以上百分之十以下的罚款；有违法所得的，并处没收违法所得；情节严重的，暂停直至取消招标代理资格；构成犯罪的，依法追究刑事责任。给他人造成损失的，依法承担赔偿责任。前款所列行为影响中标结果的，中标无效。"

所以，招标公司内部也要做一个内查，是否有内部人员泄露了资料。

建议尽量对投标文件进行保密（按照档案管理规定和保密法，有些类型的文件具有一定保密期，保密期外可以解密）。确实朋友之间无法推却，建议将敏感内容修改、隐去。提供电子文档时，注意将文件属性等内容进行修改，不然万一被相关厂商知道后，按文件来源查询，可能对自己带来不利影响。

当然也不排除，头坎公司从别的知情人处得到的消息，在此情况下，如果定义了第二中标人，根据规定，必须选择头坎公司为中标者。

供应链、库存及物流

> 市场上只有供应链而没有企业。
>
> ——马丁·克里斯托夫
>
> 真正的竞争不是企业与企业之间的竞争，而是供应链和供应链之间的竞争。
>
> ——马丁·克里斯托夫

供应链管理的范围要远远大于采购及供应商管理，包括客户需求到最上游供应商整个链条的整合，包含了物流、信息流和价值流。供应链管理的难点在于幅度宽，节点企业多，供应链上各企业的目标不完全一致。没有一个部门甚至企业可以完全控制整个供应链。也正因为如此，越来越多的企业关注供应链，通过供应链建立竞争优势与核心竞争力。

在供应链上，结合物流，库存管理经验有了许多新的方法，例如 JIT、零库存，及后来的 VMI、Milk Run（循环取货），以及中心物流园配送等，对减少库存、保障供应、实现供应链同步做了巨大努力，被不少企业采用。

做到极致的JIT

为了提升企业的供应商管理水平，减少库存，健顶公司一直在做JIT，但采购经理还是认为供应商的JIT做得不够。他特地参加了一个丰田公司的JIT培训，得知丰田公司的生产方式具有普适性，许多厂都在做JIT，其中一项要求，实现准时生产。执行在必要的时间（不迟也不早）、生产必要的品种与数量（不多也不少）与生产计划管理产品的生产，要求供应商实施准时供应，极大地压缩库存。

为此，采购经理制订了一个文件，下发给所有的供应商。要求供应商送货必须做到JIT，正负误差不小于20分钟，超出部分以20分钟为单位罚款。按照JIT的要求，不迟也不早，不多也不少，方案得到了公司管理层的赞许。

实施半年以来，公司供货的时间确实得到了极大地改善，同时对供应商大量罚款的收入，直接地降低了采购的成本。到货准时率的指标有目共睹，谁也做不了假，采购部将这一指标放到对供应商的KPI考核之中，在原来罚款的基础上，还扣KPI分数，迟到20分钟，扣1分。公司进一步提出要求，对于小于70分的供应商必须限期整改，而小于60分，按规定视为不合格供应商，不能供货。供应商的KPI满分100分，除了到货准时率之外，还有来料合格率，出现一次不合格扣1分。

公司的要求严格了，但供应商的表现却没有提升。如果是供应商自己的车队运送，为了避免被扣分，会要求送货司机提前到仓库前等候，到了时间再进去。但还有许多公司是委托第三方物流运输的，物流公司的司机大多数是承包性质的，与公司按里程和送货次数结算，时间就是金钱，所以，到了目的地就要求立刻卸货。司机不会有意迟到，路况不好时，晚了也是无奈。但客户的不准时罚款和司机是没有关系的，司机也不同意接受这种罚款。无论如何，没有一家物流公司会和客户签一个JIT，早到晚到都要扣款的合同。送货的司机更不会按准时考核，有客户要求物流公司承诺准时到货，均遭到拒绝，一位物流公司声称，就是火车，飞机也不敢签这样的合同。

情况也有不好的时候，自备车的供应商为了准时都会提前一些到，在健顶公司的仓库前等候，到了时间再进去。但这样的车多了，将门口的马路堵上了，不仅影响了其他供应商的正常送货，还妨碍了交通，引起了警察的重视，为此，警察对不少司机都开出了罚单。

更有供应商和健顶公司玩起了以牙还牙的游戏,当健顶公司要求供应商更改交付时间,特别是提前交付时,这些供应商特别强调JIT,坚持按照原计划日期交付。可客户并不总是遵守游戏规则,或者说客户根本没有游戏规则,紧急的订单特别多,更改计划也极其频繁。供应商不配合,很难满足客户需求,采购经理向供应商提出要求,健顶公司的紧急订单也是需要JIT的,不满足者,也属于要扣分、罚款范围。

采购经理的工作得到了上级的鼓励,要求他将经验总结成文档,在公司其他事业部宣传和推广,为此他还得到了晋升和嘉奖。一些推广丰田生产模式的咨询公司也闻风而动,带着一些学习丰田经验的实践者们到公司来学习访问,还有些公司请他去做讲座、报告,更坚定了JIT鼓动者们的信念。

时间久了,许多供应商的绩效考核分数都给扣完了,更糟糕的是,与健顶公司合作多年的供应商,现在都成了整改对象,关系僵化,失去信任,质量不错的供应商,因为距公司的路程远一些,现在都被清理出《合格供应商名录》,需要重新开发,但寻找新的供应商,又谈何容易。罚款的数额同时在节节攀升,供应商们联合起来造反,要求提高价格,并拒绝紧急订单和临时的计划变更,否则就不供货了。

一年之后,由于各种原因,采购经理黯然离开了健顶公司,而不久的几年之后,健顶公司也从行业老大的位置落入衰败的境地,传闻说,这个事业部要被出售。显然,不能断言,公司的下坡路和这位采购经理有关,也不能由此肯定,丰田的JIT就是不合理的,因为还有许多成功的企业正在成功地实践着JIT。

讨论:

1. 健顶公司在实施JIT时有问题吗?
2. 如何才能够在企业中成功地实施JIT?企业JIT的推行有先决条件吗?是什么?

点评:

准时制生产方式(JIT)是由日本丰田汽车公司首先创立并且推行的先进生产方式,也叫"丰田生产方式"。其主要思想就是按照用户的订货要求,以必要的原料、在必要的时间和地点生产出必要的产品,既减少了制造过程中的种种浪费、提高了效率,同时又使系统增强了对客户订货的应变能力,因此被视为当今制造业中最理想且最具有生命力的生产系统之一。

准时制生产的核心思想是,消除一切无效作业与浪费,实现"仅仅在需要的时间和地点,按照需要的数量,及时采购、生产真正需要的合格产品",从而控制库存,甚至追求零库存的理想境界。

JIT能为制造企业生产过程的各个环节减少浪费,包括库存、提前期、订单数量、设置、质量、产品设计、产量选择、报告、保存、公务、材料运送、杂乱的物流、工厂布局、雇员技能分级、顾客和供应商之间的信息流、表单。它尽可能使得事情都可预测,并易于重复执行。当企业运用JIT后,它们的产品制造将变得更为简单,它们的制造流程变得更可预测,产品和流程设计更加合理化和集成化。

将JIT作为系统来掌握时,由于物流系统的各功能之间存在着"二律背反"的关系,即追求一方,必须舍弃另一方。如追求保管的合理性,必然牺牲运输的合理性。确切地说,就是一方成本降低而另一方成本增加。因此要实现现实意义上的准时制生产,必须将物流的各项功能作为一个整体,即系统来考虑。

从物流的各个功能来看,现实可能实现的理想物流状态有以下几种:

(1)运输方面,通常是车辆满载和最短距离的行车路线,并尽可能地集中货流,减少运输次数。

(2)保管方面,尽可能地减少库存量,当非储存不可时,也不宜分散,最好集中在少数储存基地进行管理。

(3)在包装方面,尽可能地进行简易包装,并选用廉价的包装器材,包装作业最好也能实现机械化。

(4)在装卸作业方面,首先应把减少装卸次数放在首位,其次是利用机械进行装卸,这样可以提高作业效率。

物流系统中,要同时达到这些要求是不可能的,因为这些功能之间存在着互相对立的关系。如采用集装箱运输,包装要求不高,装卸方便,容易进行机械作业且产品损坏率低,但成本较高。因此即使描绘出了每种功能的理想状态,也是实现不了的。还必须找出各种功能之间最合理的组合形式,就是说需要把物流作为一个系统来对待。例如,某生产企业的仓库是一个为其他部门和生产过程所需要的零件进行配送的独立部门,在那里存放着由制造商提供的零部件并在需要的时候将这些零部件运送到生产部门。在准时制生产中,若配送数量太小,势必造成配送车辆增多,配送次数增加,重载不足等情况。批量配送又限制了每行程中一辆车能满足的需求点的数量,需要更多的车辆来配送零件。这种情况下,必须着眼于整个企业内部的配送系统,以配送系统的总成本最小为原则来考虑问题。较好的情况是在满足各需求点需要的同时,使得车辆数量最少,行车路线最短。这样就要求每次配送的数量应刚好满足一个行程的需要量,以便车辆在行程中既没有闲置且需求点的存货数量又能达到最小。

在20世纪80年代,零库存管理代表了一种生产管理的时尚,但也招来了不少非议。有人认为零库存是不可能实现的;有人认为追求零库存会把企业推向全面停产的灾难边缘。面对成功的诱惑与失败的危险,许多企业举棋不定,犹豫不决,不敢轻易涉足准时制生产。产生这种情况的原因很简单:企业对准时制生产及其支持条件认识不足且观念陈旧。因而企业是否采用准时制生产及如何采用,便成了企业领导和管理者共同关心的问题。实践与研究证明,JIT生产方式也存在以下的限制或不足。

(1)要求有重复循环的产品生产环境,其生产柔性受到限制,应该利用快速重构、重组(Configuration),技术加以改进。

(2)系统存在易损性(Vulnerability)。

(3)可能生成附加库存。

(4)缺乏改进过程的中心,没有瓶颈或约束的理念,将所有过程活动都看成一样重要。

(5)成功实施的过程长而复杂。

(6)应该克服因为脱离终身雇佣和实现企业信息化所带来的困难。

简版的供应链

供应链的概念风靡全球,当然也吹拂到江南的一个小镇,并影响到一个生产床上用品的名为耕凤公司的私营企业。当地政府正积极在本地推广供应链管理,政府的推动不仅政策给予支持,还会对实施供应链的本地企业进行奖励,实施供应链管理的评估条件是：①企业成立供应链管理部门并在实际工作来运行。②通过供应链管理整合、优化了企业的流程。③在此基础上，取得了一定数额的经济效益。

有政府支持，更有在企业内部推行先进管理制度、实施供应链管理的意愿，耕凤公司管理层决定做一个供应链管理的项目。按照政府的要求，公司首先要有一个供应链管理部门，这一点比较容易办到，从采购、物流和计划部门抽调了几个员工，再招聘一位大学毕业生，组建一个供应链管理部。但这个部门究竟能做什么，无论是管理层还是部门的员工心里都不清楚。管理层给出的要求是实现政府提出的后两要求，即流程整合和创造经济效益。

供应链部门像无头苍蝇一样四处乱窜，去寻找流程整合的机会和效益点，但始终没有发现机会。供应链管理部门了解到，目前国内外最流行的供应链管理模型是 SCOR 模型（Supply-Chain Operations Reference model，供应链运作参考模型），按照 SCOR 模型的三级流程整合的模式，部门做出了一套公司整体供应链管理流程解决方案并交给管理层，但被否决了，原因是要完成这样一套方案，这个公司都需要被整合进去，如此竞争激烈的床上用品市场，做这种大动作会不会把公司搞垮。而且项目历时超过两年，需要漫长的过程才能显现出成效，一些未能立刻出现在报告中的效益亮点肯定是赶不上政府的项目验收了。公司管理层建议还是找一些短平快的项目先做起来，等未来有了基础之后再尝试"高大上"的项目也不晚。

部门又重新进行项目的规划。还是一位刚刚毕业的"初生牛犊不怕虎"的大学生，指出了一条明路：公司有一半的厂房都是原材料仓库，里面堆放的则是一些非常低值的包装材料，大部分是纸箱和泡沫塑料。这些材料体积大，而且还都是易燃物，存在安全隐患。试想一下，这些包装材料的供应商大多数都是本地生产，距离都在五六公里左右，这里的交通不像大城市那样拥堵，到货时间不存在问题。过去保存这么多库存只因为销售、计划及供应商没有建立一条畅通信息沟通渠道。如果打通这条信息流，供应商与公司内部的计划和生产部门同时得到生产订单，包装材料的生产周期比我们自己产品的生产周期要短，做好同步工作，让供应商按时、按量、按品种直接发到生产线。

这个方案得到了管理层的高度评价，耕凤公司的厂房一直很紧张，产品销路好，生产规模在不停地扩张，如果能将厂房的利用水平提升上来，效益可想而知。

在管理层的支持下，供应链管理部成立了一个跨部门的项目小组，建立了一个简单的系统，将销售订单、计划、生产和供应商的订单系统联系起来，实现了包装材料的JIT，增加了厂房使用面积。

项目的实施最终获得了政府的肯定和奖励。

讨论：

1. 从供应链管理的高度，对这个项目的成果做一个总结，最好能为改善后的项目画出一张流程图，并从财务上计算流程整合带来的收益。
2. 进一步考虑还有哪些改善项目可以推行？
3. 如果站在更高的角度，特别是库存管理上，可以实施哪些供应链的流程整合？

点评：

JIT不仅使用于生产，还可以应用于采购活动，延伸至供应商的生产线。物料需求计划是通过把生产环节与对物料的需求计划紧密地联在一起，由此来降低需求的不确定性，从而降低库存水平。而准时制运作强调对全部运作环节进行组织，使得各个运作环节在最恰当的时间实施运作。看起来，定义是非常简单的，但是运作起来的确不是一件轻松的事情。要想取得成功，企业需要对其内部的态度和运作模式完全加以改变，同时还需要经过周密的计划和严密控制、实施工作才行，这往往需要花费数年的时间。

准时制对库存的认识与传统的库存控制方法截然不同，认为库存是毫无用处的，是对资源的浪费。传统的观念认为，库存可以对运作起到缓冲作用，因此，库存管理者总是思考如何能在最小成本的基础上提供缓冲；而信奉准时制运作的管理者则是思考我们怎么样才能消除对库存的依赖。他们还认为持有库存会把运作过程中的一些明显的问题掩盖起来，如订单提前期太长、运作不均衡、设备出现故障、物料质量不过关、供应商不可靠、大量的文案工作以及改变过于随意等。解决这问题不能依赖持有大量的库存，真正具有建设意义的是在明确问题之后加以解决。

供应链管理与传统的物流管理在存货管理的方式、货物流、成本、信息流、风险、计划及组织间关系等方面存在显著的区别，这些区别使得供应链管理比传统的物流管理更具优势。

从存货管理及供货物流的角度来看，在供应链管理中，存货管理是在供应链成员中进行协调，以使存货投资与成本最小；而传统的物流管理则是把存货向前推或向后延，具体情况是根据供应链成员谁最有主动权而定。事实上，传统的物流管理把存货推向供应商并降低渠道中的存货投资，仅仅是转移了存货。解决这个问题的方法是通过提供有关生产计划的信息，比如共享有关预期需求、订单、生产计划等信息，减少不确定性，并使安全存货降低。

从成本方面来看，供应链管理是通过注重产品最终成本来优化供应链的。这里提到的最终成本是指实际发生的到达客户时的总成本，包括采购时的价格及送货成本、存货成本等。而传统的物流管理在成本的控制方面依然仅限于公司内部达到最小。

风险与计划是供应链管理区别于传统物流管理的另外两个重要的方面。在供应链管理中，风险与计划都是通过供应链成员共同分担、共同沟通来实现的，而传统的物流管理却仅仅停留在公司内部。在组织间关系方面，供应链管理中各成员是基于对最终成本的控制而达成合作，而传统的物流管理则是基于公司内降低成本。

实施供应链管理是因为供应链管理比传统的物流管理更具活力，更能对供应链成员带来实质性好处。不过，要成功地实施供应链管理，各供应链成员之间必须要有很好的信息共享；而要做到开诚布公地信息分享，对于追求不同目标的企业来说，实在不是一件容易的事情，尤其是当一家企业与其众多的竞争对手均有合作的情况下，要实现信息共享更加困难。因此，成功的供应链整合，首先需要各节点企业在以下方面达成一致：共同认识到最终客户的服务需求水平、共同确定在供应链中存货的位置及每个存货点的存货量、共同制订把供应链作为一个实体来管理的政策和程序等。

SCOR是一个标准的供应链流程参考模型，是供应链的诊断工具，把业务流程重组、标杆比较和流程评测等著名的概念集成到一个跨功能的框架之中。SCOR模型按流程定义可分为三个层次，每一层都可用于分析企业供应链的运作。在第三层以下还可以有第四、五、六等更详细的属于各企业所特有的流程描述层次，这些层次中的流程定义不包括在SCOR模型中。SCOR模型的第一层描述了5个基本流程：计划（Plan）、采购（Source）、生产（Make）、发运（Deliver）和退货（Return）。

1. 计划：需求/供应计划

（1）评估企业整体生产能力、总体需求计划以及针对产品分销渠道进行库存计划、分销计划、生产计划、物料及生产能力的计划。

（2）制造或采购决策的制订、供应链结构设计、长期生产能力与资源规划、企业计划、产品生命周期的决定、生产正常运营的过渡期管理、产品衰退期的管理与产品线的管理等。

2. 采购：寻找供应商/物料收取

（1）获得、接收、检验、拒收与发送物料。

（2）供应商评估、采购运输管理、采购品质管理、采购合约管理、进货运费条件管理、采购零部件的规格管理。

（3）原材料仓库管理。

（4）原材料运送和安装管理。

（5）运输管理、付款条件管理及安装进度管理。

（6）采购支持业务。

（7）采购业务规则管理、原材料存货管理。

3. 生产：生产运作

（1）申请及领取物料、产品制造和测试、包装出货等。

（2）工程变更、生产状况掌握、产品质量管理、现场生产进度制订、短期生产能力计划与现场设备管理。

（3）在制品运输。

（4）生产支持业务。

（5）制造业务规格管理、在制品库存管理。

4. 配送：订单管理

（1）订单输入、报价、客户资料维护、订单分配、产品价格资料维护、应收账款管理、授信、收款与开立发票等。

（2）产品库存管理。

（3）存储、拣货、按包装明细将产品装入箱、制作客户特殊要求的包装与标签、整理确认定单、运送货物。

（4）产品运输安装管理。

（5）运输方式安排、出货运费调教管理、货品安装进度安排、进行安装与产品试运行。

（6）配送支持业务。

（7）配送渠道的决策制订、配送存货管理、配送品质的掌握和产品的进出口业务。

5. 退货：原料退回

（1）退还原料给供应商：包括与商业伙伴的沟通、同时准备好文件资料以及物料实体的返还及运送。

（2）产品退回。

（3）接受并处理从客户处返回的产品：包括商业伙伴的沟通、同时准备好文件资料以及物料实体的返还及接受和处理。

企业管理中的"玻璃窗经营"

步庆公司正在公司里推行精益活动，希望将公司的一些浪费和漏洞堵上，特别是跑、冒、滴、漏的浪费，例如，物料多领现象非常严重，具体的实例有：润滑油常常在领料时都会多领一些，但因为完工后多余的润滑油有些脏，就作为废油处理；中午吃饭休息时间，机器设备空转；下班电源不关等问题多多。在一次管理例会上，有位主管提出，除了上述生产中的浪费，还有许多人为的漏洞渠道，例如，保洁员将使用后的塑料包装收集起来，卖了钱据为己有，这是私拿公司的财产，应该予以制止；但也有人不同意，认为这是垃圾，保洁员在处理垃圾时进行了分类，加入了自己的劳动，不应该算违反劳动纪律。讨论到这个问题处理的尺度时，许多人提出了在公司有很多灰色地带，例如，物料部门将包装材料卖了，收入存放在自己部门的小金库里，生产线上废旧更换下来的润滑油也收集起来卖给一些专门做回收油的小作坊，积少成多，当作部门的活动经费。公司的仓库中经常有一些不合格品从生产线上退回来，有一些需要返回到原厂商进行更换或返修，还有一些通知供应商后就报废了，对于价值高的物品公司要求财务卖到回收公司，而对于低价值物品，仓库就自己处理了。

有些人则说，这还算好的，跑冒滴漏的浪费，更严重的是有些人将公司的物品装进了自己的口袋，比如以下的例子。

生产线上有道工序是将金属丝缠绕在接线柱上，再将线头剪掉，每天工作台上都有一小撮金属线头，数量很小，但都是贵金属，有些操作工会顺手拿走一些，操作中剪多剪少，线头的重量会有偏差，很难统计，当然也就很难控制。

车间钣金加工件成品完成后，会遗留下一些边角料和废品，处理方法是找废品回收公司到现场当场估价，或者双方协商一个价格当作废品处理，这里面的漏洞很大，但又很难有准确、科学的手段管控这些下脚料，麻烦的是如果操作工有私心，加工时手头放大一些，边角料的数量差异就出来了，不排除操作工在此为己谋私利的行为。而在领料过程中的偏差就更难以估计了，计量的微小误差是容许的，但对于高价值物品或用量大的物品，对于个人来说，这一点点误差就足以中饱私囊了。有人看到公司的财产眼红，想方设法满足自己的私欲，顺手牵羊的事情从来没有停止过。

打开了思路，大家对各部门的漏洞，提出种种问题，听得财务主管毛骨悚然，他总结了一下大家列举的浪费，分为以下七大类型：

（1）管理和流程的问题，例如"七大浪费"。

（2）设备出现问题造成的，例如管道漏油。

（3）偏差的原因，例如多领料。

（4）人员不尽力造成的，例如，忘记关闸。

（5）部门私自处理包装，下脚料及不合格品。

（6）个人顺手拿走废料，下脚料。

（7）偷盗公司物品。

公司领导看到有这么多的问题，认为事态严重，要求针对这些浪费制订对应措施。但也有人持有不同意见，认为公司这么大，这些浪费相比较还是小数目，但管控的成本却非常高，再有端掉部门的小金库还会影响员工的积极性，得不偿失。

讨论：

1. 我们组织中是否存在上述的一些浪费？还有哪些浪费存在？
2. 你又如何对这些问题进行分类？
3. 你同意哪一种观点？对你所分类的各种浪费问题列出相应的堵漏措施。

点评：

爱厂如家是每一个企业对每一位员工的期望，也是企业文化建设需要实现的一个根本目标，每一位员工怎样才算做到爱厂如家？最起码要求之一是在生产劳动实践中节约一滴水、一滴油、一度电，千方百计降低生产成本，努力提高各项生产技术指标；不损坏一花、一草、一木，不损坏公物，讲社会公德等。

更深层次的，企业精神作为一种管理哲学，是优秀企业家对本企业的社会责任和历史命运的哲学思考。如何使企业决策层的治厂方针与经营思想，经过教化、熏陶、躬行，真正变为全体员工共同拥有的经营信条、价值观念、行为准则及进取目标，这是铸造企业精神的关键所在。努力培植员工的"爱厂如家"意识，不断强化员工的"家庭成员感"，设法使企业充满浓厚的"家庭气氛"，这对于企业精神的形成和发展是颇有裨益的。

"爱厂如家"是一种个体自觉意识，是员工对企业发自内心的炽热情感。严格地讲，它是与商品经济相适应的一种价值观。企业的兴衰荣枯，不仅与自身的经济利益密切相关，而且还与自己的职业荣誉、社会地位和技能发展有直接联系。由于利益的一体化，促使员工以极大的热情，关注企业的盈亏，珍惜企业的信誉，维护企业的形象，并以己所能去提高企业的社会知名度。

商品经济的发展，仅为员工树立"爱厂如家"观念提供了一种客观可能性。要使这种可能成为现实，则需要领导者倾注巨大的热情和心血。国外成功企业的经营者都十分注重培植企业的"家庭气氛"，认为关心员工的实际生活，是企业的义务，有利于唤起员工的创造热情。例如"日本经营之神"松下幸之助说过："每一个人都有经济、社会、心理和精神上的需要，照顾好一个人的整个生活是公司的责任，而不是要推给其他机构。"松下坚信，"员工个人的需求，能在企业内得到满足，才能使员工努力于生产工作。"

培养员工"爱厂"精神就要经常把企业的经营状况向员工交底，这对于培植员工的参与意识是极为有利的。据国外一项民意调查表明，只有1%的员工认为公司的事与己无关，其余的人都表示渴望掌握公司的最新动态，了解公司的内情。所以，及时地向员工通报企业经营动向，有助于加强员工对企业的关切度。领导者不能报喜不报忧，应当如实地把企业所面临的困境以及决策层将要采取的对策告诉员工，提高经营的透明度。在这方面，日本松下电气的做法值得效仿。松下说过："我一直奉行'玻璃窗中的经营'信条，让员工了解经营及工作的真相。"他特别强调"应尽量减少经营的秘密，不论是好是坏，总要把真相告诉大家，这是一件很重要的事情。"因为，"这样可在极自然的情况下，培养大家共同经营的意识，激发主动负责的良好风气，也能自然地去培养人才。"松下的管理思想，是值得我们重视的。总之，能使员工关心企业发展，重视经营动态，并可在真诚沟通的信息传递中弱化领导与群众客观存在的心理上的距离感与疏远感，从而使人心贴近度大大增强，使人际关系和谐融洽。

培养员工"爱厂"精神的核心是员工参与管理。使员工真正从内心感到企业温暖得像家，会萌发出持家、当家的主人翁责任感。俗语说"当家理财"，让员工意识到"我是企业当家人"，员工就能竭尽全力地为企业献计献策，多做贡献，并像珍惜自家东西那样降低产品成本，节省原材料，做到"爱厂如家"。

提升培养企业员工主人翁责任感的一个重要手段是生产者的权利和义务相联系，表现为员工只出力不做主。为了让员工真正当家做主，把企业的命运和员工的切身利益紧密联系起来，建立了一种"人人负责，个个操心"的利益机制。工人们为了降低消耗，提高效益，想方设法地找差距、挖潜力。

"爱厂如家"培育了员工息息相关的"命运感"。员工把企业当成自己的家，就会与企业相依为命，生死与共，风雨同舟。因为，员工意识到，企业的兴衰同自身的利益息息相关，自己的命运与企业的命运紧密相联。在利益一致的基础上，企业与员工就能组成"命运共同体"。

"爱厂如家"培育了员工更高价值的"目标感"。企业目标是全体员工共同的行动纲领和价值观念。员工把"爱厂"意识作为自己的生活信念时，就会摆脱制度、纪律的外在束缚，实现企业目标为自己的自觉要求。即使在无人监督的场合下，也能遵守企业纪律、严守企业秘密、维护企业信誉。"最高目标（共同价值观）就是给员工一个'指南针'，把他们的脚步调到正确的方向，帮助员工自行做出正确的决定。"因而，"爱厂如家"使企业目标成为员工共同遵循的行为规范和行动准则，有强大的激励作用。

该不该建仓库

杰越公司是一家设备制造商的零件供应商,产品比较通用,市场成熟,每年的增长速度不是很高。为提高产品的竞争力,一直在寻找各种降低成本的途径。除了在生产设备、原材料和工艺过程上想办法,对外努力降低采购的成本,还通过削减和组合工作降低管理费用。其中,为了降低成本,公司还裁掉了几名员工,大家诚惶诚恐,生怕落到自己头上,员工士气受到影响。同时作为一项减少成本的方法,初步考虑建立一个自己的仓库。

租用公共仓库是目前杰越公司的现状:公司的产品装配好之后由卡车运送到约十公里之外的公共仓库。仓库管理人员负责把货卸下来,填写清单后入库保管。当公司收到客户订单的时候,制造商的销售代表就和公共仓库的管理人员联系,并用公共仓库 EDI 系统以电子的方式把订单发送到公共仓库,仓库管理人员挑选出所需的产品,包装好之后,安排装运。当这批货物出库后,仓库管理人员用电子邮件将出货通知制造商,同时也更新了仓库的库存状态。

建立仓库这一项目是否对公司有利?杰越公司物流部经过详细考察和分析后,向管理层做了如下汇报。

(1)建立仓库带来的好处:每单位产品库存费用直接成本下降。在仓库建成后,如果能够顺利地运行 10 年,在这期间没有不可预见的较大的投资,每单位产品的库存费用将从目前公共仓库的 30 元下降到 24.6 元。有新的职位安置面临裁员的员工。这些在原来的岗位上裁下来的员工经过培训之后,负责管理仓库。其中,培训费用已包括在成本之中。这样一来,有益于鼓舞公司员工的士气,提高员工的安全感和工作积极性。销售人员可以在仓库中设立办公室,避免公共仓库人员不必要的对外联系,公司能更直接地控制仓库运作和库存管理。

(2)建立仓库的成本:建筑物和设备(最初投资)70 万元,员工培训 5 万元,日常费用 50 万元,管理费用 30 万元,总计 155 万元,年度生产 18 万个,每单位成本(155 万元/18 万个)=8.6 元,可变成本 10.0 元,直接劳动成本 5 元,总计 23.6 元/每单位。

(3)建立仓库的不利之处:

专业化问题。公司缺乏运作仓库的专业技巧,因此要对管理层和员工进行专门的培训,设施建设和培训可能要花 16 个月的时间。

销售代表面临工作结构的改变。销售代表要承担额外的任务来追踪客户订货,并要保证货物的及时装运,这些任务原来是由公共仓库来完成的。

建立仓库最初的投资将是 155 万元,这笔初始费用的使用意味着投资的减少,例如,这一年增加生产投资的计划将会被延误。这项投资的延误及其产生的影响,很有可能会产生影响制造商战略重点的风险。

制造商仔细听取了这些经理人的分析,认为建立仓库的项目是可行的。但是还必须进一步考虑和评价,还需进一步寻找一个具体的方案来评价成本节约和其他收益在多大程度上是否能够弥补失去公共仓库专业化操作以及其他的损失。

问题:

1. 针对该公司的现状,你认为仓库该建还是租用?
2. 在考虑该项目时?除了上面列出的因素,此外还应考虑哪些因素?
3. 从该公司建立新仓库各方面情况以及其长远利益的综合考虑,你认为制造商是否应该采购此项目?

点评:

自建仓库仓储、租赁公共仓库仓储和合同制仓储各有优势,企业决策的依据是物流的总成本最低。

租赁公共仓库和合同制仓储的成本只包含可变成本,随着存储总量的增加,租赁的空间就会增加,由于公共仓库一般按所占用空间来收费,这样成本就与总周转量成正比,其成本函数是线性的。而自有仓储的成本结构中存在固定成本。由于公共仓库的经营具有盈利性质,因此自有仓储的可变成本的增长速率通常低于公共仓储成本的增长速率。当总周转量达到一定规模时,两条成本线相交,即成本相等。这表明在周转量较低时,公共仓储是最佳选择。随着周转量的增加,由于可以把固定成本均摊到大量存货中,因此使用自有仓库更经济。

下面是两种分析决策方法。各方案现金净流量分析见表 6,差异现金流量分析见表 7。

表6　决策方法一　分析方案现金净流量

项目	自建	租赁
自建投资	流出	
租赁押金		流出
租赁费用（税后）		流出
折旧抵税	流入	
房产税	流出	
残值收入	流入	
净损失抵税	流入	
租赁押金		流入

表7　决策方法二　差异现金流量分析

避免的购置支出	流入
租赁费用支出（税后）	流出
折旧抵税	流出
房产税	流入
租赁押金	流出
期满租赁押金收回	流入
期末资产残值收回	流出
资产残值损失抵税	流出

一个企业是自建仓库还是租赁公共仓库或采用合同制仓储需要考虑以下因素：

（1）周转总量。由于自有仓库的固定成本相对较高，而且与使用程度无关，因此必须有大量存货来分摊这些成本，使自有仓储的平均成本低于公共仓储的平均成本。因此，如果存货周转量较高，自有仓储更经济。相反，当周转量相对较低时，选择公共仓储更为明智。

（2）需求的稳定性。需求的稳定性是自建仓库的一个关键因素。许多厂商具有多种产品线，使仓库具有稳定的周转量，因此自有仓储的运作更为经济。

（3）市场密度。市场密度较大或供应商相对集中，有利于修建自有仓库。这是因为零担运输费率相对较高,经自有仓库拼箱后,整车装运的运费率会大大降低。相反,市场密度较低,则在不同地方使用几个公共仓库要比一个自有仓库服务一个很大地区更经济。

自建仓库仓储这种模式的优缺点如下:

1)更大程度地控制仓储。

2)管理更具灵活性。

3)长期仓储时成本低。

4)可以为企业树立良好形象。

5)仓库固定的容量和成本使得企业的一部分资金被长期占用。

6)存在位置和结构的局限性。

委托营业型仓库进行仓储管理的租赁仓库仓储这种模式的优缺点如下:

1)从财务角度看,最突出的优点是不需要企业做资本投资。

2)可以满足企业在库存高峰时大量额外的库存需求。

3)减少管理的难度。

4)营业型仓库的规模经济可以降低货主的仓储成本。

5)企业的经营活动可以更加灵活。

6)便于企业掌握保管和搬运成本。

7)增加了企业的包装成本。

8)增加了企业控制库存的难度和风险。

企业在目标地选择自建仓库还是租赁仓库时一般会有以下几个方面的考虑:

(1)仓库所需要覆盖的区域,这点与企业的战略发展规划有密切关系。

(2)仓库所在地交通的便利性、物流及快递是否能提供及时便捷的服务。

(3)两种仓库相对客户所体验到的效率对比如何。

(4)仓库的成本计算,包括仓库的租金、人工、办公费用等,这需要对比租赁和自建仓库成本。

(5)诸如其他。

要弄清以上几点,根本上就需要弄清楚企业的运营状况和市场的需求状况,这包括企业物流总量、市场需求的稳定性和市场需求的密度等多方面。

1)企业物流总量。企业的仓储成本需要有大量的存货来分摊这些成本,这需要从财务角度来计算租赁仓库和自建仓库成本间的交点,企业物流总量超过交点时，自有仓库较为合适，反之，周转量较低时，公共仓储更加明智。

2）市场需求。如果各类客户厂商综合的仓库需求是稳定的，从企业运营的角度来看，这类稳定性指标将是企业自建仓库或租赁仓库决策的一个关键因素。

3）需求密度。企业自建仓库决策前还有另外一个重要的决策指标，就是客户的密度，如果市场客户相对集中，这将有利于自建仓库。因为零担运输费率相对较高，降低了企业运营的效率。

第三条仓储方案选择新思路。

企业自建仓库与租赁仓库很多时候并不是二选一的，这需要计算货物的存放量和存放时间，算出物流仓储企业恒定的仓储存储量和旺季时仓储存储量，在租赁和自有仓储间进行合理地配比，有效分散企业投资风险。

当然还有另外一种方式就是选择工业仓储帐篷，在旺季时利用空地，快速搭建解决企业爆仓问题，同时也降低了物流仓储间的物流费用和二次破损等问题。目前有很多物流或制造企业采用了仓储篷房，有效降低了企业的仓储投资，实现了轻资产运营，也部分解决了企业的自建仓库难题。

还要考虑的因素是经营性租入固定资产与融资租入固定资产的区别。经营性租入是临时租入，资产所有权不属承租人，承租人只定期支付租金。租入固定资产的所有权仍属于租出单位。

融资租入固定资产指采用融资租赁办法租入的机器设备。根据现行财务会计制度的规定，工业、农业、施工、商品流通、运输、金融、保险等企业对于融资租入的机器设备，应作为企业增加的固定资产进行管理，在"固定资产"科目中设置"融资租入固定资产"二级科目进行核算。融资租入机器设备在安装调试完毕交付使用时，应将其购置成本（包括买价、运输费、途中保险费、安装调试费）作为机器设备原值，记入"固定资产——融资租入固定资产"科目的借方和"长期应付款"科目的贷方，作为负债进行会计处理。对融资租入固定资产计提折旧时，应按受益对象将其记入生产成本或管理费用。简单地说，就是资产的所有权归属不同。

融资租入的固定资产和经营性租入的固定资产在会计处理上的主要区别有以下几点。

（1）融资租入的固定资产应作为租入企业的一项资产计价入账。相对于经营性租赁而言，融资租赁有租期较长、租约一般不能取消、支付的租金包括了设备的价款及租赁费和利息等，租赁期满承租人有优先选择廉价购买租赁资产的权利等特点。因此，在融资租赁的方式下，与租赁资产有关的主要风险和报酬已由出租人转归承租人。企业采用融资租赁方式租入固定资产，尽管从法律形式上资产的所有权在租赁期间仍然属于出租方，但由于资产租赁期基本上包括了资产有效使用年限，可以说承租企业获得了租赁资产所提供的主要经济利益，同时承担了与资产有关的风险。因此，企业应将融资租入资产作为一项资产计价入账，同时确认相应的负债。经营性租入的固定资产，主要是为了解决生产经营的季节性、临时性的需要，并不是长期拥有，租赁期限相对较短，资产的所有权仍归出租方，企业只是在租赁期内拥有资产的使用权，租赁期满企业将资产退还给出租人，也就是说在这种租赁方式下与租赁资产相关的风险和报酬仍然归属于出租人，所以对租入的固定资产不需要也不应该作为本企业的资产计价入账。

（2）融资租入的固定资产应视同自有固定资产计提折旧。而经营性租入的固定资产则不需计提折旧，其有偿使用方式为支付租金。

（3）融资租入的固定资产租赁期满其产权应转入承租企业，作为自有固定资产入账，而经营性租入的固定资产租赁期满应退还给出租人。

运输方式反推产品型号

距离美国伊利诺伊州芝加哥市 60 英里①的光显灯罩公司专门设计和制造定制灯罩和灯泡，该公司的产品以销往美国和加拿大为主。最近，与光显灯罩公司经常合作的建筑企业接受委托设计中国的几个大型公共建筑物，这些项目需要光显灯罩公司供应 8100 个完全一样的灯具。销售条款中将包括把货物直接运送到上海的港口，再由建筑企业负责接收货物。

光显灯罩公司设计了一种圆柱形灯罩样本，这种圆柱形灯罩高度和直径均为 11 英寸②，灯罩被包装入边长为 12 英寸的正方体盒子中，我们将这种灯罩称为 A 型灯罩。每个 A 型灯罩的制造成本为 4 美元，重 9 磅③。每个包装盒成本为 60 美

---

① 1 英里约为 1.61 千米。
② 1 英寸等于 2.54 厘米。
③ 1 磅约为 0.45 千克。

分，重 1 磅。因此，每个包装盒装入 A 型灯罩后的总重量为 10 磅。

为了减少包装成本并恪守公司对环保物流的承诺，光显灯罩公司还设计了另外两种锥形的灯罩设计方案，B 型灯罩和 C 型灯罩。圆锥形设计的一个好处就是灯罩可以套放在一起，也就是说多个灯罩可以包装入一个包装盒中，这样灯罩相互之间能起到保护作用。但锥形灯罩的生产成本高于柱形灯罩。

光显灯罩公司测定，每个 B 型灯罩的制造成本为 4.5 美元，可以 6 个套放在一个包装盒中进行运输。包装盒尺寸为 12 英寸×12 英寸×40 英寸。装有 6 个灯罩后的包装总重 62 磅。每个 B 型灯罩包装盒的成本为 2 美元，其中包括了灯罩之间的垫料。每个 C 型灯罩的制造成本是 5 美元，可以 10 个套放后运输。其包装盒尺寸为 12 英寸×12 英寸×48 英寸。装有 10 个灯罩后的包装总重为 101 磅，每个 C 型灯罩包装盒的成本为 2.25 美元，其中也包括了灯罩间的垫料。

灯罩将被装入联运集装箱，通过铁路运输到温哥华港。运至温哥华港的运输成本为每 40 英尺①的集装箱收费 1400 美元，运费与货物的重量无关。但是由于受公路载重量限制的要求，每个集装箱装载的重量不能超过 44000 磅。联运集装箱的内部结构宽 8 英尺、高 8.5 英尺、长 40 英尺。保险费按在温哥华港准备装船运往海外的货物价值的 2%计算（这是按照企业此时所有成本来估算的）。光显灯罩公司了解到，从温哥华港到上海港的运输成本为每个 40 英尺集装箱 800 美元。

> **讨论：**
>
> 1. 一个 40 英尺集装箱中可以装入多少个 A 型灯罩？
> 2. 一个 40 英尺集装箱中可以装入多少个 B 型灯罩？
> 3. 一个 40 英尺集装箱中可以装入多少个 C 型灯罩？
> 4. 将 A 型灯罩运往上海港的总成本是多少？
> 5. 将 B 型灯罩运往上海港的总成本是多少？
> 6. 将 C 型灯罩运往上海港的总成本是多少？
> 7. 你建议采用哪种灯罩？为什么？

---

① 1 英尺等于 30.48 厘米。

点评：

1. 一个 40 英尺集装箱中可以装入多少个 A 型灯罩？

A 型灯罩的尺寸为 1×1×1=1 立方英尺，集装箱尺寸是 8×8.5×40，但 8.5 只能用到 8，所以：8×8×40=2560 个

重量为 2560 个×10 磅=25600 磅<44000 磅

共 8100 个，要装 4 个集装箱。

2. 一个 40 英尺集装箱中可以装入多少个 B 型灯罩？

B 型灯罩的尺寸为 1×1×3.33=3.33 立方英尺，集装箱尺寸是 8×8.5×40。1.33×12=40，只能是 12×8×8 个=768 箱=4608 个。

但总重量=768×62=47616 磅>44000 磅

所以只能用 44000 磅÷62=709 箱=4254 个

共 8100 个，需要装 3 个集装箱。

3. 一个 40 英尺集装箱中可以装入多少个 C 型灯罩？

C 型灯罩的尺寸为 1×1×4=4 立方英尺，集装箱尺寸是 8×8.5×40。可以是 10×8×8 个=640 箱=6400 个。

但总重量=640×101=64640 磅>44000 磅

所以只能用 44000 磅÷101=435 箱=4350 个

共 8100 个，需要装 2 个集装箱。

4. 将 A 型灯罩运往上海港的总成本是多少？

（4+0.6）×1.02×8100+（1400+800）×4=46805.2

5. 将 B 型灯罩运往上海港的总成本是多少？

（4.5+2÷6）×1.02×8100+（1400+800）×3=46533

6. 将 C 型灯罩运往上海港的总成本是多少？

（5+2.25÷10）×1.02×8100+（1400+800）×2=47568.95

7. 你建议采用哪种灯罩？为什么？

显然 B 型灯罩的成本最低。

有一个理论叫 DFX（Design for X）面向 X 的设计，例如：DFC（客户 Customer）；DFP（产品 Product）；DFM（市场 Market）；DFM（制造 Manufacturer）；DFN（工艺 NPI）。后来有人提出 DFS（供应链 Supply Chain）；具体地 DFP（采购 Procurement）。

虽然还没有特定地提出要 DFT（运输 Transportation）。但这样的例子并不少见，通常玻璃厂大多建在码头附近，因为原材料（二氧化硅，俗称石英石）成本很低，主要费用来自运输，而水运则是降低成本的主要途径。而燃料也主要通过水运，做出的产品也是水运便宜。这是由运输决定了产品的选址。

另外一个例子就是惠普的打印机包装设计，为了使得打印机的尺寸在叠码之后正好装进标准集装箱，不留空隙以免在运输中晃悠而造成破坏，还省下填充物的费用，同时最大利用集装箱的空间，惠普的产品和包装工程师们对产品和包装强度进行了仔细的计算，设计出了最佳尺寸。

库房里的老大

天天发超市的仓库是一个中转站，供货商将货物送到仓库，天天发的配送车再将货物按需发到各个超市中。

泰道梅是其中一个仓库的主管，这个仓库的管理相对规范，按时发货率等指标也满足上级管理的要求，但损耗比 2.1% 的平均值略高一些，在 3% 上下摆动。工作中有位被称为"老大"的员工比较特殊。据说"老大"原来是某学校的足球队长，作为特长生进了一所大学，因考试不及格和打架中途退学。"老大"来到仓库，工作踏实，号召力强，体格健硕，但在电脑操作及数字统计上的不足阻碍了他的提升。几乎每个周一，"老大"上班不是迟到就是神志不清，把叉车放上几块板，找个地方睡觉，显然是周末麻将和酒精都过度了。好在大家都主动将"老大"的活儿给做了。

虽然没有影响工作，但泰主管还是对"老大"的这种行为多次进行了批评，但"老大"仍然我行我素，丝毫不见转变。泰主管无奈地将"老大"的迟到和睡觉次数都给记录下来告知了人力资源部，半年后"老大"的合同到期，经与人力资源部商量，泰主管决定将"老大"辞退，不再续签合同。

"老大"走了，生产效率也跟着下来了，例如，叉车司机在装货前围着叉车转了好几圈，号称确保安全后才作业，两车相会，停下来煞有介事地测一下安全距离，一个往后退，让另一个先过。供货商的车在外面等着卸货，急得团团转，给配送的装车直到下班也没有完成。超市电话紧催也不起作用。下班点一到，员工们一溜烟就不见了，泰主管只能自己和卡车司机们慢慢搬。泰主管知道是"老大"背后指使员工在闹怠工，无论如何都无法改变目前的状态。

无奈之下，管理层将泰主管调离，换了一个新主管来，并将"老大"请了回来。这位新主管正是"老大"在大学的同班同学，知道"老大"拳头的厉害，在进公司时，也在这个仓库实习过，对业务比较熟悉。

刚来上任，大家对新主管非常客气，"老大"也回来了，运作效率也立刻提升了。中午休息时，新主管路过员工的休息室，发现几个员工正在将一个箱子打开，取出了几瓶罐头，拿到休息室，从休息室的门缝看到，桌上还放了许多不同品种的罐头和其他食品。

讨论：

1. 泰主管在工作中有什么问题？
2. 如果你是新来的主管，如何应对当前的局面？又如何开展工作？
3. 对于这种非正常"损耗"，你的措施是什么？

点评：

这是一个企业内管理非正式组织的问题。在任何组织或社会的构成中，非正式组织的存在既具有客观性，又具有必然性，其作用对正式组织来讲是一把双刃剑：当非正式组织的组织结构和行为取向与正式组织保持一致或基本一致时，非正式组织往往能发挥积极的作用，有助于营造良好融洽的领导关系。当非正式组织不配合正式组织的工作时，特别是非正式组织的领导行为与正式组织的领导行为发生严重冲突时，非正式组织就会产生消极作用，破坏既有的良好领导关系，或者激化矛盾，使得已经出现问题的领导关系进一步恶化，最终阻碍组织目标的实现。

非正式组织的发展具有一个过程，在规模方面也存在很大的区别，从内部成员的结构关系来看，非正式组织还可以分为紧密型和松散型两种。管理者需要对非正式组织的情况进行阶段性的评估，进一步有针对性地实施有效的管理，以实现正式组织的发展目标。

首先，在管理中要谨防非正式组织的"紧密化"。一般来说，松散的非正式组织对于企业或部门的发展是有利的，能提升人性化管理，改善员工间关系，创造轻松融洽的工作氛围，激发员工的创造性。而当非正式组织逐渐演变成紧密型结构时，其对企业和部门发展的危害将不容忽视，员工内部及员工和管理者之间的工作关系紧张，存在安于现状、消极怠工的现象，并且员工普遍缺乏创新意识，工作效率不断下降，从而无法实现管理目标。当非正式组织在内部形成后，管理人员需要定期对非正式组织的紧密程度进行考察评估，根据评估结果做出相应的决策，谨防非正式组织的紧密化。

其次，让管理层融入非正式组织。由于骨干员工所具有的一些特点，如创新意识和独立性较强，因此非正式组织对他们的行为方式和工作表现往往会产生很大的影响。这时，管理人员就要对骨干员工进行适当的引导，使他们融入到某些松散的非正式组织中，或者弱化紧密型非正式组织对骨干员工的影响，尽量避免或消除非正式组织对企业和部门管理所造成的不利影响。一些可资参考的做法包括：①把非正式组织的核心员工调离原来的岗位，减弱非正式组织的影响，使非正式组织由紧密型向松散型演变。②管理人员成为非正式组织的成员，管理人员融入非正式组织中，施展个人影响，逐渐使非正式组织的行为和利益与正式组织管理目标保持一致。③关注关系相对独立的员工，经常与他们进行交流沟通，听取他们的意见，以保持考核的公正性。④在正式组织内开展各种活动，如集体培训、学习讨论等，强化正式组织的凝聚力，弱化非正式组织的影响。

第三，关注中层的管理方式。在企业管理中，有的管理人员为强化自己的管理职能，通过采用笼络员工的方式来培育自己的亲信，增强管理效力，客观上已形成了非正式组织。这类部门，虽然从表面上看来，能较好地进行日常运作，对一般性经营目标也能完成，但对于企业或部门的长期发展非常不利，营造了不好的人员关系和工作氛围，结果是企业或部门员工缺少创新精神，工作效率低下，优秀人才逐渐流失，不再有建设性的意见和建议，员工要么刻意奉承，要么被约束。因此，企业领导要定期评估企业内部中层经理们的管理方式，防止管理行为中所滋生的非正式组织。

仓储安全的潜在威胁包括盗窃、内盗、温度、湿度、故意破坏、火灾和电力丧失等，这些威胁会带来许多负面的后果，例如销售和收入的损失，提高安全性的额外成本，为实施恰当索赔而花费的时间和成本，以及对公众的潜在危险。而盗窃、内盗的风险由于有人员的要素及太多的不定因素，使得管控和处理变得非常棘手。

例如在美国康涅狄格州有一个仓库近8000万美元的药品被盗，而这一盗窃案案引发了一系列的后果，例如，药品生产商立刻对其各个仓库进行安全流程的审核，并采取更严格和更昂贵的安全措施，另外在正常渠道之外销售的药品有可能产生潜在的安全风险（例如缺乏冷藏和脏物造成药品的污染），虽然被盗药品最终被找回来了，但它们只是成为刑事案件中的证据，在所有相关司法程序完结后被销毁，这意味着制造商没有得到需要的销售收入。

仓储安全关注两个主要的问题，即保护产品和防止它们被盗。仓储安全则以通过关注人员、设施和流程三个方面得到加强。就人员来说，关注的一个环节应该是仓储工人的招聘流程；关注的起始点可能是确定某个设施是否确实有一个正规的招聘流程。当招聘仓储工人时，一个常识性的建议是不雇用可能有盗窃倾向的人（或者，有药物滥用问题的人）。

在设施方面，专家推荐一种公开和暗中监视相结合的方法。对于前者，电子设备如闭路电视系统会很有用，尤其是如果它们的监控是定期的。一种暗中监视类型是突击的安全检查，其关注于特定产品的短缺或过量。应该认识到可用于监控仓储安全的设备和技术的复杂性或成本实际上是无限的。越复杂的安全设备一般也就越贵，所以企业需要权衡设备的收益是否超过它们的成本。

就提高仓储安全的流程方面，一个发货被处理的次数越多，丢失或损坏的机会就越多。所以，对物流的流程进行重新设计以减少发货被处理的次数是非常有益的。仓储安全中一些可能的不足之处见表8。

表8　仓储安全中可能的不足之处

不足之处	说明
不愿对违规人员追究刑事责任	不到5%的罪犯被起诉
无效的安全工具	安全摄影机没有一直开着
对偷窃采取放任的态度	不要一直等到偷窃达到了一个"不可接受"的水平
对于在职者的滥用药物极少（或没有）惩罚	大约90%的吸毒者为了过毒瘾去偷窃或贩毒
很少审计订单检验员的表现	他们可能变得满不在乎
告发偷窃和滥用药物制度上的障碍	将告发工作外包可能更有效
雇佣有盗窃倾向的人员	预防为主，措施为辅

寻找有效的库存管理策略

詹姆电子是一家韩国制造商企业,主要生产工业继电器等电子产品。公司在远东地区的5个国家拥有5家制造工厂,公司总部设在首尔。美国詹姆公司是詹姆电子的一个子公司,专门为美国国内提供配送和服务功能。公司在芝加哥设有一个中心仓库,主要为分销商和原始设备制造商服务。詹姆电子大约生产2500种不同的产品,所有这些产品都是在远东地区生产制造,产成品储存在韩国的一个中心仓库,然后从这里运往不同的国家。在美国销售的产品是通过海运运到芝加哥仓库的。近年来,美国詹姆公司已经感到竞争加剧和降低成本的巨大压力,还有来自顾客强烈要求提高服务水平的压力。不幸的是,正如库存经理艾尔所说:"目前的服务水平处于历史最低水平,只有大约70%的订单能够准时交货。另外,很多没有需求的产品占用了大量库存。"在最近一次与美国詹姆公司总裁、总经理及韩国总部代表的会议中,艾尔指出了服务水平低下的几个原因:

(1)预测顾客需求存在很大的困难。

(2)供应链存在很长的提前期。美国仓库发出的订单一般要6~7周后才能交货。提前期时间长主要因为:①韩国的中央配送中心需要一周来处理订单。②海上运输时间比较长。

(3)公司有大量的库存。美国公司要向顾客配送2500种不同的产品。

问题:

对詹姆公司来讲,如何有效地进行库存管理?

点评:

供应链各节点上不可避免地有库存以应对供应的不确定性,但这往往导致库存的重复设置。在供应链管理环境下,加强上下游的合作,信息实时共享,降低供需的不确定性,以信息代替库存,从根本上解决供应链系统库存居高减不下的问题。

供应链库存管理策略主要包括:供应商管理库存(VMI)、联合库存管理(JMI)、协同计划、预测与补货(CPFR)以及多级库存控制等策略。

供应商管理库存是按照供需双方达成的协议，由供应商根据客户的物料需求计划、销售信息和库存量，主动对客户的库存进行管理和控制的库存管理方式。其实质是用户将库存管理的决策权委托给供应商，由其确定库存水平、库存控制及补给策略，代为行使库存管理的权利。实施VMI，供需双方都对传统独立预测需求的模式进行了变革，最大程度地降低了需求预测的风险与不确定性，降低了交易费用，降低了供应链系统成本，提升了供应链竞争力。

联合库存管理（JMI）则是一种供应链成员企业利益共享、风险共担的库存管理模式。该模式强调供应链节点企业同时参与，共同制订库存计划并实施库存控制，避免了需求信息的扭曲，遏制了"牛鞭效应"，有效降低了供应链系统的库存量。

实施JMI，首先要加强供应链成员企业间的合作，构筑供应链物流系统，建立上游生产资料库存协调管理中心和下游产成品库存协调管理中心，由核心企业（制造商）对原材料（或零配件）库存及产成品库存实行集中控制。具体而言，原辅料或零配件供应商在制造商的物料需求计划的驱动下，制订物料供应计划，实施物流外包，借助第三方物流服务供应商的专业物流能力，采用多频次、小批量的配送方式，向制造商的原料库或生产线进行供应配送，原料库或生产线旁边的临时储存点构成了供应链上游的"虚拟库存中心"。在供应链下游，制造商一般应根据销售需要设立成品库，对下线产品实行集中储存。根据目标客户群体的地域分布，本着客户相对集中的原则，充分考虑交通运输条件，建立区域分拨中心（RDC）或配送中心（DC），在客户订单或需求信息的驱动下，由成品库到区域分拨中心，进而由区域分拨中心向配送中心实施补货，最后通过配送中心向零售商或用户进行配送。成品库、区域分拨中心、配送中心共同构成了供应链下游的"虚拟库存中心"。这两个"库存中心"可在集成原料库、成品库、区域分拨中心、配送中心、零售商或用户信息系统（WMS或IMS）的基础上，由核心企业总部的库存经理实行集中控制。

联合库存管理由制造商主导，上下游企业共同参与。供应商、零售商、用户提供必要的商流信息（需求信息）和物流信息（库存信息），节点企业共同参与库存计划的制订。而运输、配送（在途库存）则主要由第三方物流服务商完成。

协同计划、预测与补货（CPFR）是"快速反应"（QR）这种供应链管理策略发展的高级阶段。它是指供应链成员企业充分利用销售时点系统、电子数据交换、互联网等信息技术手段,实现供应链企业群体的实时信息共享。通过共同预测需求、共同制订计划、共同管理业务来实现供应链企业间的战略协同。借助现代信息技术手段和直接换装/越库配送(CD)等物流技术,实现对全程供应链业务的有效控制,最终达到提高供应链运营效率、降低供应链系统库存、提高顾客满意度为目的的供应链库存管理策略。从某种意义上说,联合库存管理(JMI)是该库存管理策略的一种具体实现方式。

此外,供应链库存管理策略还包括分布式、中心化的多级库存控制等策略。运用中心化(或集中式)多级库存控制策略可以实现对供应链库存的系统控制。该策略成功实施的关键是要将供应商、分销商、零售商等供应链节点的仓库管理系统(WMS)或库存管理系统(IMS)和制造商的管理信息系统(MIS)有效集成,由制造商实现对供应链系统库存的全局性控制。

一起动员降库存

先锋电子公司总部在日本东京,是一家辐射全球的电子消费器公司,年销售收入642万亿元,在全世界有150多个分支机构,随着竞争的加剧,公司管理层逐渐意识到控制公司的库存商品在电子消费品行业的重要性。因此,决定对其整个供应链进行整合,并且制订了具体的战术目标:①削减库存;②库存风险的明细化;③降低生产销售计划的周期。

公司通过对需求变动原因的收集和分析,制订高精度的销售计划,同时,通过缩短销售计划和生产周期来达到削减库存的目的;通过需求预测和销售计划分离的机制来使库存风险明细化;同时通过系统引入预测、销售计划业务的效率化,各业务单位的生产销售计划标准化、共享化,来制订未来销售拓展计划,进而达到生产销售计划周期的降低。

在完成上述设计之后,更关键的是在组织和流程方面进行全面的重新确定。在组织方面,重新设计决策部门的职能,划分了需求预测和销售计划的职能;在业务流程设计方面,设计能实现每周计划的业务流程,建立了以统计预测手段为前提的需求预测流程,以及独立的需求预测流程和销售计划流程。

公司通过对零售实际业绩的预测模型以及对产品竞争力、季节性、因果要素(需求变动要素)等的统计性预测,设计了新的预测模型,进而在此基础上,在系统中构筑了新的生产销售流程。

这一流程主要是基于统计性预测的需求预测系统,实现了需求预测变动信息的积累功能以及月、周生产销售精细计划的功能,并可以对需求预测和销售计划之间的差异进行管理,还可以实现批量处理的需求预测、销售计划、生产计划等方案优化,结合以上手段,确保新的生产销售流程的顺利推行。

销售计划的预测模型在先锋电子的推行取得了积极的成效,在管理咨询公司的帮助下,先锋电子可以依靠系统制订出综合多方因素的销售计划,通过生产、销售计划编制精度的提高,使得原材料等物料的采购提前期从4天减少到2天。

问题:

1. 导致企业库存增加的因素有哪些?
2. 企业如何做到以较低的库存来满足需求?

点评:

企业库存过大往往是因为以下这些主要原因。

(1)最大原因是预测不准所造成的库存,企业面对不准确的预测,只能以多备库存来应对。

(2)供应链的牛鞭效应,越是位于供应链的上游,远离客户端,牛鞭效应所造成的库存堆积就越高。

(3)需求的波动性大,许多企业平抑波动性的方法是利用库存来平滑需求的波动。

(4)采购批量设置高,或采购量为满足最小批量,或为了获得批量折扣而导致平均库存升高。

(5)订货前置期长,为了减少断货风险,采购周期长的商品都会相应设置更高的安全库存。

(6)进货日频繁、集中在某个日子进货、特卖商品进货过早,都会导致一次性库存过大。

(7)库存管理粗放,没有精细化管理库存量,造成库存积压。

(8)市场变化剧烈,而造成库存产品迅速过时而形成呆滞库存。

(9)没有及时管理和处理呆滞库存。

（10）不合格品太多，造成多余库存。

（11）生产环节管理不善，对用量计算不准确。

（12）传统库存管理方法，没有从供应链角度管理库存。

传统企业管理的核心思想是企业本位。传统库存控制主要是针对特定的企业进行库存管理与优化，而不能避免节点企业间库存的重复设置，不能实现供应链系统库存的全局优化，其核心思想是库存补充，即库存消耗之后，立即补货，以高库存为代价应对供应的不确定性。而在库存绩效指标的设置上，一般基本单个企业或部门，没有考虑到供应链的整体绩效，通常以库存周转率（期）、平均库存值、可供应时间等为主要的考核指标，往往忽视了缺货率，订单满足率、准时交货率或延迟交货率（误点交货率）、客户订货周期等服务指标。例如，订货点法通过建模求解经济订货批量（EOQ）等库存控制有关的参数，一般有一系列假设条件，订货批量固定、订货提前期固定、产品价格固定、产品的需求固定等，而在现实中，这些约束条件往往难以满足，因为它们通常是变化的。

在供应链管理环境下，供应链各个环节的活动都应该是同步进行的，而传统的库存和分销管理模式显然无法满足这一要求。因为在传统的供应链上，基于交易关系的各个环节的企业都是自己管理自己的库存，在追求本企业利益最大化的前提下，每个企业都独自制订了自己的库存目标和相应的库存控制策略，这种孤立的运作导致了企业之间缺乏信息沟通，进而不可避免地会产生需求信息的扭曲和时间的滞后，往往使得库存需求信息在从供应链的下游向上游的传递过程中被逐级放大，从而大大增加了供应链的整体库存，在很大程度上削弱了供应链的整体竞争实力。而供应链管理的目标就是通过其节点上的各个企业之间的密切合作，以最小的成本提供最大的客户价值，这就要求供应链上各环节企业的活动应该是同步进行，库存管理职能也应当进行必要的整合。这样，企业由以物流控制为目的的库存管理转向以过程控制为目的的库存管理，即供应链的库存管理是基于工作流的管理。

集装箱倒逼产品改型

因为一部火爆的电视剧中的明星代言而将公司的一款打印机带火了，销售变得特别好，这时物流商提出要运费涨价，这使得负责该项目的采购员特别恼火。

因为公司刚刚开完会，前一阶段销售不好，大家的降成本工作虽然很努力，但预期效果不显著，如今销售量上去了，规模效应应该显现出来，更应该降成本。特别是采购量大了，供应商必须提供更低的价格，采购员要将所有与量有关的物品和服务相关的项目都重新谈一遍。采购员正准备与供应商谈降价，却被堵上门要求提价。提价的理由也够奇葩的：原来这款打印机是与别的产品混装的，现在量大了，基本上都是要求立即发货，装完车就走，而带包装产品装入集装箱后上下左右还是有空隙，只能买许多填充物将集装箱塞满，以防止运输路途中的颠簸造成货物损坏。不但浪费材料，还浪费空间、浪费运力，这样成本高了，过去就是因为压低成本才用混装节省的，现在不混装运输了，就会造成亏损。另外，产品的运输量一下子提上来，有些措手不及，运输、人力等跟不上，也造成了成本上升。

采购员坚决不同意涨价，供应商也不让步，双方僵持着。供应商当然不希望失去这单生意，但也不能亏本赚吆喝，一位高管带着一个工程师（号称包装专家）到公司游说。他们来到工艺设计部门，也恰好遇到该部门正在讨论这款产品的一些潜在问题，需要做设计改型。供应商积极将包装标准化问题纳入了改进项目中，并与工艺工程师合作，按照集装箱尺寸倒推外包装尺寸，再核算包装材料、结构和强度及产品可利用的空间。在供应商的建议和帮助下，公司重新设计修改了产品结构及内外部包装，并进行了各种试验和验证、认证。最终使得改型后的产品包装恰好装满集装箱、不留空隙。

最终，物流供应商也接受了降价要求，因为改型后的产品降低了运输成本，几乎避免了包装外观的破损，公司的产品能及时发送出去，这也是双赢的结果了。

结果皆大欢喜，但回顾整个过程，并非一帆风顺，首先是负责物流的采购员并不是项目的主要推手，因为他认为在公司里这个改型根本上是无法实现的。他认为自己没有能力，而且这也不是他的工作范围；而设计工程师对供应商提出包装标准化的提议开始也不屑一顾，或者说是持抵触态度的；管理层也是半信半疑，对改进效果并不看好，而真正推动项目成功的却是供应商的这两位具体执行人。因为他们的专业水平、锲而不舍的精神和较强的沟通能力，使得项目顺利实施并获得成功。

供应链、库存及物流

讨论:

1. 单从案例所给出的描述,你作为质量管理者,依照 PDCA、8D 报告、持续改善等经典的管理方法,给这家公司提出一些建设性建议。
2. 针对这个产品的包装问题,你可以提出一些纠正措施和预防措施吗?
3. 产品的改型是否意味着项目的结束?改型是否可以被认为是纠正和预防措施?
4. 在案例中,供应商管理似乎有些被动,那么主动的措施应该是什么?有哪些?
5. 公司经营不景气的时候,需要供应商"同甘共苦";公司兴旺之时,要求供应商提供更好的折扣?你赞同这种做法吗?为什么?
6. DFX(Design For X,面向产品生命周期各/某环节的设计)包括哪些?

点评:

无论是按照朱兰的质量三部曲,还是戴明环的 PDCA 循环,还是 8D 报告的精神,在问题解决之后,应该总结经验、发现根本原因,以利于进一步改善。针对这个案例我们可以有理由提出这样几个问题:

为什么过去在设计中没有考虑到包装箱的标准尺寸问题?

公司有没有在推动标准化?主体责任者是谁?如何落实到各个部门中去?

过去运输的问题是通过什么渠道反馈?这个渠道是否发挥了作用?

公司对供应商参与改善的态度是积极的还是消极的?为什么?

如果没有供应商的推动,将是怎么样的结果?问题是否能够得到解决?

为什么公司内部的员工没有改善产品的积极性,反而是供应商在积极推动?

公司是否存在供应商早期参与流程的规定?

如何解决长期合作供应商的关系建立及不断降价的压力?

为什么销售的火爆状况没有与供应商沟通?沟通机制在哪里?有没有起到作用?供应链上其他环节有没有受到影响?

在建立供应商与公司内部各个利益相关方的联系桥梁中,采购员与供应商管理者的角色和作用是什么?

除了压价以外，降低成本是否还有更好的方法？

如果我们多问一些为什么（WHY）及对每一个问题，按照5WHY原则追根刨底，再深入探寻原因，可以获得更多的改善机会。

纠正措施与预防措施是日常质量管理中非常重要的控制措施。常常在解决质量问题时，纠正措施和预防措施做得无关痛痒，没有实际意义和效果，原因是对纠正措施和预防措施是什么并没有深刻理解，纠正是为消除已发现的不符合及其他不期望情况所采取的措施。消除已发现的不符合及其他不期望情况的原因所采取的措施称为纠正措施；而为消除潜在的不符合或其他潜在不期望情况的原因所采取的措施称为预防措施。然而，纠正措施和预防措施并非划分得特别清楚，从某种意义上来说，在一个层次上的预防措施，可以视为更深入、更广泛意义上的预防措施。

在这个案例中，如果简单地看，结果是圆满的，问题解决了，也没有再出现的机会了：不会因为装车有空隙而晃悠，也不需要再买填充物，装载效率也提升了，运输成本也节约了，似乎是万事大吉。但多问几个为什么就可以找到更深层次的原因：这家公司的标准化工作如何没有涉及包装？运输的问题为什么没有反馈及转变为改进项目？前端的需求为什么没有反馈到供应链的上游？是流程问题，还是沟通问题？

再从纠正措施入手，在这款打印机中还有没有其他可以标准化的改善机会？在整个公司中，包括其他产品中，还有没有类似的现象？在产品设计中有没有考虑到运输的因素，再深入一步，在设计中还要考虑哪些因素，也就是DFX，最初包括可制造性、可靠性和可测试性，后来又涉及客户、市场、工艺、新产品投放、采购、材料、供应链、物流、成本、质量、环保等越来越多的要素。而预防措施考虑的是如果再做一次新产品设计，这些要素如何保证会被实际考虑到，不会被遗漏？标准化贯彻到未来的产品设计中，是否有流程、制度和体系进行保障呢？供应商管理及成本的管理是否又如何上升到战略层面上？

从案例分析也可以看出，产品改善永无止境，通过更深入更高层次的PDCA循环，质量会得到不断的挖掘和提升。

领导力和人员

> 领导力就像美，它难以定义，但当你看到时，你就知道。
> ——沃伦·班尼
>
> 一位最佳领导者，是一位知人善任者，而在下属甘心从事其职守时，领导要有自我约束力量，而不插手干涉他们。
> ——罗斯福
>
> 领导力不是"磁性人格"，那只是一种油腔滑调的说法。领导力是将一个人的视野提升到更高的层次，将一个人的绩效提升到更高的水准，塑造一个超越常规局限的格局。
> ——彼得·F.德鲁克

领导者是处于组织变化和活动的核心地位，并努力实现愿景的人。领导力与领导者及其下属之间的权力关系有关，领导者具有权力，并运用它们影响他人。领导力是一种达成目标的工具，协助团体内部成员实现其目标。

所谓领导力，就是一种特殊的人际影响力，组织中的每一个人都会去影响他人，也要接受他人的影响，因此每个员工都具有潜在的和现实的领导力。在组织中，领导者和成员共同推动着团队向着既定的目标前进，从而构成一个有机的系统，在系统内部具有以下几个要素：领导者的个性特征和领导艺术，员工的主观能动性，领导者与员工之间的积极互动，组织目标的制订以及实现的过程。

"领导作用"的反作用

采购经理吴用武认为自己如同公司的"雕塑",号称自己管着二十多号采购员和采购工程师,但公司选择供应商基本上都是总经理决定,就算是小供应商,总经理也会亲自过问把关。

采购流程要求,所有的采购订单都需要总经理签字,虽然有供应商选择的流程,也有认证供应商名录(AVL, Approved Vendor List),但在领导要求下,公司修订了流程,采购额大于2000元人民币以上的订单都必须找三家以上的供应商进行比价,更重要的是,其中必须有一家是新供应商,长此以往,AVL中已经没有足够的备选供应商,基本上每次都要重新寻找供应商。而总经理是一位追求完美的领导,对每一次的报价都不满意,因此总是亲自出现,向供应商再砍一刀,而这一招也往往很有效,供应商总是要给总经理一点面子的,这反过来又增强了总经理的看法,认为采购部不够努力。对采购的插足就更深,嘴上还挂着一个名言:"要为公司花的每一分钱把好关!"总经理认为这种控制手段是非常有效的,进一步地要求吴用武经理对2000元以下的订单着重把关,而总经理自己则重点关注于2000元以上的大金额合同。在公司的体系审核中,无论是内审还是外审,也得到了高度的评价:充分体现、贯彻了ISO9000质量管理体系中《八项管理原则》中的第二条:"领导作用",认为体系运行有效,具有可控性。

渐渐地,供应商也摸透了公司的习性,绕过采购部,直接去敲总经理办公室的门。总经理也乐得其所,非常愿意和供应商谈判。但总经理的做法是,忙不过来时又把谈了半截的案子或没有谈的案子交给采购部处理,总经理还会叮嘱道:"我没有什么特别意思的,你们应该按照公司的流程做"。采购员们很难琢磨清楚,总经理到底有没有"别的意思",但肯定不会也不敢去问究竟会不会有"意思"。只能小心行事为妙。供应商发现这一招非常有效,更知道如何娴熟地应用。

最终造成公司的实际运作流程是,供应商去找总经理,总经理谈判,定夺之后,再把案子交给采购部门做合同,走流程,还要煞有介事地找几家来比价、议价,完成公司要求的流程。一些有志向的采购员要不转行,要不就跳到别的公司,剩下的采购员乐得轻松,不用承担太大的责任,做做订单,写写文档,相安无事。

吴经理希望能在采购管理上多做一些有实际意义的工作，但又无从下手，而上级则认为吴经理权力欲望太强。吴经理静下心来一想，没有责任也并不是坏事：无责一身轻。

所有权力都集中在总经理一个人身上，总经理本是一位非常正直、严谨小心的人，但供应商对总经理的工作也越做越夸张，各种不正当的手法都用上了，总经理也没有逃脱金钱的诱惑，而公司里流程制度对总经理也只是形同虚设。终于有一天，总经理被"双规"了，随后进了大牢，总经理临走前对着采购经理说，是采购部和吴经理害了他呀。

讨论：
1. 如何理解"领导作用"在采购活动中的体现？
2. 这位总经理是管理者还是领导者？
3. 公司的采购流程如何有效地控制，又能发挥采购员的工作积极性？

点评：

领导作用并非领导自己去谈价格，选供应商。在质量管理的八项原则中，原则二"领导作用"是指领导者确立组织统一的宗旨及方向。他们应当创造并保持使员工能充分参与实现组织目标的内部环境。

一个组织的领导者，即最高管理者，是"在最高层指挥和控制组织的一个人或一组人"，具有决策和领导一个组织的关键性作用。最高管理者的领导作用、承诺和积极参与，对建立并保持一个有效的、高效的质量管理体系并使所有相关方获益是必不可少的。领导作用的重要方面，即在为组织发展确立方向、宗旨和战略规划，并对此在组织内进行统筹管理和协调，创造一个全体员工都能充分参与实现组织目标的内部氛围和环境。领导者应以既定目标为中心，将员工组织团结在一起，鼓舞和推动员工向既定目标努力前进。为此，领导者应赋予员工职责内的自主权，为其工作提供合适的资源，充分调动员工的积极性，发挥员工的主观能动性，鼓舞、激励员工的士气，增强员工的集体意识，提高员工的工作能力，使员工产生成就感和满足感。

再有，质量管理的八项原则是一个整体，原则三是"全员参与"：各级人员都是组织之本，只有他们的充分参与，才能使其才干为组织带来收益。

全体员工是每个组织的基础。组织的质量管理是通过组织内各职能各层次人员参与实施的，不仅需要最高管理者的正确领导，还有赖于组织的全员参与，过程的有效性直接取决于各级人员的意识、能力和主动精神。为提高质量管理活动的有效性、确保产品质量能满足并超越顾客的需求和期望，就要重视对员工进行质量意识、职业道德、以顾客为关注焦点的意识和敬业精神的教育，激发员工的积极性和责任感。当每个人的积极性、主观能动性、创造性等都能得到充分发挥并能实现创新和持续改进时，组织将会获得最大的收益。以人为本是全员参与的基础和保证。

再看原则四"过程方法"：将相关的资源和活动作为过程进行管理，可以更高效地得到期望的结果。

任何利用资源并通过管理，将输入转化为输出的活动，均可视为过程。一个过程的输出可直接形成下一个或几个过程的输入。为使组织有效地运行，必须识别和管理众多相互关联的过程。系统地识别和管理组织所应用的过程，特别是这些过程之间的相互作用，就是"过程方法"。过程方法的目的是获得持续改进的动态循环，并使组织的总体业绩得到显著的提高。组织采用过程方法，是对每个过程考虑其具体的要求，使管理职责、资源管理、产品实现、测量分析的方式和改进活动（质量管理的全部内容）都能相互有机地结合并做出恰当的考虑与安排，从而有效地使用资源、降低成本、缩短周期。在应用过程方法时，必须对每个过程，特别是关键过程的要素进行识别和管理。

原则五"管理的系统方法"：将相互关联的过程作为系统加以识别、理解和管理，有助于组织提高实现目标的有效性和效率。"系统"指相互关联或相互作用的一组要素，组织的管理体系的构成要素是过程。过程是相互关联和相互作用的，每个过程的结果都在不同程度上影响着最终的目标。要想对过程系统地实施控制，确保组织预定目标的实现，就需要建立管理体系，运用系统管理方法对各个过程实施控制。系统方法，即以系统地分析有关的数据、资料或客观事实开始，确定要达到的优化目标；然后通过系统工程，设计或策划为达到目标而应采取的各项措施和步骤，以及应配置的资源，形成一个完整的方案；最后在实施中通过系统管理而取得高效性和高效率。

认真领会并在采购实践中应用这些原则，就不会造成总经理去干自己不该干的活，管了自己不该管事。这位总经理既不是管理者，也不是领导者。领导与管理的区别是深刻而广泛的，领导具有务虚性，注重目标和方向；管理具有务实性，注重贯彻和落实。领导具有全局性，注重整个组织和社会的利益；管理具有局部性，注重某一局部和某项工作的利益。领导具有超脱性，不管具体事务；管理具有操作性，必须事无巨细。领导具有战略性，注重组织长期和宏观的目标；管理具有战术性，注重短期内的和具体的任务的完成。领导的功能是推进变革，管理的功能维持秩序。领导善于激发下属创新，管理习惯告诉下属按部就班。领导者乐于追求风险，管理者则往往回避风险。领导者富于感情，管理者注重平衡。领导者善于授权和扩张，管理者乐于限定和控制。领导者善于思考并产生新的思想，管理者善于行动并进行新的验证性实践。

美国著名学者史蒂芬·柯维曾形象地做了这样一个比喻：一群工人在丛林里清除低矮灌木，他们是生产者，解决的是实际问题，管理者在他们的后面拟订政策，引进技术，确定工作进程和补贴计划，领导者则爬上最高的那棵树、巡视全貌，然后向大家嚷道："不是这块丛林"。GE公司前CEO韦尔奇也以其丰富的领导实践和人生感悟，形象的指出："把梯子正确地靠在墙上是管理的职责，领导的作用在于保证梯子靠在正确的墙上。"这种描述十分形象地揭示了领导与管理之间的差异。

这位总经理称不上领导者，也称不上管理者，却关注于和谁购买，多少钱购买。

权力制衡

有一家规模化专业从事光电成像系统研发、生产、销售的高新技术企业。自成立以来，公司立足自主创新，开发出数十款拥有完全知识产权的高科技光电系统，技术居国际先进水平。公司有三十多项专利，产品广泛应用于电力、石化、冶金、建筑、消防、科研、公安、交通运输及军工等领域，现已在全球70多个国家拥有经销商，不久前，公司作为行业领军企业成功上市。公司更希望以此为契机，努力擎起民族科技之大旗，续写明天更加辉煌的篇章。

采购部也随着公司的发展在逐步扩大。由于早年公司有一位采购员在采购一种特种钽电容时，将报价由几百元标为几千元，从中贪污了几十万元，老板非常生气，经过一番深思熟虑，决定成立了一个核价部，找了一些精明能干的员工和一位严厉的经理,部门不大,但直接归自己领导。经过一段时间的运作,效果不错,数据表明,经过核价,为公司节约了一大笔开支。核价部的工作流程为:对采购部最终的报价,再次进行多方询价,如果发现价格比采购部上报的价格还要低,报价单返回到采购部,要求采购部重新询价。对于金额比较大的合同,老板会亲自出马,与供应商价格谈判,把价格再压低下来一些。

公司制订了供应商的考核标准主要有四个指标:质量、交期、成本与服务,质量在考核权重中占据了50%,成本25%,交期15%,服务10%,但实际上,经过核价部的参与,最终的决定因素还是取决于价格。采购部提出的疑问是,如何应用供应商的绩效考核体系呢?

一种不被信任的感觉弥漫于采购部,采购部员工的积极性是受到了影响,大家小心翼翼地工作着,不断比价、再报价、再比价。老板则认为这种权力的制衡是非常重要的,也满意现在的状态。

核价部的工作非常辛苦,他们部门的人手比采购部少得多,工作量却不轻松,所有的价格都要重新询价。如果供应商知道他们是来核价的,会抱着戒心,一般不会配合,供应商会问他们是哪家公司以及他们的规格要求和用量等,如果知道是来自同一家公司的相同询价,就不会再报价,而遇到不熟悉的供应商,开出的报价都很离谱。无奈之下,只能虚构一个公司名,编造一项用途,再虚报用量,但有可能返回到采购部,采购却无法得到这个价格,又返回核价部重新审核。几次后,许多供应商都熟悉了公司的流程,知道核价部的作用,也会让步核价部,造成采购部更加被动。有的公司让步采购部,不再降价,使核价部搞不清楚哪个是真,哪个是假。核价部的员工个个都工作非常积极,但不太可能将每一项采购都搞清楚,他们希望做一些成本分解,但面对一大堆报价等待审核,几乎没有时间去进行细化。

生产和计划更是反应很强烈。计划声称采购部的按时到货率是零:订单到了采购部,不知道什么时候能跑出来。但采购部则认为按时到货率基本上是百分之百,因为采购部按照与供应商合同上所签订的交付日期计算的。生产抱怨是供应商的质量有问题。不断的降价造成供应商的偷工减料。而供应商也颇有微词:不知道啥时候有订单,没有不是急件的,还多是单件小批量,哪能有时间精雕细琢。

渐渐地,老板也认为采购部不仅仅应该关注价格,还可以多为公司做些什么。老板有一个特点,常常直接把某个员工找到办公室了解情况,经过了解,他也能理解采购员的被动局面，老板把采购经理找来办公室，要求采购部能改变作风。

> **讨论：**
> 1. 在本案例所提供的具体的公司背景下，核价部的工作是什么？
> 2. 核价如何做好质量、价格、交期的平衡？特别是保障来料的质量？
> 3. 采购部如何改变作风，为公司做哪些增值的工作？

点评：

在这个案例中分两个角度进行分析，作为采购员，"忠于雇主"是采购员要牢记在心的道德观，服从公司，遵守流程，向公司展示采购程序的公正，可查询，文件化管理，是采购的职责和义务，没有必要抱怨、情绪低落，更不应该有抵触情绪，打个比方，每一个人在上飞机前都要经过安检，难道会认为，机场将每一个旅客都作为恐怖分子？旅客们都服从规定，安静地从安检门走过，把包打开，接受检查。当然，效率和流程一定存在矛盾，安检会造成堵塞、排队和不方便，安检还要投入设备、空间和大量的人力资源。但为了安全，这些都值得，因为飞行安全，每一位旅客的安全是第一位的。采购流程如同安检，并没有针对哪一个采购员，经过核价，公司放心，流程可查，大家都安全了，有什么不好呢？而在此，一样效率和流程也存在矛盾，但效率服从流程，采购员应该记住，遵守流程比效率更重要。

从企业领导的角度，面对核价，同样要考虑效率和流程的关系，对于采购员的道德问题，解决办法应该是多管齐下：一是在选人时就要考虑不会去招聘那些道德观与企业价值观相悖的候选人，二是持续的教育，三是制度和流程，四是举报，五是审计，六是对违规者严惩不贷。单纯依赖于核价一种方法，还不能完全解决这一问题。

采购是追求获得总体成本（TCO）的最低，而不是仅仅盯在采购价格的最低上，总体成本除了价格因素之外，采购成本包括采购在市场调研、自制或采购决策、产品预开发与开发中供应商的参与、供应商交货、库存、来料检验、生产、出货测试、售后服务等整个供应链中各环节所产生的费用对成本的影响，概括起来是指在本公司产品的市场研究、开发、生产与售后服务各阶段，因供应商的参与或提供的产品（或服务）所导致的成本，它包括供应商的参与或提供的产品（或服务）没有达到最高水平而造成的二次成本或损失。企业最终目的不仅是要以最低的成本及时采购到质量最好的原材料或零部件，而且要在本公司产品的全部寿命周期过程中，即产品的市场研究、开发、生产与售后服务的各环节，都要将最好的供应商最有效地利用起来，以降低整体采购成本。企业在实际采购过程中，需要找出实际整体采购成本与采购价格之间的差距，分析各项成本发生的原因，在此基础上提出改进措施。

当然也不能排除价格在采购流程中的重要地位，而在案例中核价的流程更注重的事后控制，而作为控制价格的方法，核价更聚焦于以下几点：

（1）跟踪市场。

（2）对成本的分解。

（3）目标成本。

（4）TCO。

（5）供应市场的人工成本即劳动力市场的变化和各个地区的差异。

（6）材料成本及原材料市场的变化，影响因素和趋势分析等。

现在许多企业都在用价值流的工具重审每一个流程和职能是否对企业的整体业务做出贡献及EVA（经济增加值）的贡献。在这个案例中，核价部定位于对采购部得到的价格进行重新报价、比价、议价，相当于对采购的询价流程又重新进行一次，这样的流程对公司是否真的有增值，是值得考虑的。

在价格的审核上，核价部通过价格谈判、比价、议价等战术性活动所能得到的利益是非常有限的，对公司有增值贡献的活动可以找出许多出来，例如，所购产品，特别是原材料市场价格的变化和波动情况。原材料的价格会随着宏观经济和微观经济的各种要素的起伏而剧烈地波动，企业在价格控制中要考虑下列的因素：商业周期和经济变化；工业生产的发展；工业平均利用率；价格变化（如货币贬值，通货膨胀）；市场结构；财务状况；组织结构；交货质量；交货时间；企业发展状况；服务质量；所有权和股份；成本—价格结构；价格水平；利率；工资变化；生产率的变化；政况气候；供需分析；利用率；订购状况和销售等，掌握了市场风云变幻，才能决胜于千里之外。

注：EVA即经济增加值，其理论源于诺贝尔奖经济学家默顿·米勒和弗兰科·莫迪利亚尼《关于公司价值的经济模型》。从最基本的意义上讲，经济增加值是公司业绩度量指标，与其他度量指标不同之处在于EVA考虑了带来企业利润的

所有资金成本，公式为：

经济增加值=税后利润-资金成本系数（使用的全部资金）

EVA 的基本计算公式为：

$$EVA=NOPAT-C\%\times TC$$

其中，NOPAT 是税后净经营利润，C% 是加权资本成本，TC 是占用的资本（包括股权资本和债务资本）。上式中的 NOPAT 以会计净利润为基础进行调整得到，调整的项目主要包括商誉摊销、研发费用、递延所得税、先进先出存货利得、折旧、资产租赁等。这种调整的目的在于消除会计稳健主义对业绩的影响，减少管理当局进行盈余管理的机会，减少会计计量误差影响。

风格迥异

阮英公司是一个特种车辆改装厂，特种车辆一般来说都按需定制产品，量都比较少，而且每次的品种都有所不同。在这个状态下，公司采用项目管理的方法进行生产，每一个订单都是一个项目，以技术牵头成立项目组，项目组长对产品负责，而且成本、利润结算也是以项目为单位。因而项目经理责任大，担子重，权力也大。

前任的一位采购经理的性格比较随和，认为采购部门的功能主要体现在服务上，以项目为导向的定制化车辆，每次采购的物料都有所不同，技术部门需要为定制车辆重新设计，采购经理要求部门的员工为技术部门寻找、选择供应商，和技术部门一起制订规格书，因为技术性比较强，与供应商的价格谈判也是和技术部门一起进行，最后的决策是大家一起做出的。

应该说，由于采购经理的这种以服务为导向的指导思想和强烈的沟通意识，与技术部门的配合非常好，技术部门的员工对采购工作的满意度评价也非常好，管理层对采购工作也基本满意，总经理唯一的忧虑是，采购部门对价格的控制是否严格，并没有一个指标衡量。采购部门所用的方法是，几家供应商报价，最高价与谈判后的最终成交价之差，就是采购的成本节约。但总经理认为，这个指标虽然客观，但并不能完全反映出采购的努力，采购是否得到了最佳的价格，是否还可以得到更好的价格呢？不得而知。但也找不到其他有效的手段衡量。

阮英公司有一个制度，采购经理是一个敏感的岗位，需要定期轮岗，公司规定两年轮换一次。总经理也希望通过轮岗加强采购的价格控制，决定将财务经理调到采购部做经理。

新的经理带来了新的作风，他的理念是采购是最终价格的把控者。他认为采购和技术要有明确的分工，技术上的问题，规格书由技术部门说了算，而采购则着重于价格谈判，分工明确，流程清晰，工作效率大为提升。但老板对"采购是否得到了最佳的价格，是否还可以得到更好的价格"并没有得到圆满的答案。在工作中也遭到了技术部门的抵制，认为价格比过去更高了，特别是项目经理，是对这个项目的预算计划和预算的执行负责，但价格却由采购部门确定，出现超预算时，采购部门又不对此负责，而还在弘扬和计算谈判的"成本节约"。项目经理与财务经理同样性格，是一个果断、喜欢做自己决定的强硬派，互不相让。而他们的作风又影响到下面人的工作态度，技术部门做好规格书，就扔给采购部门，当起了甩手掌柜，不再关心了。采购员虽然非常努力去谈价格，但因为对规格书，特别是技术问题不太清楚，谈判也只是讨价还价，对于供应商开出的让步方案，如果涉及技术问题，无法回应，供应商则欺负采购员不懂技术，用技术不可行等借口而拒绝降价。工程师则反过来抱怨采购部门能力不强，价格上无所作为，采购员觉得在谈判中举步维艰。

讨论：

1. 你认为两位采购经理的工作作风和性格更适合于什么样的环境？
2. "采购的职能是服务"；"采购要最终控制价格"，你同意哪种观点？为什么？
3. 如何使得采购与项目的目标保持一致？
4. 如何计算采购的成本节约？还有哪些指标和方法？

点评：

管理理论上对于销售员和销售经理的性格有比较统一的认识，需要有力量型的性格，但对于采购人员的分析比较少。更多地取决于企业对于采购的定位：是把关者还是协调员，从而产生"采购的职能是服务"与"采购要最终控制价格"两个目标，但采购的一个最重要的使命是："保障持续的供应"。在这里值得提出的是，采购经理应该将采购的工作拔高一些，更多地聚焦于战略层面，采购作为企业中的基础职能，其战略必然是由企业战略所决定的。在充分考虑企业战略的基础上，采购部门必须制订自己的采购目标和采购战略。采购的目标包括降低采购成本、缩短提前期、改进采购质量、降低采购风险、改善供应效率（成本与价格、时间与交货期、质量与绩效）等，采购战略的制订需要分析影响企业采购战略的因素，例如市场环境，企业规模和地域，企业运营管理模式，采购组织设置，供应链一体化程度，供应商的选择等。采购战略规划包括市场预测分析、制订采购战略与战术、供应商管理、采购成本控制、改善采购与供应流程、采购谈判策略与合同规范、产品研发与替代支持、采购团队建设、采购绩效管理等内容。做好采购的规划和目标，建立好适应企业的组织机构及采购的流程，案例中的问题就会得到比较好的解决，而不是头痛医头脚痛医脚，采购管理者扮演救火队员的角色。

在采购管理中，有效的采购管理者应当具备三种基本技能的交织：技术性（technical）技能、人际性（human）技能和概念性（conceptual）技能。在不同的阶段、不同的职位、不同的企业，这三种技能的比重有所不同。

对于采购成本降低的计算，有这样几种方式，对于项目及工程性质的采购，往往多为一次性购买，没有过去的数据做比较，多用成本降低（cost deduction）的方法计算。例如公司欲采购一台设备，目标价（或者预算）为95万人民币，供应商A报价为120万，供应商B报价为110万，供应商C报价为70万，采购经过考察，发现供应商C虽然报价低，但能执行合同、满足要求的风险太高，放弃了供应商C，最终与供应商B谈判后，成交价为93万，那么采购成本的降低可以有四种结果：

（1）成交价与最低报价之差：93-70=23万，也就是高出了23万。

（2）成交价与所成交的供应商原始报价之差：93-110=-17万，也就是为公司节约了17万。

（3）成交价与最高报价之差：93 120=-27万。

（4）成交价与报价平均值之差：93-(70+110+120)/3=-7万。

（5）成交价与公司的目标价（或者是预算）之差：93-95=-2万。

没有一个统一的规定，在实践中，以上几种计算方法都在应用。

对于经常性采购，如生产原材料，常常采用PPV（采购价格变动，Purchasing

Price Varies）衡量。

$$PPV = \left(\frac{P_1^{今年} V_1^{去年} + P_2^{今年} V_2^{去年} + \cdots + P_n^{今年} V_n^{去年}}{P_1^{去年} V_1^{去年} + P_2^{去年} V_2^{去年} + \cdots + P_n^{去年} V_n^{去年}} - 1 \right) \times 100\%$$

式中：$P_i^{今年}$ 为第 i 个产品今年的价格；$P_i^{去年}$ 为第 i 个产品去年的价格；$V_i^{去年}$ 为第 i 个产品去年的采购量。

PPV>0，则采购成本上升，PPV<0，反映出采购成本降低。注意到，分子中用的是去年的量，也就是采购去年相同的量在今年所需的花费。

如果在 PPV 公式中，将分子的比较对象改为公开市场价格，则 PPV 成为与公开市场的比较，还可以与目标成本相比较，即与基年的比较。

供应商管理中的"复制"

　　方舟集团是一家本土大型制造企业集团公司，目前正在着手于管理提升工作，并将世界最著名的、超一流的东门氏公司作为自己的标杆，学习的榜样。在供应商管理方面，方舟集团全盘引进了东门氏公司的供应商选择、评估的标准，供应商选择的流程，供应商开发的流程，供应商绩效考核办法，合格供应商批准手续等，直至采购及供应商管理的战略都落实到公司内部的文件化流程。方舟集团能够引进东门氏公司的全套方法得益于该集团的下属公司中有好几家与东门氏公司成立了合资公司，均由东门氏公司管理或按照东门氏公司的流程进行运营。方舟集团深深感受到了世界最著名超一流公司流程的完善和严谨，集团公司的老总及高层管理者也常常到东门氏公司的欧洲总部进行访问、参观、开会等各项活动，因而对东门氏公司的管理理念非常认同。有领导的支持，向标杆学习活动在方舟集团开展得如火如荼，特别是在推行的初期，成效非常显著，但随着管理的深入，特别是到了基层班组，一些理念、流程和方法的贯彻受到了一些阻力，成效也不如在高层那么明显，尤其是具体到某个供应商头上时就会发现方舟集团的供应商的水平明显比东门氏公司的供应商水平低，无论是质量还是计划的执行，库存管理，生产现场控制等都有一段距离，进一步地，方舟集团不像东门氏公司资金雄厚，方舟集团对产品的价格极其敏感，因而供应商的配合程度和积极性亦比不上东门氏公司的供应商。

但管理层认为下面这些意见都是站不住脚的，根本原因还是采购人员的技能技巧不够，或者说是采购人员的观念老旧，没有与时俱进，因而管理层决定请东门氏公司的专家给采购人员做一个培训，一方面改变观念，另一方面提升供应商管理的技能技巧。根据管理层的需求，人力资源部精心策划了一场培训，将东门氏的一位资深供应商管理经理请到公司，给采购做培训。

这是一位在东门氏公司做了二十年的老供应商管理者了，有过采购员、SQE的经历，现在又担任采购部门的管理职务，长期在东门氏耳濡目染和熏陶，使其对东门氏的一切都深信不疑，来之前他也进行了精心准备。而东门氏公司有一个管理学院，管理学院的讲师无私地为他提供教案、流程模板及实际操作的案例，再加上他自身的丰富经验，使得课程既有理论基础又有实际操作性，还有可参照的流程。

两天的课程进行的非常顺利，大家开始无论对老师的口才还是实际能力都非常佩服，听课时学员们都不住地点头赞同，时不时地在笔记本上记重点。

但良好的学习气氛并没有维持到第一天培训结束，采购总监看到这位老师讲得神采飞扬，实在忍不住了，站起来提出一个问题：

"你最多管过几个供应商？"

老师疑惑地回答："六到八家。"

"你知道我们方舟集团每位采购员负责几家供应商吗？"

老师更加不解："……"

采购经理："你不知道吧，我们每一位采购员都要管理200家以上的供应商。"

老师惊讶地张着嘴……

采购经理讥讽道："如果让你管理200家供应商，老板不加人，还拿你刚才深深热爱着的方法来精耕细作，你会怎么样？"

老师："……"

采购经理提高了嗓门："你这一天的讲课对我们来说一点儿用都没有！"采购经理转向大家："各位说，对不对呀？"大家昔日的不满情绪一下子就被调动起来了，纷纷表达了平时被压抑的情绪，还有人跟着起哄，课堂的气氛一下子变了味，老师想收回话题，继续往下讲，但场面已经失控，老师想草草收场，可采购经理仍不依不饶，要求老师给出解决方案，老师无奈之下说："我从来没有管理过这么多的供应商。"

采购经理说:"不会就不要来逞能,也不看看我们方舟集团的实际情况,就来乱点鸳鸯谱,牛头不对马嘴地满嘴跑火车,还好意思往下讲,我再给你一个台阶,告诉我们几个降价的方法,立竿见影就能初见成效。"

老师说:"整体成本、学习曲线、价值分析、价值工程……"

"那我们都知道,隔靴搔痒,你来一个实际的啊!"

老师:"……"

这场培训再也进行不下去了,老师被轰下了讲台。

讨论:

1. 是老师错了还是方舟集团的采购经理错了?采购员如何管理 200 个供应商?
2. 如何更好地推动标杆学习?
3. 方舟集团在推行供应商管理过程中有问题吗?
4. 如果有,那么需要结合本单位实际,如何结合呢?
5. 反之,与东门氏合资的公司就能采纳吸收东门氏的管理手段,但方舟集团为何自己不能呢?为什么?

点评:

管理科学化是向管理要效率的关键所在。管理系统中的管理幅度与管理效率直接相关,因此,要提高管理效率,实现管理科学化,就必须弄清影响管理幅度的主要因素并积极寻求最佳幅度。管理幅度,是指向某位管理者直接汇报的下级人数,涵盖计划、组织和领导职能。管理幅度不仅直接决定着组织的层次数目、组织沟通链长度与沟通方式,而且还将影响组织成员的工作态度和行为。因此,管理幅度问题不仅对完善组织设计有重要的意义,而且对于企业改革和重构组织结构,提高管理效率具有重要的指导作用。

管理幅度是古典管理学派首先提出的,英国管理学家林达尔·厄威克在 20 世纪 30 年代系统总结了泰勒、法约尔、韦伯等古典管理学派代表人物的观点,归纳出组织管理工作的八项原则,其中之一就是"管理幅度原则"。他在这一原则指出管理幅度是有限的,还提出了普遍适用的数量界限,即一个上司直接领导的下属不应超过 5 到 6 人。法国管理咨询专家格拉丘纳斯从上下级关系对管理幅度的影响方面进行了深入研究，他指出，管理幅度以算术级数增加时，管理者和下属间可能存在相互交往的人际关系数将以几何级数增加。格拉丘纳斯认为，管理幅度应该限制在"至多5人，可能最好是4人"。这条规则所容许的例外是，在组织的基层从事例行工作时，工人相对独立于其他的人工作，他们同其他人很少或没有接触，可以有一个较大的管理幅度。可是，在较上层，当职责较重而又常常互相重叠时，管理幅度应该窄一些。

组织内的管理幅度完全适用于供应商的管理，解决方案之一是分层供应商管理模式，采购企业采用分级的系统，以达到减少供应商数量，节约管理成本的目的，如图10所示。"卖者基数"的减少，使采购更容易管理供应商。例如，许多汽车制造商大都与第一层零部件供应商直接合作，而低层零部件供应商只负责向上一层供应商提供配件，第一层零部件供应商一般规模较大，生产专业化水平高，自主研发和创新能力强，他们与制造商的合作关系非常密切，是制造商强大的技术和生产后盾。SRM（Supplier Relationship Management，供应商关系管理）的重点也就是对他们进行伙伴关系的管理。

供应商分级是组织和管理采购与供应关系的基本部分。可以试想：
（1）这些供应商的重要性一样吗？
（2）他们同样都有可能引起装配线停止生产吗？
（3）汽车装配厂应该花时间跟生产固定车窗摇把螺丝钉的供应商打交道吗？

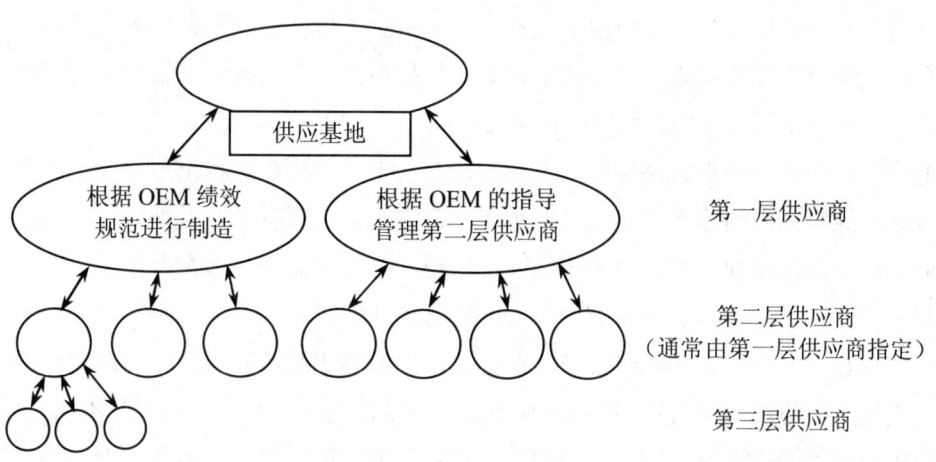

图10　分层供应商基地

答案显然为否定的。

对于采购企业来说，供应商基地分级的优势在于：

（1）较少的行政管理。

（2）采购企业所进行的交易会减少。

（3）合作更为简单。

（4）供应商有他们自己所信任的专业分包商。

（5）可以与较少的主要供应商建立更为密切和良好的关系。

（6）这种密切和持久的关系使得对从技术到设计、生产到交易的关系投资更有价值。

（7）通过有效的供应分级，供应链需要的库存会更少。

（8）形成一个有层次的分级的供应商基地。

供应商关系管理中的"矛"与"盾"

采购员郑嫱性格强势，正因为如此，领导选中她去采购部做采购员。上任之前，领导对她的期望也是充分运用她的强势性格把好采购关。郑嫱不但能据理力争，在挽回供应商给公司造成的损失的同时，还能多得到一些。例如，生产线上磕碰划伤的产品，郑嫱也能退给供应商，换回新的来。有几个杀手锏很管用的，一是遇到不合格品，将供应商的技术人员和质量工程师招呼到公司的车间，一个一个地把不合格品挑出来，并现场修理好；如果遇到重大问题，则将他们的老板叫到生产线上干活，按严重程度计算工作时间。更重要的是，在每周的质量例会上，把供应商的质量经理或高层管理者找来，在会上进行检查，找出原因，给出整改方案。她对供应商没有"客气"两个字，常常把供应商喊来接受训话，或电话里把供应商训斥一通，然后摔下电话。不用说，这样的做法还非常有效，供应商们都很怵她，私下里称她"女汉子"，外号"灭绝师太"。

但也有几个胆子大的供应商，想方设法要给她点颜色看看，一次郑嫱遗漏下单造成了紧急缺料，供应商的销售与计划明明知道另一个客户有库存且不急着用，但因为平时受够了这位重要客户的无理和糟糕的态度，没有去协调也没有透露这个信息。硬是让公司停了一天线，以高价从市场上购买现货。从合同上来说，这是郑嬿犯的错误，供应商的做法没有问题，即便完全可以帮助郑嬿避免这次麻烦，避免损失，但供应商就是有意不作为。

不过能抓住这种机会的供应商并不多，郑嬿的工作几乎是无懈可击，每天晚上都会加班到很晚才离开公司，确保自己的工作没有失误。再有就是公司的实力在这摆着，供应商巴结公司还来不及呢。这事也就供应商私下的作为，可没有不透风的墙，传到了"灭绝师太"耳边，她气得咬牙切齿，只是没有证据，但还是找机会教训了那个供应商。

郑嬿的工作态度令所有同事和领导都竖大拇指："横眉冷对千夫指，俯首甘为孺子牛"。她的座右铭是："供应商给我们的价格必须是最好！"如果给的价格不是最好的，当她发现其他公司拿到更好的价格时，这家供应商就惨了，一定要降下来，还要把过去的差价找回来。谈到关系，她认为，不给供应商压力，他一定不会给你便宜占。

暗地里伺机报复的供应商不止一家，还有一次，郑嬿下了一个订单，向供应商订了10对法兰盘，这是设备上的一个专用件，需要定期更换，每次一对，设备上一左一右的法兰盘都须更换。但郑嬿下订单时，没有注意，只下了左边，右边没有下订单，供应商特别清楚必须成对使用，就是不出声，等着看笑话，果然，等到维修时工程师把旧的丢掉，装上左边的，却找不到右边的，急得上窜下跳，造成了停产。当然，谁也不敢再吹到"灭绝师太"耳边。这样的事情到底有多少，是偶发还是供应商在折腾她，没有统计，谁也说不清。

讨论：

1. 郑嬿的工作态度有哪些是值得学习，哪些值得商榷？
2. 严格要求与维护好供应商的关系有矛盾吗？
3. 我们能否期望关系好的供应商给我们的价格是最好的？如果给的价格不是最好的，这与"关系好"或者"战略合作伙伴关系"的意义是否相抵触？

点评：

供应链上的一个重要战略环节是供应商关系管理。它建立在对企业的供应商以及与供应商相关信息完整有效的管理与运用的基础上，对供应商的历史和现状、提供的产品或服务、沟通、合同、财务状况、合作关系、项目等进行全面的管理。供应商关系管理是建立商业规则的行为,理解企业为实现盈利而对于和不同重要性的产品/服务供应商进行沟通的必要性,是一项战略性的行动。供应商关系管理能在以下几个方面帮助企业提高竞争优势:

(1)企业根据供应商的特点以及其对企业的战略价值,采取供应商间不同对待方式,使供应商关系得到优化。

(2)通过对更新更好、以顾客为中心的解决方案的快速引入,建立竞争优势和合作管理,更快速、更灵活地反映市场的需求,以增加营业额。

(3)把供应商集成到企业流程中,扩展、加强和重要供应商的关系。

(4)维持产品质量为前提下,降低供应链与运营成本。

(5)信息与资源得以更快地循环。

从原则上讲,公司的每个员工都有义务和责任去遵从公司的方针和决策,作为一个部门,采购应该对不同的供应商进行分类,不同类型的供应商施以相应的战略和具体方法。例如对于重要性高、采购额大的战略关键供应商,应该与之建立战略伙伴关系;而重要性低、采购额大的战术利润型供应商,则属于采购价格控制的对象,千方百计获取最低价格。

显然,对于战略关键供应商,"寸步不让、咄咄逼人、随时准备拔刀相向"不是上策,战略层面上与供应商建立伙伴关系之后,还需要公司间的员工去沟通、运作,掌握实际情况和大量基础信息的也是员工,员工之间维护不好关系,配合往往局限于合同条款,这样的合作缺乏弹性,更没有激情可言。而对于战术利润型供应商,压榨供应商,获取最低价格并不一定非要"横眉冷对"才能实现,反而更糟糕地激化了矛盾,这样的工作氛围可能带来双输的结果。

因为工作而动肝火不应该表扬为工作责任心强,而应该批评为工作能力的欠缺。愉悦的工作氛围其实是每个劳动者最原始的需求,它会给工作带来很多良性的循环,其重要性难以量化,也常常被我们所忽视。采购与供应商建立良好的关系,是采购营造愉快的工作氛围的重要环节。

在解决企业的库存、产品质量控制、风险等问题时,供应商关系管理是有效措施之一。企业参与竞争并确保获得竞争优势是供应商关系提供的强有力武器和宝贵资源,供应商的关系管理也促成了企业的成本和风险控制。

对于供应商来说,建立良好的供应商关系也有着积极意义,供应商需要能够对市场需求的变化做出快速反应，提高了供应商的应变能力和对未来需求的可预见性、可控能力，并使库存成本大大降低；合作伙伴关系稳定了供应计划，也在技术上、质量上、管理上和资金上得到制造商的支持，提高市场竞争力。

吝啬的表扬

周末，生产线上的电机突然起火，库房里没有备品，现场值班工程师急得团团转，采购部的办公室中只有采购总监独自一人值班，这位新任的采购总监是被总经理从一家国际知名的大公司请来的，他正在利用安静的时段做采购部的战略规划。工程师向采购总监救急找电机，但工程师只知道型号和生产厂家，不知道是哪家代理商提供的，采购总监的职责是负责宏观管理，这样具体到每个物料的采购，总监一般不负责。再加上刚刚来到公司对物料和供应商都不熟悉，ERP（Enterprise Resource Planning，企业资源计划）系统上只有原材料的详细资料，没有供应商的信息，ERP 针对计划性强的生产物料非常有效，作为化工厂备品备件数量巨大，更换频率高，计划性差，而备品备件型号和供应商的资料都没有及时更新，一般都是每次找几家比价、竞价，所以在系统里资料比较杂散零乱，打了几个代理商的电话，不是没有人接就是没有货，或者周末没有人上班等。

采购总监很无奈，只能向负责备品备件的采购员求助，这位采购员正在陪儿子上周末补习班，手头没有供应商的资料，只能放下孩子赶到办公室，这位采购员熟悉供应商，逼着供应商把电机送到生产线，更换电机时又不顺利，采购员又将设备制造商的工程师临时请过来，带来专用的夹具，才装上了电机，总算没有对生产造成太大影响。

事后，采购总监给人力资源部打报告，请求公司通报表扬并奖励这位采购员，并给加班帮忙的供应商工程师嘉奖，但被人力资源总监驳回，理由有二，一是这么一点小事就要通报表扬，还要发奖金，有些小题大做；二是这件事本质上说就是这位采购员的本职工作，做好自己的分内事情还伸手要奖金，有些过分了。采购总监坚持说，采购员周末是自己的时间，没有必要到公司上班，人力资源总监则声称，无论用什么手段，保障生产是采购的职责，这件事情应该追究采购员的责任。人力资源总监解释说,您刚到对公司情况和制度不太了解,说着从架子上拿出一本公司守则翻到《公司员工奖惩实施细则》递给采购总监,上面豁然写着:

"有下列表现的员工,应给予通报表扬,颁发奖状、奖品或奖金:

(1)品德端正,工作努力;维护公司利益,为公司争得荣誉,防止或挽救事故发生,减少经济损失有功的。

(2)思想进步,文明礼貌,团结互助,完成计划指标,有巨大经济效益,事迹突出的。

(3)向公司提出合理化建议,节约资金,增加效益,被公司采纳的。

(4)维护财经纪律,抵制歪风邪气,事迹突出。

(5)为公司揽取大量营业额并创造了一定利润的。

(6)通过发明创造、技术革新对提高公司经济效益做出显著贡献的。

(7)有重大功绩,对公司做出贡献,足为其他员工楷模,总经理认为应当给予奖励的。"

关于惩罚,罗列了4章共118条。

人力资源总监对采购总监说:"你找找看,这位采购员符合哪一条?至于供应商的工程师,更是八竿子打不着,供应商做好服务是他们的天职,设备出了问题就是他们的责任,还要奖励不成?公司的奖励制度也没有奖励供应商这一条呀?"

采购总监问了一句:"上一周有多少员工被惩罚?"

人力资源总监随口说:"六十几个",随后警觉地问:"您问这个干什么?我们有上千名员工呢。"

采购总监紧跟着再问了一句:"今年公司有多少员工被奖励?"

人力资源总监自豪地说:"有十几位员工被奖励,你可以看看墙上的名单。"

采购总监看着墙上的光荣榜:一位区劳动模范,两位公司劳动模范,其他的都是公司各大区的销售状元。

采购总监说:"他过去服务的公司奖励有预算,必须完成奖励的预算,每周各部门都有一些员工受到嘉奖"。人力资源总监依然在他自己的思路中:"这生产线手忙脚乱地出问题也不是这一次了,哪一次不是大家同心协力共同解决问题呀。"

> **讨论：**
> 1. 是否应该表彰这位采购员和供应商的工程师？
> 2. 从案例上看，这家公司的采购流程有哪些可以改善之处？
> 3. 对采购总监的战略规划有什么建议？

点评：

激励方法分为 X 理论和 Y 理论。这是一对基于两种完全相反假设的理论，X 理论认为人们有消极的工作原动力，而 Y 理论则认为人们有积极的工作原动力。

X 理论假设：一般人的本性是懒惰的，工作越少越好，可能的话会逃避工作。大部分人对集体（公司、机构、单位或组织等）的目标不关心，因此管理者需要以强迫、威胁处罚、指导、金钱利益等诱因激发人们的工作原动力。一般人缺少进取心，只有在指导下才愿意接受工作，因此管理者需要对他们施加压力。

Y 理论假设：人们在工作上体力和脑力的投入就跟在娱乐和休闲上的投入一样，工作是很自然的事——大部分人并不抗拒工作。即使没有外界的压力和处罚的威胁，他们一样会努力工作以期达到目的——人们具有自我调节和自我监督的能力。人们愿意为集体的目标而努力，在工作上会尽最大的努力，以发挥创造力、才智——人们希望在工作上获得认同感，会自觉遵守规定。在适当的条件下，人们不仅愿意接受工作上的责任，并会寻求更大的责任。许多人具有相当高的创新能力去解决问题。在大多数的机构里面，人们的才智并没有充分发挥。

Z 理论强调管理中的文化特性，主要由信任、微妙性和亲密性所组成。根据这种理论，管理者要对员工表示信任，而信任可以激励员工以真诚的态度对待企业、对待同事，为企业而忠心耿耿地工作。微妙性是指企业对员工的不同个性的了解，以便根据各自的个性和特长组成最佳搭档或团队，增强劳动率。而亲密性强调个人感情的作用，提倡在员工之间应建立一种亲密和谐的伙伴关系，为了企业的目标而共同努力。

超 Y 理论认为，没有什么一成不变的、普遍适用的最佳的管理方式，必须根据组织内外环境自变量和管理思想及管理技术等因变量之间的函数关系，灵活地采取相应的管理措施，管理方式要适合于工作性质、成员素质等。超 Y 理论在对 X 理论和 Y 理论进行实验分析比较后，提出一种既结合 X 理论和 Y 理论，又不同于 X 理论和 Y 理论,是一种主张权宜应变的经营管理理论。实质上是要求将工作、组织、个人、环境等因素作最佳的配合。

采购战略是建立在公司的基本理念和价值观的基础之上,对公司的采购组织结构及目标进行设计及规划达成目标的方法。

在这个案例中还可以看出,生产线上的备品备件对于保障生产的进行是至关重要的,是否每次都对备品备件进行招标采购值得商榷。要建立备品备件采购方法的目标,评估各种采购方法的优劣势,平衡价格、库存、可得性等指标,以获得最佳结果。其中有一些方法可供选择,例如供应商管理库存、建立长期合作伙伴关系、JIT 等。

有一家企业采用的方法是,将所有的备品备件分类,打包交予几个专业的代理商,列出一个物品清单,要求供应商必须备货,由于供应商的流水比较快,一般不会像生产企业那样存在库存时间特别长,导致备品备件长期不用而过期的现象,价格每年制订一次,当生产线需要物品时,直接通知供应商在 1~3 小时内送货,保障生产线的运行,月底结算。这种方法的优势是库存为零,还能保障供应,订单的费用也节约下来了,但价格并不是最低的,然而企业追求的是总成本最低。

供应商关系管理

> 人生最美好的东西，就是他同别人的友谊。
> ——林肯
>
> 在业务的基础上建立的友谊，胜过在友谊的基础上建立的业务。
> ——洛克菲勒
>
> 如果我们想交朋友，就要先为别人做些事——那些需要花时间体力体贴奉献才能做到的事。
> ——卡耐基

更多的采购方致力于实现与供应商建立和维持长久、紧密伙伴关系，改善企业与供应商之间关系的新型管理机制，实施于围绕企业采购业务相关的领域，目标是通过与供应商建立长期、紧密的业务关系，并通过对双方资源和竞争优势的整合来共同开拓市场，扩大市场需求和份额，降低产品前期的高额成本，实现双赢的企业管理模式；扩展协作互助的伙伴关系、共同开拓和扩大市场份额、实现双赢。

主动降价的供应商

在装饰件行业，司蓝公司在全球市场上能排到前几位，无论在质量还是价格都处于第二梯队的地位。过去的几十年中，公司的产品在国际市场上声誉很好，价格也比较稳定。同时客户群更关注产品的品牌，对价格不太敏感。从公司内部运营状况来看，正因为产品有足够的利润支撑，无论在生产还是原材料采购方面，关注点多聚焦于质量，成本压力不大。而供应商也愿意为司蓝公司供货，虽然说质量要求高，但利润不错，有足够资金支持高质量产品，也有足够动力驱动质量的持续改进，再加上付款及时，供应商与司蓝公司合作愉快，从司蓝公司自身的供应商管理战略上来说，希望与供应商建立长期、稳定的互利和双赢的关系。从本质上，也是由于足够的利润和供应商关系管理的战略，使得供应商能够与司蓝公司共同走过了几十年的历程，供应管理人员和供应商的个人关系自然相处融洽。

例如，同一类型的产品，第一梯队的产品价格可以在50元/个左右，司蓝公司的产品也可以标到40元/个以上，而来自低成本国家的产品，单价最多也就6、7元，因为没有品牌，根本构不成威胁，目标客户群完全不一致。然而，这几年市场竞争越来越激烈，低档产品不断提升自己的质量，逐步侵蚀高端客户的市场，客户对产品的价格也越来越敏感，而低价格不仅仅对客户有诱惑力，同样对司蓝公司这样的第一、第二梯队的公司也有吸引力。虽然权威管理者们都说，企业不能依靠价格战取胜，降价无法最终赢取客户和市场，但价格似乎还是一剂强心剂，就连世界著名的品牌也不得不降价促销，其实装饰件并非高科技产品，竞争者的准入门槛也不高。经过市场重新洗牌，各个品牌都在市场中找到了自己的位置，但价格和份额却有了变化：上述的同样类型的产品，第一梯队的产品价格下降超过了40%，不超过20元/个，司蓝公司的产品也只可以标到16.7元/个，而来自低成本国家的产品单价维持在原来的6～7元，高端产品的份额还是丢失了近30%。为此，司蓝公司不断地开发高科技的LED新产品，但科技的发展速度过快，今天还是世界领先的产品，明天就成为大众化日常用品了，就连街边小店也闪烁着时尚且廉价的电子液晶广告牌。

产品价格降低对公司的冲击是无法想象的，各种战略随即发生了天翻地覆的变化。价格和成本控制已经成为每一个管理层的口头禅,但司蓝公司还是力图保证过去高质量的传统。也就是说,成本必须下降,质量依然维持并不断提升。这种变化自然会传导并放大到供应商。从司蓝公司自身的供应商管理战略上考虑,希望与供应商建立长期、稳定的互利与双赢的关系,但价格不能维持过去的水平了,采购员每年的降价目标也毫不犹豫地强加给各个供应商,人人都能感受到这种完全不同的风格,供应商也不同于昔日了,讨价还价,斤斤计较。公司在变化,员工的工作作风也在变化,今非昔比。

一位欧洲的采购经理到日本的司蓝公司工厂走马上任,正在办公室里熟悉这充满日本风格的环境时,一位供应商老总蹑手蹑脚地走进来,有礼貌地鞠一个躬,咿哩哇啦地介绍了一番,随后拿出了一份合同,告诉采购经理,经过公司的严格考核和成本计算,决定给出下一年度的价格,比上一年下降了近8%。采购经理以为自己听错了,还是看错了,问道:"确定是下调 8%而不是上升 8%吗?"供应商肯定地点点头:"没错,是下降 8%,这是经过我们极其认真仔细地测量的结果。"这位采购经理惊讶地张着嘴,直到供应商走,也没回过神来。

渐渐地,新来的采购经理发现,在日本的司蓝公司战略没有变,工作作风没有变,供应商关系也没有变,大家在自己的成本节约上打算盘,供应商也在协助减成本。大家都认为,司蓝公司会好起来的。

> **讨论:**
> 1. 你认为司蓝公司的战略变化有问题吗?供应管理者们如何去适应这种战略变化?
> 2. 这位采购经理所在的部门拒绝变化,你赞同这样的说法吗?为什么?
> 3. 如何在不断降低供应商价格的同时,维持长期、稳定的互利和双赢的供应商关系?

> **点评:**
> 司蓝公司在过去成本压力比较小,所有供应商关系管理也是建立在其供应商有丰厚的回报基础之上,但随着竞争环境的加剧,好日子一去不复返,不得不面对残酷的现实,改变公司战略。
>
> 变革管理(Change Management),意即当组织成长迟缓,内部不良问题产生,

无法适应经营环境的变化时，企业必须做出组织变革策略，将内部层级、工作流程以及企业文化，进行必要的调整与改善管理，以达企业顺利转型。企业变革的核心是管理变革，而管理变革的成功来自于变革管理。变革的成功率并不是100%，甚至很低，常常使人产生一种"变革是死，不变也是死"的恐惧。但是市场竞争的压力、技术更新的频繁和自身成长的需要，"变革可能失败，但不变肯定失败"。因此知道怎样变革比知道为什么变革和变革什么更为重要。

变革管理不仅仅是采购一个部门任务，变革管理的原则是：变革管理中"人性化的一面"；从最高领导者开始；将各个层面的员工都带动起来；将企业变革正规化；培养主人翁意识；及时、有效地沟通信息；对公司文化进行评估；明确地阐述企业文化；做好准备迎接突发状况；看重与个人的交流。

在变革管理中处理好与供应商的关系同样不容忽视，首先是成果和速度的关系，变革过程必须追求阶段变革的效果，效果是成果和速度的函数。过分追求阶段性成果而忽视改变的速度，会使变革失去意义；追求速度而忽视任一阶段性成果即"摘取最低的果实"，会使整个变革失败。要让供应商理解并参与到变革中。

体制塑造和人的塑造相结合也是变革管理的组成部分。管理的内涵便是形成一个团队完成组织的目标，变革也是如此。要塑造成这样的成功团队，必须建立相应的体制，同时不要忽视人才与人力的因素。只有体制再塑而没有人的塑造，使变革失去了人的支持，变革不可能成功；只有人的塑造，而没有体制塑造，使管理变革流于空洞，变革不可能成功，更不可能产生真正的绩效。

再有，不能"把孩子和洗澡水一起倒掉"，降低成本，并不意味着一定是与供应商处于势不两立的你死我活的对立之中，要与供应商共同在降低成本上一起努力，而不一定是以压低供应商的价格为取得成本优势的代价，这可能不是企业和供应链的长久生存之道。

供应商奖励：水中的月亮

江荔公司每年都会对供应商过去一年的表现进行绩效考核，由此将供应商分为A、B、C、D四个级别，达到A级为公司的优选供应商；而D级为不合格供应商，必须淘汰；C级要求限期整改，不达标者降为D级。但具体到实践时，考核容易，后续奖惩措施难落地。

在江荔公司的《供应商绩效考核流程》中第5、8、9、11条规定了"江荔公司对达到A级的供应商给予一定的奖励。"

但是直至今日也没有明确对A级供应商的奖励条款，供应商管理部希望落实奖励的措施。梳理供应商奖励的方式：一是价格激励，显然对供应商的激励效果非常明显，较高的价格会刺激供应商的积极性，过低的价格会打消企业的积极性。但这立刻遭到了采购员和管理层的反对，理由是大家都在讨论降价，怎么可能自己抬高价格。二是快速回款激励，但财务拒绝。三是商誉激励，优秀供应商的牌匾发了很多，只是手段太单一。四是信息共享激励，这只能在平时使用，不太可能在绩效考核之后立刻传达一大批信息。最有效的方法应该是订单激励了，但"干得好我会多给你些份额"这句话在实际应用中并不顺利：多给订单不能由绩效考核决定，供应商自身的产能不一定能接收天上突然掉下来的馅饼，影响因素还有经济订货批量和数量折扣。在订单最终交给谁的问题上，价格因素起到了决定性的作用。采购员说这份额不能随意分配。

这奖励变成了水中月镜中花——只能看不能触碰的虚幻之物。那么实施负激励，即惩罚呢？如果你将屡教不改、一直没有进步的供应商从供应商目录中除名，但他们中有许多没有可以替换的供应商，这样你也断了口粮，生产停顿了，先来找你的不是供应商，而是内部的人。

最后大家不禁唱起了一首歌，《水中的月亮》："水中的月亮在天上，天上的月亮静静亮在水中央……"

讨论：

1. 如何有针对性地选择激励手段？
2. 分析这些激励方式的使用场合和条件。
3. 如何有效地实施供应商的激励？

点评：

基于供应链管理的激励方式种类非常多。通常将激励方式分为鼓励性的正激励与惩罚性的负激励。正激励是一种对表现优秀的供应商进行奖励的激励，从精神或物资层面给予的奖励，目的是让供应商在激励后继续发扬优异的表现，再接再厉、更上一层楼；负激励是一种对表现较差的供应商进行惩罚、约束，当被激励者表现比较差时，对其进行惩罚，让其不断得到改进，目的是希望表现较差的供应商得到改进并向优秀的供应商学习，努力完成激励者给定的目标，或将表现特别差的供应商剔除供应商目录。

1. 供应商激励作用

能够加强采购组织对供应商的管理，增加对供应商的束缚，促使管理目标的实现；能够有效地提高供应商与员工的积极性；能够让供应商之间的竞争更加公平，不断地提升供应商的能力；使得整个供应商库越来越优秀，有利于提高供应商的整体素质，帮助采购组织为供应链中的最终客户提供更好的服务。

2. 供应商激励准则

激励准则是对供应商进行激励的依据，判断是否激励的标准，确定供应商的激励准则时，注意综合考虑以下几点：

（1）采购组织所采购物资的类型、采购量、采购频率、采购政策、货款结算方式等。

（2）供应商的供货能力，供应商能够提供物资的类型以及其最大数量。

（3）供应商的需求，关键要分析供应商现阶段最迫切的需求是什么，由此来制订适合某一供应商的采购政策。

（4）与采购组织竞争企业的采购时实施的政策以及采购的规模。

（5）采购物资是否还存在其他替代品，为采购出现困难时寻找其他途径。

综合考虑以上五方面因素，是为了根据不同的供应商制订出最适合该供应商的激励方案，从而获得良好的激励效果，以实现设定的激励目标。

3. 常见激励方式

供应商绩效激励分为正向激励和反向激励两个方向。

（1）价格激励。

（2）订单激励。

（3）快速回款激励。

（4）商誉激励。

（5）信息共享激励。

（6）淘汰激励。

4. 激励方式的确定

在对供应商绩效考核的基础上,根据绩效考核结构中的等级,对同一类供应商中排前几名的进行正激励,排最后几名的进行负激励。不同的激励方式适合于不同的供应商,例如,在正激励中,不同的激励方式适合不同的供应商,具体有以下几种情况:

(1)续签下一阶段合同,增加企业与供应商的合作时间,能够让供应商获得持续的订单,得到稳定的收益,减少供应商的市场风险。适合于合同时间较短的供应商。

(2)增加供应量,能够提高供应商的营业收入,从而提高其营业利润。适合能够提供大量物资、急需扩大营业额的供应商。

(3)增加物资供应的种类,能够让供应商营业额增加,合作范围扩大,降低经营风险,减小其运输和其他成本;适合于具备提供多品种物资,且物资质量满足采购方的要求的供应商。

(4)提高供应商合作等级,适用于没有达成战略合作关系的供应商。

(5)颁发荣誉证书或锦旗,使供应商的信誉度得到提升以及增大其市场影响力,使其市场竞争优势明显。这种活动可以是对特殊事件的奖励,也可以是周期性评选,例如在年度的全体供应商大会上进行优秀供应商的表彰,还可以进行宣传的播报,向社会进行公示,提高其声誉和市场影响力,从精神层面给予鼓励。

(6)实物或现金奖励,能够让供应商得到最直接的实惠,实实在在的好处。适合对本企业有特殊贡献或重大贡献的供应商。

与上面介绍的六种正激励的方式相对,有以下几种负激励方式:

(1)减少合作时间。

(2)降低供应商的物资供应量。

(3)降低供应商物资供应的种类。

(4)降低供应商的合作等级级别。

(5)依照合同规定,追究表现较差供应商的责任,若对公司造成损失将依法提起诉讼,采取法律途径解决争议或提出索赔请求。

(6)对表现特别差的供应商进行淘汰。

因为负激励具有惩罚性,通常对绩效表现较差的供应商使用。提高其积极性是进行负激励的根本目的,让供需双方的合作绩效都得到改善,更重要的是保证采购组织的利益不受到侵害。

5. 激励时机

（1）与采购方合作的供应商绩效在很长一段时间内没有得到提高，而想进入的同类供应商众多时。

（2）物资供应比较平稳，供应商之间的竞争较小时。

（3）供应商没有意识到生存危机时。

（4）供应商对本企业利益没有进行高度关注时。

（5）供应商绩效提升非常明显，对企业效益增长做出了重大贡献时。

（6）供应商的表现对企业效益造成损失时。

（7）根据合同的约定，企业效益会受到损失时。

（8）供应商与企业间发生经济方面的纠纷时。

（9）供应商级别需要提高时。

增加供应商数量，还是减少供应商数量

达晓公司一直在尝试学习，学习标杆比对的活动，参照国际先进企业的标杆查找自己的问题，其中一个对标项目是："缩小供应商群，降低整体成本"。公司确实也面临着这种非常尴尬的处境：两三千万美金的采购额，却有四五十家供应商，分摊下来，每个供应商的采购额屈指可数，对哪一个供应商都没有绝对的支配权。到哪儿去降价、要折扣？设计人员和新产品开发部随意增加供应商也是迫于新产品推出速度的压力，设计人员需要供应商的响应速度要快，一旦拿到图纸，马上就能出样品。而公司采购部门通常所选定的许可供应商大多规模比较大，其选择的标准主要基于大规模生产的要求。所谓"船大难掉头"，公司选定许可供应商的反应速度自然不如那些小规模的公司。在新产品开发阶段，部件通常由设计人员和新产品开发部主管负责，一旦进入生产期后便移交采购经理管理。出于降低成本和简化管理的考虑，采购经理希望除去那些因工艺、技术或生产等无法转移的零件，其他的都尽可能地转移到他推荐的供应商那里。辛辛苦苦几个月甚至几年的投资最终失之交臂，因此非采购部门推荐的供应商自然不愿意继续支持新产品的开发活动。这样，工程设计人员就不得不继续找新的供应商。由于特殊工

艺和生产等条件限制，一些零件无法被轻而易举地替换，考虑到替换将花费大量工程技术人员的精力，于是一些非采购部门推荐的供应商便无法被清除。这样，公司就不得不管理这些未经过采购部门认证的供应商。由于这些器件给供应商带来的生意有限，公司无法获得供应商的足够重视，因此质量、交货、技术服务和成本降低等方面的烦恼也就不断增加。这类供应商成为"鸡肋"，食之无味，弃之不能。有些"鸡肋"型供应商原本就不具备规模生产能力，质量问题不断，交货困难重重，公司不得不花费大量精力去管理，整个过程成为了恶性循环，结果是供应商的数量越来越多，生意越来越分散，管理也越来越困难。

在公司政策的引导下，采购部下决心，清除掉一些"鸡肋"供应商，经过一段时间的努力，虽然供应商的数量下降了，但效率也跟着降了下来，在新产品开发阶段，小供应商不仅在交货上具备优势，在报价上也往往低于大公司，因为后者的管理成本高。自从这些小供应商被剔除之后，结果在新产品开发阶段，擅长于批量生产的大公司在样品生产的价格，尤其是交付时间和配合度上，比过去逊色很多。对此，设计人员和新产品开发部表示了极大的不满。

公司新上任了一位总经理，他在许多国际性的大公司工作过，他的观点很鲜明，"只有竞争，才能带来低价，才有更多的选择权"。过去的实践也证明，缩小供应商群的做法是错误的。由此，他给采购部下达的指标是，明年新增5%的新供应商，并同时达到降价5%的目标。

采购部的同事们都有些困惑：这到底是该增加供应商数量还是减少呢？

> **讨论：**
> 你的观点是增加还是减少供应商数量？或者是否还有第三条路？

> **点评：**
> 供应商数量究竟多好还是少好，从数学上不难给出答案，不可能为零，也不可能是无穷大。这也就是说，多了不好，少了也不好，供应商数量与原材料存货管理的效率和公司总体经营绩效之间均成倒U形关系。那么需要找出其中的最优点。可以为此建立数学模型，基础是以最大化企业利润的角度来确定最优的供应商数量。影响制造商采购成本的因素包括原材料成本、交易成本、风险成本、供应商响应度、供应商创新。

原材料成本，即制造商购买原材料需要支付的费用。供应商数量越多，折扣越少，原材料成本越高。但供应商数量增加，竞争性加剧也会引起价格的下降。

交易成本，即制造商对供应商进行调查、谈判、管理等的费用。交易成本随供应商数量的增加而增加。

风险成本，制造商在采购过程中因供应商发生个体风险而产生的缺货损失，风险成本随供应商数量的增加而减少。

供应商的响应度和创新会随着供应商数量的精简而提高，由此导致其经营绩效的改善；但是，供应商数量的过度缩减也可能导致缺乏竞争而引发响应迟缓和创新的下降，从而导致其整体经营绩效下降。

最优供应商数量选择还有一些影响因素：

（1）产品专用性程度。产品专用性强，需要进行专用资产投资，少数供应商便于双方建立长期合作关系，促进专用性投资，降低交易成本；标准化产品可选择较多数量的供应商。

（2）产品复杂程度。产品越复杂，需要环节越多，产品可靠性就更难以保证，为了便于对产品质量进行监控，减少供应商机会主义行为，则与少数供应商建立长期合作关系更为有利。

（3）协调需求程度。如果供应商与制造商双方需要更多地协调、协作，少数供应商可以便于双方紧密合作，共同创造价值。通过与供应商建立长期合作关系，双方共同对工作流程、产品进行改进创新，大大提高了公司的竞争力。

（4）产品更新换代速度。对于更新换代速度快的产品，需要供应商与制造商进行紧密合作，共享信息，加快产品开发周期，加快新产品面市速度，适于选用少数供应商。

还要考虑的因素有：采购量少时供应商要少；机器设备一般只能用一个供应商；支持JIT操作的供应商数量少……

供应商的数量还受到采购的产品供应定位分类的影响：

（1）普通产品。低采购金额，供应风险低，合格供应商多，采购的品种繁多。这些物品一般价值较低，市场价格较透明，很容易买到。由于采购量不大，采购策略应放在尽量降低这类产品采购的行政方面的开支，所以可以考虑采取单一供应商的方法。

（2）瓶颈产品。低采购金额，高采购风险，即市场供应商少，属于垄断类产品，采购金额低但又不得不用的产品，无相关的替代产品。单一供应商可能是不得不选择的策略。

（3）杠杆产品。高采购金额，低采购风险，在批量上的优势明显，为了维持价格的竞争性，同时也为了分散风险，多个供应商可能是一个优选的考虑。

（4）战略产品。高采购金额，高采购风险、高值又垄断类产品，产品的品质要求较高，相关的供应商少。属于这个区域的产品特别需要重视。这些产品可能具有专利、产权，包含高尖端技术，或对创造和保持采购方的竞争优势十分关键。这时，不但要采取单一供应商策略，还必须与供应商建立伙伴关系或战略联盟。而长期的任务则是发展供应商，增加竞争性，减少风险。

转变作风

这家合资企业曾经是一家民营企业，后被一家国际性大公司合资。合资后企业执行国际性大公司的制度，但依然有过去的工作作风。表现最为突出的就是这里的采购工作主要靠个人关系，请客吃饭送礼是常态，过去为了保障生产不断货，领导对这些活动也只能默许，采购也习惯了这种"朋友式"的工作方式。

领导层也在不断改变，新的领导对采购工作不甚满意，认为采购员对待供应商太过心慈手软，因而公司得到原材料的价格高于别的公司，特别是竞争对手，管理层要求财务将过去采购的原材料到市场再作比较，确实找到不少物资的价格略高，管理层坚定了自己的认识，公司的采购不够强悍，需要改变作风。老板相信中国的传统文化在管理中的应用："严师出高徒""不打不成器"，将其运用到供应商的管控也是适用的，根本问题是供应商管理的文化建设。而文化建设的关键是统一认识，步调一致。为此，管理层把采购人员召集在一起，灌输对供应商的高压态势，并分享最佳实践。

在公司里对供应商最严厉的要数 SQE，每当供应商出现质量问题，SQE 都会拿起电话，把供应商批得体无完肤，不仅如此，还要求供应商提供改进报告，并监督落实。SQE 经常将供应商拉到公司来批评，并要求他们带着设备工具，到生产现场，挑拣不合格品，返工返修。发现不合格品后，立刻将罚单与不合格报告一起发给供应商，问题严重的会扣款。管理层非常赞赏 SQE 的作风，要求大家学习效仿。领导又选择了一位强悍的管理者,供应商对他的描述是:"寸步不让、咄咄逼人、随时准备拔拳相向",公司对他的期望也是充分运用他的强势性格把好采购关。

采购和供应商的吃饭、送礼都被禁止了,采购与供应商的销售员的交往方式强制改变了,每次谈价格都要货比三家,寻找最低价。实施了一段时间后,工作作风虽然有改变,但问题却逐步显现:过去 SQE 对供应商的扣款,不合格报告,供应商都做了,但原材料紧张时,供应商把遭 SQE 的训斥在这个时候发泄出来了,过去都是采购员从中周旋,给供应商找平衡,但现在却不起作用了,供应商给出各种借口,居然有些供应商索要回扣,否则拒绝发货;而比价的结果是价格下来了,质量问题却上去了,SQE 更忙了,扣款多了,供应商愤怒,找茬"回敬"的次数更频繁;以前紧急订单基本上靠采购协调就能发货,现在供应商开始刁难,而新的领导在销售端推行"以客户为中心"的原则,紧急订单量剧增,供应商生产跟不上,价格也要得高。

不是所有供应商都这样,生产不紧张时,基本上所有的供应商的态度倒是很好,常常是"召之即来,挥之即去",工作很配合,但供应紧张的情况还是不少。

生产受到影响,问题必须解决,有人提出供应商关系管理不能一刀切,是不是可以分别对待,进行分类管理,对有些供应商笑脸相迎,对另一些拳脚相加?

讨论:

1. 过去公司的采购管理中存在什么问题?新的方法又存在什么问题?
2. 你同意供应商质量管理工程师的高压政策吗?为什么?
3. 是否同意案例最后提出的分别对待的方式?
4. 三家比价最低价采购会造成质量下降吗?如何避免?
5. 可以采用"不打不成器"的方法对待供应商吗?
6. 如何做好供应商关系管理?针对这个案例,提出你的设想。

点评:

供应商关系管理可以分为两个层面,一是从公司的经营管理战略出发对与供应商的关系进行宏观管理,属于战略层面;二则从具体业务出发对供应商实施有针对性的管理,属于战术层面。

在供应商关系管理模式方面，存在有两种截然不同的模式：竞争与合作，这两种方式各有其优缺点，在实践中都有广泛应用。

（1）竞争模式。供应商控制主要是通过完全竞争控制来实现的，其激励方式以竞争淘汰为主。美国的企业多信奉正常交易的模式，这种模式主要是源于迈克尔·波特企业竞争战略的观点"在采购中相应的目的就是寻找某种能够抵消或超越供应商权力源的机制，通过这种方式，采购行为可以扩展到所有可供选择的供应商，以提高企业讨价还价的能力"（波特五力模型）。采用这种模式进行供应商管理的企业在采购时有意同供应商保持正常交易关系，避免任何形式的相互承诺。这种管理模式的好处是企业在采购过程中不会被任何供应商企业所牵制，企业具有较高的讨价还价的能力，能够获得一定的价格优势。但是这种模式要求企业管理大量的供应商，相应的管理费用或交易成本很高，企业在谈判和处理订单上可能花费更多。同时，也降低了供应商取得规模效益的能力。

（2）合作模式。与其供应商建立非常紧密的关系，这和正常交易模式完全不同，结成伙伴关系的企业能够共享更多的信息，能够充分信任，协调相互依赖的任务，管理输出，以激励、奖励、扶持为主，并且投资创造具有关系特定性的资产，从而降低成本改进质量，加速产品开发。但是建立与维持这种关系的协调成本很高，也可能会降低企业脱离低效益供应商的能力。日本的企业应用较为普遍。

（3）差异化的采购管理模式。大多数企业往往把这两种方式截然分开，要么选择正常交易模式，要么选择伙伴关系模式。但是在有些企业中，却有一种折中的选择方式，这类企业在进行采购时对供应商群体进行了战略性细分，以明确各供应商在多大程度上对企业的核心能力与竞争优势做出贡献，并在这些基础上，采用两种模式有针对性地对供应商进行区别管理。这不仅能实现正常交易模式的优点也能实现伙伴关系模式的优点。

在战术层面上主要反映在人和组织之间的关系与沟通，不仅仅包括相关信息的系统管理与应用，也包括对多种多样的沟通渠道（例如各种基于网络的新型通信方式等）的支持，以及对业务、事件、计划的跟踪管理。在供应商关系管理体系中，不可能独立实现，而需要与相应的企业共同合作。供应商关系管理体系的一个基本目标，是将企业内部的工作流与供方的工作流直接衔接，形成跨越组织边界的高效率的业务流程。

即使是竞争关系，也并不意味着要兵戎相见，有效的沟通和建立良好的关系才是唯一正确的方法，但依赖于请客送礼的"关系学"已经触犯了道德的底线，是绝对不能容忍的，商业活动必须建立在合规守法的基础之上。

很多采购管理者试图管控供应商，"管控"最早出现在政府对一些治安状况混乱的地域实施的一些限制性措施，例如，宵禁、禁止集会等，但采购与供应商是平等的贸易关系，不存在谁是谁的上级和领导，你没有权利，也不可能去"管控"供应商。这种观点从出发点就是错误的，也不可能实现。

我们可以看到一个现象，教练在训练中都非常严厉，"严师出高徒"，但绝大多数运动员和教练的关系都非常好，其中最重要的原因是，教练从心底里是想帮助自己的徒弟出成绩，常常能看到这样的场景，运动员做的动作没有达到要求，教练会不断地"罚"他们一而再，再而三地重做，小运动员含着眼泪完成动作，但他们心里不会怨恨自己的教练，为什么呢？因为他知道教练为他好，希望他成才，规范动作。但我们的SQE是从心底里为供应商好，还是为了自己的利益？你的行为举止是瞒不过别人的眼睛的，小孩子都能体察得出来，何况这么聪明的供应商呢。要想别人接受自己的意见，最重要的是要为别人着想。孔子曰：己所不欲勿施于人。SQE应更多地考虑如何帮助供应商提升质量，而不仅仅是发不合格报告和扣款。

"价格高的质量不一定好，价格低的未必做得差，质量好价格低才是硬道理"，这是一家公司的广告语，"价格高的质量不一定好"，这句话一定对，"质量好价格低"只是采购者的意愿而已。特别是当价格低到连成本都覆盖不了时，采购可一定要小心谨慎了。"价格低的质量一定不好"，也几乎百试不爽。职业的采购人要对供应商的成本进行分析，特别是要深究供应商的钱都花到哪里去了，有一位采购员在审核时，被用劳斯莱斯轿车接送，看到大厅内养着几十条金龙鱼和银龙鱼，诙谐地对供应商说，这有没有写入成本分解表中呀？虽然是笑话，但采购真的需要了解自己买产品的钱花在哪里了？而不是简单的三家比价取最低的，这是对付审核的最有效方法，也是最不负责的方法。

在比价操作中，有句名言，"相同价格比质量，相同质量比价格"，但这样的情况太特殊，往往是价格质量都不同，怎么办？其实，我们忘了一个基本的要素："信任"，建立供应商的战略伙伴关系，帮助供应商提高质量，降低成本，与供应商共同进步，共同成长，分享利润，这才是正道。如果没有信任，企业与供应商之间必然会出现效率的低下和交易成本的增加。"契约在商业关系下并不总是适合或有效,对于一项交易而言信任是必需的",而且"少了起码的信任,任何经济行为都不可能发生"。

　　卖方出售的是一种标准的产品/服务,买方理所当然会把这种关系看成是战术利润象限。这里的挑战确实在于要做到寸步不让,但同时还应该是据理力争、中规中矩,而不是咄咄逼人和拔拳相向。买方必须认识到,一些情况下,双方的动机都是相同的——从组织的某一交易中获得最大利益——在这种环境下,最终会产生冲突。但是不会回到野人和棍棒的年代,因为如果你将"冲突"转换成"争论和辩论",那么坐下来与卖方讨论达成一项交易则更为恰当。这种交易的达成是最好的结果。如果结果不符合组织的愿望,总是保留从别处购买的选择权。在这个领域投入时间和努力是值得的,因为采购组织的采购量相对来说是重要的。

后 记

在企业咨询和培训中经常与采购工作者和供应商管理人员讨论在实际工作中遇到的问题及解决的办法，每次做完咨询项目也都会写一篇笔记，久而久之，积累了厚厚的文档，都是一些活生生的故事，就像一篇篇短篇小说一样，叙述着自己的采购经历，总共加起来有100百多万字。让这些故事留在硬盘中还不如与同行们一起分享。于是陆陆续续将这些故事写成博客发到朋友圈中，受到许多朋友的点赞。后来，又做了分类、编辑，出了几本书：《采购案例精选》《采购案例精选（第2版）》《采购技巧》《采购实务百问百答》《供与求的博弈：采购管理案例+分析》，还将一些案例编入了大学教材《供应链物流管理教程》中。可手头的材料还是没有全部写完，意犹未尽，又收到中国水利水电出版社的盛情邀请，再从硬盘中选出一些案例，编辑出一本新书。这次干脆将书名取得直接一些，就称为《采购与供应商管理案例》。版面限制，还有一些优秀案例未能呈现，在我的一些合作伙伴的网站中还有许多的案例及一些采购的精彩故事。例如：

苏州博远人才培训中心 www.szrc.net.cn，0512-68702717，13913131447

上海誉硕企业管理咨询有限公司 www.yumaster.com，021-52359088 021-32070950

北京万博汇管理顾问有限公司 www.bjwbh.com，010-85952036

北京博润伟业管理顾问有限公司 www.brwy.com，010-59626799，微信号weixinbrwy

云汉芯城（上海）互联网科技股份有限公司 www.ickey.cn，400-862-6630，邮箱 contact@ickey.cn

百仕瑞企业管理顾问有限公司 www.sino-bestway.com.cn

还有一些问题没有写到案例中，许多采购及供应商管理者问我，如何才能做好采购工作？我会毫不犹豫地说：学习呀，不断地学习才能得到能力提升和进步。理论学习和实践的学习同步进行吧。我也希望这本书中所介绍的来自采购一线的真实案例对采购和供应商管理者有所帮助。

　　大家关注度较高的、讨论最多的问题是：采购和供应商管理者的职业发展道路是什么？我的回答是，采购和供应商不但是一个技术活，而且真正地、时时刻刻地贴近着市场，对市场的了解是采购和供应商管理者的宝贵财富，只要不脱离市场，就有我们的用武之地。一辈子做一名采购和供应商管理者也是一个上佳的选择。前段时间，我们为一位老朋友开了一个派对，祝贺她从采购岗位退休。她从20世纪90年代初做采购到退休，她的经验之谈是：采购是一种历练，越做越娴熟，资源的积累越来越多，采购是一个好职业。

　　在此，我也邀请采购的同行们，如果有好故事，让我们共同写案例、讲故事、著书吧！一起分享更多、更精彩的采购人生！

王为人

2020年6月